KB036795

교대 합격생들을 직접 지도한
최고 전문가의 면접 대비서

NEW 따라하면 합격하는
교대면접

송민호 · 김진만 · 김태환 지음

NEW 따라하면 합격하는 교대면접

펴낸날 2020년 9월 10일 1판 1쇄

지은이 송민호·김진만·김태환
펴낸이 김영선
책임교정 이교숙
교정·교열 양다은, 안중원
경영지원 최은정
디자인 박유진·현애정
마케팅 신용천

펴낸곳 (주)다빈치하우스-미디어숲
주소 경기도 고양시 일산서구 고양대로632번길 60, 207호
전화 (02) 323-7234
팩스 (02) 323-0253
홈페이지 www.mfbook.co.kr
이메일 dhhard@naver.com (원고투고)
출판등록번호 제 2-2767호

값 19,800원
ISBN 979-11-5874-084-9 (43370)

● 이 책은 (주)다빈치하우스와 저작권자와의 계약에 따라 발행한 것이므로 본사의 허락 없이는
어떠한 형태나 수단으로도 이 책의 내용을 사용하지 못합니다.
● 미디어숲은 (주)다빈치하우스의 출판브랜드입니다.
● 잘못된 책은 바꾸어 드립니다.

이 도서의 국립중앙도서관 출판예정도서목록(CIP)은 서지정보유통지원시스템 홈페이지(http : //seoji.nl.go.kr)와 국가자료공동목
록시스템(http : //www.nl.go.kr/kolisnet)에서 이용하실 수 있습니다.(CIP제어번호 : CIP2020030834)

교대 합격생들을 직접 지도한
최고 전문가의 면접 대비서

따라하면
합격하는

교대
면접

송민호 · 김진만 · 김태환 지음

미디어숲

프롤로그

교대 수험생들의 필독서로 자리매김하며

   교육대학교는 최근 몇 년 사이에 최고의 인기를 누리며 인문계 최상위권 학생들의 꿈으로 해마다 경쟁이 치열해지고 있다. 이미 중학교 때부터 교대를 목표로 하는 학생들이 늘어나고 있는 실정이며, 자연계 학생 중에도 교대를 희망하는 학생들이 많아지고 있다. 이러한 수요에도 불구하고 시중에서 판매되는 교대 관련 책은 합격자 사례나 면접 대비 위주의 서적이 대부분이다.

   책의 첫 장은 기존의 서적에서 다루지 못했던 교대만의 '서류평가원리'와, 교대 지원자가 학교생활을 하는 동안 도움이 될 만한 내용을 정리해 놓았다. 그리고 마지막 장에서는 2015 개정 교육과정 내용을 상세하게 담아, 교대지원자들이 교대의 교육과정을 이해하는 데 도움이 되도록 정리해 놓았다.

'서류 평가의 원리'는 학생들뿐만 아니라 교육 관계자들 또한 중점적으로 활용할 수 있도록 했다. '평가 원리'에서는 전체적인 평가기준을 이해하고, 초등교육학 부분에서는 중등교육과의 차이점을, 그리고 교육대학교 부분에서는 대학별 교수진의 연구 결과물의 내용과 특징을 살펴봄으로써 중등학교(중학교와 고등학교)와 교대의 차이점을 확인하여 학생들에게 주요한 활동 포인트를 제시할 수 있도록 하였다.

이 책을 수시원서 접수 전에 읽는 학생들은 학교생활기록부와 자기소개서를 준비할 때 1, 2장에서 다루고 있는 내용을 읽고 참고하기를 바란다. 수시원서 접수 후에 읽는 학생들은 3장부터 집중적으로 읽어나가면 도움이 될 것이다.

수시전형과 정시전형은 대비 방법이 각각 다르다. 수능 준비를 최소화하고 수시에 전념할 것인지, 아니면 수능 공부를 병행하면서 수시와 정시를 동시에 준비할 것인지를 결정한 뒤 교대 준비에 들어가는 게 좋다. 일부 학생들 중에는 수시 때에는 교대의 매력을 느끼지 못하다가 정시 때 비로소 교대를 목표로 하고자 하는 경우도 있을 것이다. 이런 학생들은 4, 5장을 먼저 읽고 교육자로서의 마인드를 가지는 것이 무엇보다 필요하다.

끝으로 교대를 꿈꾸는 학생들은 본인들이 앞으로 가르쳐야 하는 대상인 아동들의 특성을 이해하는 데 주력해야 한다. 미디어 세대를 거쳐 이제는 '유튜브 세대'라고 불리는 아이들이 커가고 있다. 조만간 또 새로운 미디어의 등장이나 기술혁신으로 인해 생활환경이 바뀌고 이에 따라 아이들의 특성도 계속해서 변화할 것이다. 따라서 매 순간 나는 어떤 교사가 되고자 하는지, 그리고 앞으로 어떠한 교육이 필요할 것인지를 스스로에게 물으며 수험 기간을 보낼 것을 권한다.

책을 이해하는 데 도움이 되는 자료들은 기본적으로 엄마수첩 홈페이지(www.momydiary.co.kr)에 담았다. 기출문제의 답변과 관련된 자료를 참고하기를 바란다.

저자 일동

일러두기

자기소개서 준비시기

자기소개서를 준비하는 시기에는 파트1과 파트2를 중점적으로 읽도록 한다. 초등교육학에 따른 활동 가이드와 교육대학교에 따른 활동 가이드를 보면 교육대학교에서 추구하는 인재상, 교육목표, 그리고 연구동향을 파악할 수 있다. 이러한 흐름에 맞는 소재를 골라서 자기소개서에 기재해야 한다.

파트2는 천천히 읽어보면서 기존 학생들의 자기소개서 콘셉트를 이해하는 것이 중요하다. 자기소개서에 대한 해석과 지침은 일관되어 있지 않다. 그러다 보니 소위 '카더라' 통신이 존재한다. 이럴 때 가장 좋은 것은 자기소개서 문항 자체의 해석을 정확하게 이해하고 요구하는 것을 기재하는 것이 중요하다. 이때 파트1을 참고하면 좋다. 따라서 파트1과 파트2를 꼼꼼히 읽어가면서 자기소개서를 구체화하는 것이 필요하다.

수시원서 작성시기

수시원서를 작성할 때는 지원가능 학력수준과 학교의 면접유형을 살펴보는 것이 필요하다. 먼저 〈부록─2020학년도 교대 학부 수시전형 결과〉의 수시 합격 및 불합격 자료정리를 보면서 대략적인 지원패턴을 살펴보는 것이 좋다. 교대 지원 관련 자료와 담임선생님이 제공하는 정보 그리고 이 책에서 제공하는 정보 등 다양한 정보를 종합하여 지원대학을 결정하는 것을 추천한다.

경인교대의 경우 토론형 면접이 중심을 이루기 때문에 지원자의 고교 프로그램에서 토론 시간이 많이 주어지는 경우와 그렇지 않은 경우, 그리고 자신이 실제로 토론유형에 익숙한지를 참고하여 지원대학을 결정하는 것이 필요하다. 최상위권 학생들은 서울교대와 경인교대를 동시에 지원하는 경향이 많은데, 이럴 경우 면접 유형에 따른 사전 준비 기간에 어려움을 겪기도 한다.

한편, 이때 주의할 점은 면접 날짜가 겹치는 교육대학교 또는 일반대학이 있는데 이럴 때는 면접날짜가 겹치게 하여 대학을 지원을 하는 것도 추천한다. 왜냐하면 다른 학생들도 이와 동일한 상황이기 때문이다. 면접 날짜가 겹치면 결국 해당 대학별 학력 요구 수준에 따라서 서류 합격이 결정된다. 면접 날짜를 겹치는 여러 대학에 동시에 붙은 학생들은 한 대학만 선택해 오기 때문에 학생들 간에 실질 면접 경쟁률이 줄어들게 된다. 이러한 점들을 고민해 본다면, 면접 날짜가 겹치는 전형을 2개 정도 쓰는 것은 도전해 볼만하다.

면접 준비시기

면접 준비시기에는 파트3에서 파트6을 참고한다. 기출문제의 경우 정해진 답은 없다. 만약 교육현장에서 답이 정해져 있다면 전국의 초·중·고에서 동일한 방식으로 수업이나 생활지도가 진행될 것이다. 그러나 지원자마다 처한 교육환경이 다를 수 있고, 경험의 차이가 있다 보니, 답변의 수준보다는 내용이나 예로 드는 근거가 달라질 수 있다.

따라서 대학에서는 답변의 가이드 정도만 해설에 제시할 뿐 예시 답변을 제공하지는 않는다. 그러므로 주변 친구들과 먼저 답변 연습을 해본 뒤, 선생님의 코칭을 받아서 답변을 구체화해 가는 것이 필요하다.

이 과정에서 답변가이드에 맞추려고 하기보다는 가이드를 통해서 답변의 구체성 수준을 가늠하는 것이 중요하다. 소위 말하는 TMI(너무 자세하게 말하는 것)를 벗어나 주어진 답변 시간과 면접관의 추가 답변 시간을 고려하여 답변하는 것이 필요하다.

특히 주장과 근거라는 두 문장을 중심으로 답변을 구성하되, 예시를 2~3가지 이내로 드는 것이 기본 구조이다. 또한 답변을 보다 수준 높게 하고 싶다면 답변 구조를 확장해야 한다. 이때는 '주장+근거+예시'를 넘어, '주장+근거+예시+예상되는 반론+재반론'의 5단 구조로 가는 것이 필요하다.

정시원서 작성시기

정시원서를 작성할 때는 수시와 달리, 정시이월인원(수시에서 선발되지 못한 인원이 정시로 넘어오는 것, 수시이월인원이라고도 불림) 및 학령인구 감소 등 다양한 변수가 존재하기 때문에 수시지원 때보다 더욱 눈치(?)를 보고 결정해야 한다.

특히 가/나/다의 세 개 군으로 이뤄지는 경우는 군별 유불리를 따져 봐야 한다. 이럴 때는 담임선생님이나 여러 교육기관의 자료 및 상담을 바탕으로 진행하는 것이 필요하다. 최종까지 경쟁률도 고려해야 한다. 그런데 SKY와 대부분의 교대가 전형날짜가 겹치고, 정시에서 처음 교대를 지원하는 학생들은 면접이 있는 대학이나 전형을 기피하는 경향이 있다. 그런 학생들은 주변의 권유에 의한 경우가 많아 면접에 전력을 다 하지 못하는 편이다. 처음 정시로 교대를 지원하는 학생들은 단시일 내에 면접 대비를 할 수 있는 지침서로 활용하기 바란다.

차례

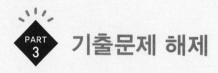

PART 3 기출문제 해제

교사론

학급경영

PART 6 2015 개정 교육과정 이해

부록

PART
1

학교생활기록부
준비

학교생활기록부에 대한 이해

◎ 학교생활기록부 평가원리 소개

교대 입학사정관들은 학교생활기록부를 중심으로 평가를 하게 된다. 자기소개서와 함께 살펴보면서 지원자의 역량을 평가한다. 먼저 학교생활기록부에서 평가하는 요소는 〈표 1-1〉'학교생활기록부 평가 기준'에서 살펴보고 이를 확장한 〈표 1-2〉'학교생활기록부 평가 기준 확장형'으로 역량을 확인하는 방법을 알아본다.

이를 통해 수시전형에서 학교생활기록부종합전형을 준비하는 방향을 이해할 수 있다.

〈표 1-1〉학교생활기록부 평가 기준

전형자료		학교생활기록부	
세부요소		평가방안	설명
창의적 체험활동 상황	자율활동	리더십, 가능성, 적극성	적극적인 활동 여부 확인 학급회, 학생회 등에서 임원활동이 있으면 좋음. 단, 임원활동 시 임원활동 여부만이 아닌 활동 내용에도 주목할 것
	동아리활동	열정, 리더십, 전공적합성, 발전가능성	진로적성에 맞춘 교내 활동

창의적 체험활동 상황	봉사활동	인성, 사회에 대한 공헌	지속성, 난이도가 중요 성실성, 배려, 공동체의식, 전공적합성 등을 종합적으로 판단할 수 있는 근거자료가 됨 일관성, 지속성, 진정성, 태도와 변화, 공동체의식(인성), 리더십 파악
	진로활동	전공적합성	자신의 진로에 대한 관심과 열정
교과학습 발달상황	과목 및 학기별	수학능력, 잠재력	단위 수, 표준편차, 성취도(수강자수), 석차등급 등을 종합적으로 참고하여 수준을 파악
	세부능력 및 특기사항	세부적 성취도, 특성	과목별 성취수준과 학습태도, 인성을 파악
독서활동상황		자기주도학습, 잠재력, 기초소양	공통 및 과목별 독서활동을 통해 진로에 대한 관심 및 기초소양 파악
행동특성 및 종합의견		종합적 특성	학생을 총체적(인성, 잠재력, 자기주도성, 창의성 등)으로 파악 가능 1, 2학년 담임의 경우 학생에 대해 보다 솔직한 의견을 기술한 경우가 있음

위의 표에서 주요한 항목들을 하나씩 살펴보자.

창의적 체험활동 상황	자율활동	리더십, 가능성, 적극성	적극적인 활동 여부 확인 학급회, 학생회 등에서 임원활동이 있으면 좋음. 단, 임원활동 시 임원활동 여부만이 아닌 활동 내용에도 주목할 것
	동아리활동	열정, 리더십, 전공적합성, 발전가능성	진로적성에 맞춘 교내 활동
	봉사활동	인성, 사회에 대한 공헌	지속성, 난이도가 중요 성실성, 배려, 공동체의식, 전공적합성 등을 종합적으로 판단할 수 있는 근거자료가 됨 일관성, 지속성, 진정성, 태도와 변화, 공동체의식(인성), 리더십 파악
	진로활동	전공적합성	자신의 진로에 대한 관심과 열정

자율활동의 경우 학생회 임원 활동에 참여하는 것이 중요하다. 학급 반장이나 부반장이 아니더라도 실제로 학급회의에서 어떤 내용을 제안하였고, 그 활동을 어떻게 실천했는지 기록되어야 한다. 즉, 두 가지다. 학생회 활동을 하거나, 아니면 학생회 활동을 지원해 주는 서포터즈로서의 활동이다.

동아리활동의 경우 교육 분야에 맞춘 활동을 가급적 하는 것이 좋다. 수시전형에서 교대 지원자들은 90% 이상 교대에 맞춘 활동들을 하고 있다. 그러므로 경험다양성 원칙을 적용하기보다는 '교대 전공적합성'을 강조하는 형태로 활동해야 한다. 다만 창체 동아리와 자율 동아리활동을 나눠서 하는 경우 다른 하나의 동아리는 교육 이외의 활동을 해도 좋다.

봉사활동의 경우 지속성과 난이도가 중요하다는 것이 포인트이다. 즉, 3년 내내 유사한 활동을 면대면으로 진행해야 한다. 즉, 번역봉사와 같은 간접적인 봉사보다는 장애우 산책과 같은 다소 어려운 활동을 했을 때 진정성을 인정받을 수 있다. 한편, 진로활동에서는 교육방면으로 지속적인 진로탐색과 진로심화 활동을 해 오면 좋다.

교대는 예비 현장교사를 교육하는 대학이므로 자신의 진로에 대한 확고한 의식이 있어야 한다. 즉, 수시전형에서는 3년 내내 교대만을 위해 살아온 학생들 중 최상위권 학생을 선발하는 구조로 되어 있다. 반대로 교대를 두 번째 선택지로 두고 있는 학생들은 정시전형에서 교대를 지원하는 것이 유리하다. 일부 대학은 정시전형에서의 면접 비중이 낮은 편이다.

교과학습	과목 및 학기별	수학능력, 잠재력	단위 수, 표준편차, 성취도(수강자수), 석차등급 등을 종합적으로 참고하여 수준을 파악
발달상황	세부능력 및 특기사항	세부적 성취도, 특성	과목별 성취수준과 학습태도, 인성을 파악

교과학습발달상황에서 수학능력은 최소한의 학업역량을 살펴본다. 쉽게 말해 일반고에서 3등급대 과목이 있으면 교대에 합격하기가 어렵다고 봐도 좋다. 잠재력의 경우에는 다소 성적이 낮아도 상승곡선이 나타나면 가능하다. 예를 들어, 국어교과에서 2-1학기에 4등급에서 시작하여 3-1학기에 1등급을 받게 된다면 이는 잠재력이 있다고 한다.

세부능력 및 특기사항(이하 세특)에서는 세부적 성취도란 것이 있다. 이를 활용하는 방법 중 하나는 전체 교과의 성적을 살펴볼 때 국어, 영어, 수학을 제외한 과목에서의 세특을 확인한다. 교대의 특성상 전 과목을 가르치는 예비교사를 양성하기 때문에 음악·미술·체육, 제2외국어나 기술·가정 또는 정보교과목의 세특도 확인하여 지원자가 지닌 학습의 균형 상태를 평가한다.

그리고 특성 부분에서는 주요교과목의 성취는 높지만 탐구를 제외한 제2외국어나 기술·가정 등의 교과목 성적이 상대적으로 낮을 경우 학습의 균형을 이루지 못하였다고 평가받을 수 있다. 동시에 자신에게 유리한 것에만 신경을 쓰는 학생으로 비칠 수 있다.

독서활동상황	자기주도학습, 잠재력, 기초소양	공통 및 과목별 독서활동을 통해 진로에 대한 관심 및 기초소양 파악

독서활동상황에서는 기본적으로 교과세특에 언급된 내용과 연계된

책을 읽고 기록이 되어야 좋다. 그리고 책의 권수 자체가 많은 것은 잠재력으로 평가할 수 있는데, 이는 꾸준한 독서를 통해 학습역량이 높아질 수 있다는 교육적 결과에 근거한다. 또한 기초소양에서는 전공적합성 관련 책만 읽는 것이 아니라, 고전이나 명작, 시사적인 것들을 꾸준히 읽어 교양을 쌓는다면 바람직하다.

행동특성 및 종합의견	종합적 특성	학생을 총체적(인성, 잠재력, 자기주도성, 창의성 등)으로 파악 가능 1, 2학년 담임의 경우 학생에 대해 보다 솔직한 의견을 기술한 경우가 있음

행동 특성 및 종합의견은 '교사가 학생을 예비교사로서 바라본다면 어떻게 행동특성 및 종합의견을 기록해야 할까?'란 물음에 대한 답변이라고 보면 된다. 따라서 타 대학이나 학과를 준비하는 학생들의 기록과는 달리 교사로서의 역량과 자질을 중심으로 적어주면 좋다. 예를 들어, '공감형 교사인지, 리더형 교사인지 아니면 전문적 역량을 갖춘 교사인지' 등의 유형이 존재한다.

3학년 담임과 달리 1, 2학년 담임은 학생의 성장과정을 보는 데 익숙하다. 왜냐하면 3학년 때에는 입시 위주의 교육이 이뤄질 수밖에 없기 때문이다. 특히 1학년 담임의 경우에는 해당 학생이 낯선 환경에 적응해가는 모습을 중점적으로 볼 수 있다. 이에 비해 2학년 담임은 교과목의 수가 많아지면서 공부분량을 소화해 내는 학습과정을 중점적으로 볼 수 있다.

다음으로는 〈표 1-2〉 '학교생활기록부 평가 기준 확장형'에서 '비고' 란을 추가해 보았다. 이는 각 항목마다 평가요소가 덧붙여져 있다. 이런 평가요소가 나올 수 있는 것은 교대에서 학생들을 선발한 결과들을 바탕으로 만들면서 동시에 효율성이 가미된 평가방법이라고 볼 수 있다. 특히 자율활동과 동아리활동에서 '자기주도성'이 나온 것은 이 두 활동이 주체적으로 이뤄질 때 의미가 있다고 본 것이다.

발전가능성의 경우 '교과학습발달상황-독서활동-행동특성 및 종합의견'으로 이어진다. 이는 양적인 성적평가뿐만 아니라 질적인 평가도 이뤄진다는 것을 의미한다. 즉, 성적이 상승세인 경우 특정 과목의 성적은 낮지만 꾸준히 해당 분야의 노력이 '세특'에 기록되고 독서를 꾸준히 해 간다면 발전가능성이 높다고 평가될 것이다.

주목해야 할 것은 전공적합성에 봉사활동과 진로활동이 포함되어 있다는 것이다. 즉, 교육 관련 봉사를 하는 것이 요구된다. 학생들을 가르치는 일을 해야 하는 직업군이기 때문에 청소년 시기부터 봉사활동 분야에 관심과 재능 또는 흥미가 있는지 확인해 보며, 이것이 학교생활기록부에 기재되면 큰 도움이 된다. 한편, 전 교과목의 성적이 고른 것이 교과학습에서의 '전공적합성'으로 평가된다.

◉ 초등교육학에 따른 활동 가이드

초등교육학의 관점에서 보면, 학교현장에서 가르쳐야 하는 과목과 이론적 배경이 일정 부분 정해져 있다. 따라서 학교생활기록부의 평가 기준을 교육대학교 서류평가 기준과 연결해서 생각해 본 다음, 교육 주체별 콘텐츠 목록과 연계하여 자신의 활동 방향을 잡아보는 것이 자연스럽다.

<표 1-2> 학교생활기록부 평가 기준 확장형

전형자료		학교생활기록부	
세부요소		설명	비고
창의적 체험활동 상황	자율활동	적극적인 활동 여부 확인 학급회, 학생회 등에서 임원활동이 있으면 좋음. 단, 임원활동 시 임원활동 여부만이 아닌 활동 내용에도 주목할 것	자기주도성
	동아리활동	진로적성에 맞춘 교내 활동	자기주도성 인성
	봉사활동	지속성, 난이도가 중요. 성실성, 배려, 공동체의식, 전공적합성 등을 종합적으로 판단할 수 있는 근거자료가 됨 일관성, 지속성, 진정성, 태도와 변화, 공동체 의식(인성), 리더십 파악	인성 전공적합성
	진로활동	자신의 진로에 대한 관심과 열정	전공적합성
교과학습 발달상황	과목 및 학기별	단위 수, 표준편차, 성취도(수강자수), 석차등급 등을 종합적으로 참고하여 수준을 파악	전공적합성 발전가능성
	세부능력 및 특기사항	과목별 성취수준과 학습태도, 인성 파악	인성 전공적합성 발전가능성
독서활동상황		공통 및 과목별 독서활동을 통해 진로에 대한 관심 및 기초소양 파악	전공적합성 자기주도성 발전가능성
행동특성 및 종합의견		학생을 총체적(인성, 잠재력, 자기주도성, 창의성 등)으로 파악 가능 1, 2학년 담임의 경우 학생에 대해 보다 솔직한 의견을 기술한 경우가 있음	인성 전공적합성 자기주도성 발전가능성

〈표 1-3〉 '교육 주체에 따른 교대 콘텐츠 분류표'에서는 교육 주체인 학생, 교사, 학부모 그리고 교과 등의 관점에서 교육내용을 정리해 보았다. 이를 통해서 자신이 관심과 흥미를 가지는 주제를 찾아보자. 그리고 각 주체마다 최소 주제 하나씩을 꼭 탐구해 보기를 권한다. 이 내용을 바탕으로 동아리활동, 진로활동 시간에 연구해 볼 수 있을 것이다. 따라서 콘텐츠 목록으로 참고하면 된다.

예를 들어, 학생 파트에서는 아동문제와 인간본성론을 연결해 볼 수 있다. 빈 서판(The blank slate) 이론이 아동의 특성에 맞는지 아니면 선과 악 중 어느 하나가 이미 깃든 존재로 봐야 하는지의 문제이다. 이 중 어느 관점을 취하느냐에 따라 아동교육관이 달라지게 된다. 동시에 교사론에서도 교수방법을 엄격한 것으로, 아니면 자유분방한 것으로 정할 수 있을 것이다.

특히 학생들이 주목하지 못하는 것 중 하나가 예체능과목이다. 교과 파트를 보면 예술사와 예술작품 감상이 등장한다. 저학년 학생들은 비언어적 의사소통을 자주 하는데, 이때 소통을 하기 위한 하나의 수단으로 예술이 활용된다. 최근 초등연극의 도입으로 인해 교사들에게 요구되는 역량이 증가했다. 아래의 분류표를 살펴보며 자신의 '교사관'을 정해 보자.

〈표 1-3〉 교육 주체에 따른 교대 콘텐츠 분류표

주체	대분류	중분류	
학생	1) 아동특성 2) 아동상담 3) 아동문제	인간본성론 인지발달과 비인지발달 학교상담의 특징	현대 심리학과 인간관 상담이론의 이해 사회문제의 이론

교사	1) 교사론 2) 교수방법 및 평가 3) 학급경영	교사관과 교사의 유형 학습형태 스마트수업 학교생활기록부	수업의 과정 학습부진아지도 교수매체활용(교과서) 방과후수업
학부모	1) 학부모학급경영참여		
교과	1) 도구교과 2) 과학/사회교과 3) 정보교과 4) 예체능교과 5) 기타활동(연극)	교과교육론의 기초 과학일반/사회일반 컴퓨팅교육 예술사, 예술작품의 이해와 감상 초등교육에서의 연극	
학교 및 사회	1) 교육사 2) 교육이론 3) 교육인물	한국/동양/서양교육사 현대교육이론과 동서양교육이론 비교 교육학자 연구	
정책 및 시사	1) 2015 개정교육과정 2) 교육정책의 변화 3) 교육시사 및 이슈	2015 개정교육과정 초등교육의 정책변화 교육 및 일반이슈	

　　교육 주체에 따른 교대 콘텐츠 분류표는 자신이 탐구하고 싶은 분야를 선정할 때 도움이 된다. 예를 들어 평소 학생문제에 관심이 많았다면 아동특성, 아동상담, 아동문제 중 한두 개의 주제를 선택하거나 1학년 때는 아동특성연구, 2학년 때는 아동상담연구 그리고 3학년 때는 아동 문제연구와 같이 이렇게 순차적으로 연구해도 좋다.

　　여기서 연구란 고교 활동 과정에서 진로보고서 발표, 프로젝트 학습, 학교 특색활동 중 꿈찾기 활동 등에서 자신이 공부하고자 하는 부분을 소개하거나 연구결과물을 제시하는 모든 것들을 포함하는 의미라고 볼 수 있다.

자기소개서
준비

자기소개서 핵심 대비

@ 자기소개서 평가원리 소개

　교대에서는 자기소개서의 항목마다 중점적으로 보는 포인트가 있다. 절대적으로 적용하기는 어렵지만 대체로 이러한 점들을 유의하자는 것으로 이해하면 된다. 이를 정리하면 다음과 같다.

〈표 2-1〉 자기소개서 항목별 중점 평가사항

항목	평가방안	설명
1. 학업에 기울인 노력, 학습경험	• 자신의 학업과정에 대한 이해와 문제해결 • 학업과 관련된 서술 여부 • 객관적 노력의 과정과 깨달은 점	• 본인의 활동 중에서 '전공과 관련된 학업 또는 학습 부분'에 대한 경험과 그 과정 속에서 학생 스스로 느낀 점들을 진솔하게 써나가야 한다.
2. 의미 있는 활동	**기획 및 구성 능력** • 열정의 깊이 확인 • 동기와 열정의 진정성 • 동기-계획의 논리성 확인 • 활동의 계획성과 목적성 • 노력의 다양성, 구체성 • 왜 의미 있는 활동인가 • 결과보다 과정 중시	• 활동을 하게 된 계기-과정-결과를 종합적으로 파악 • 왜 그 활동이 자신에게 의미 있는 활동이었는지에 대한 이유를 중점적으로 파악 • 지원을 위한 노력의 강도와 열정을 구체적 사실 중심으로 보되, 그 사실이 무엇을 말하는지를 파악 • 활동의 계획과 그에 따른 지속적인 노력 파악

3. 배려, 나눔, 협력 갈등관리	사실에 근거한 평가 (학교생활기록부 등)	공동체 가치관과 의지 • 주어진 상황에서 어떤 사회적, 도덕적 판단을 하는가 • 리더십을 발휘하거나 타인과 소통을 잘하였는가 • 스스로 문제가 무엇인지 알고 대처 방법과 갈등 해결능력을 보이는가 파악
4. 지원학과와 관련된 노력과 진로 계획	기획 및 구성 능력 • 진로성숙도 확인 • 전공적합성 및 준비 정도 • 진로계획과 연관성 • 실현가능성 정도	전공에 대한 정확한 이해 • 왜 이 전공을 선택했는가에 대한 명확한 근거 • 지원자가 전공분야에 대한 관심은 있으나 가시적인 결과물이 없는 경우에 열정과 열망이 강하면 면접에서 확인

〈표 2–2〉 '교대서류평가 기준'에서 보면 교대에서는 학교생활기록부를 '역량' 중심으로 평가한다는 것을 알 수 있다. 즉, 인성, 전공적합성, 자기주도성, 그리고 발전가능성이다. 이 중 학업역량 대신에 자기주도성으로 대체한 것이 주목할 만하다. 이미 교대 지원자들은 최상위권 학생들이기 때문에 학업역량이란 요소를 통해서 학생들을 서열화할 필요가 없다는 의미다.

따라서 최상위권 학생 중 학습태도에서 '주도성'이 있는 학생을 좀 더 우수한 학생으로 평가한다. 주도성은 학업뿐만 아니라 학급을 경영하거나 학교 행사 과정에서도 발휘할 수 있는 요소이기도 하다. 하위요소에는 '리더십'과 '의사소통'이 있다. 이것을 해석해 본다면, '정의'라는 단어에 딱 들어맞는 상황에서만 활동할 수 있다는 뜻은 아니다.

이 역량은 여러 대학에서 공통적으로 활용하는 역량 체계이다. 다만 그 내용을 구성하고 있는 '하위요소'에서는 다소 차이점이 발견된다. 얼핏, '이러한 내용으로 학생을 어떻게 평가할까?'란 의구심이 들 수도 있다. 반대로 생각하면 '정의'에 부합하는 '행동, 활동, 사고' 등을 했을 때를 포착하여 기록하는 것이 필요하다.

이러한 점에서 일반적으로 학교생활기록부종합전형은 교사들의 '관찰과 기록'에 의존하는 전형으로 인식될 수밖에 없다. 따라서 교사와의 소통 과정에서 여러분은 이러한 역량을 서서히 키워나가야 한다. 결국 이러한 요소들을 자기 스스로 내면화하고 이를 기르고 표현하려는 데 꾸준히 노력해야 할 것이다. 즉, 언어적인 내용을 실천하고 습관화해야 한다.

〈표 2-2〉 교대서류평가 기준

평가요소	하위요소	정 의
인성	책임감	맡을 일에 대하여 주어진 권한과 범위에 맞게 주인정신을 갖고 과업을 완수하기 위해 노력하고, 결과에 대해 책임지려는 노력
	성실성	타인과 신뢰를 형성하고 자신에게 주어진 일에 최선을 다하고 학교생활에 충실했는가
	봉사정신	타인을 진심으로 이해하고, 자발적으로 자신을 희생하는 등 타인을 위해 노력했는가
전공적합성	전공역량	해당 학과의 전공(또는 계열)을 학습하기 위해 요구되는 전공 관심, 전공 이해, 전공 수학 가능 능력
	문제해결력	문제의 원인을 정확하게 파악하여 해결 방안을 제시하고 문제 해결을 위해 주어진 자원을 효과적이고 효율적으로 활용하여 수행 가능한 방법을 모색하는 능력
	논리적 사고	주어진 문제에 대한 이성적 분석을 통해 문제를 판단하고, 추리·종합하여 이치에 맞게 생각하는 능력

자기주도성	주도성	목표 달성을 위해 환경에 의지하기보다는 주도성을 갖고 체계적인 준비와 수행을 할 수 있는 능력
	리더십	조직의 목표 달성을 위해 구성원에 대한 이해와 공유된 조직의 목표를 바탕으로 상호 협력적인 관계를 형성하고 유지하여 개인과 조직의 역량을 최고로 발휘하도록 하는 능력
	의사소통	자신이 말하고자 하는 바를 갈등을 유발하지 않는 범위 내에서 명확하게 전달하는 능력
발전가능성	창의성	사물과 사건을 다양한 각도에서 바라보며, 새로운 아이디어와 방법을 도출하고 활용하는 능력
	잠재력	전공적합성, 자기주도성 등을 갖고 관심 분야에 대한 열정, 성취에 있어서 점진적인 발달이 있는가
	개방성	자신이 속한 문화 이외에 국제화 시대의 다양한 문화와 가치관이 존재한다는 것을 이해하고, 지속적으로 타 문화를 적극적으로 수용하고자 하는 자세

◉ 작성원리(1) : 공통문항

[공통문항] 자기소개서 항목 연구

〈대교협 자기소개서 공통문항〉

1. 고교 재학 기간 중 학업에 기울인 노력과 학습 경험에 대해 배우고 느낀 점을 중심으로 기술하시오.

2. 고교 재학 기간 중 본인이 의미를 두고 노력했던 교내 활동을 배우고 느낀 점을 중심으로 3개 이내로 기술하시오.

3. 학교생활 중 배려, 나눔, 협력, 갈등 관리 등을 실천한 사례를 들고 그 과정을 통해 느낀 점을 기술하시오.

1번 문항 : 입학사정관이 확인하고 싶은 것은 '학업에 대한 새로운 시각'이다. 특정 과목에 대한 자신만의 접근법, 본인 학습법에서 발견한 문제점과 이를 해결한 과정을 상세히 보이면 좋다. 지원자의 학업에 대한 목표의식과 노력을 엿볼 수 있는 항목이다. 본인의 자기주도적 학습 태도 및 수업 참여도 등 학업에 기울인 노력 및 비교과 영역을 통해 발휘된 학습 역량에 대해 기술해야 한다.

이때 학업과정에서 느낀 자신의 약점과 극복계기, 특정 사건을 통해 변화된 자신의 모습과 느낀 점의 서술은 좋으나, 과정과 결과의 연계가 없는 단순나열, 지나치게 감정적인 표현만 서술하는 것은 좋지 않다.

2번 문항 : 본인이 속한 공동체 또는 본인 생활에서 의미 있게 생각하는 내용을 3개 이내로 작성해야 한다. 지원자의 지적 탐구역량 및 성실성, 자기주도성과 창의성, 공동체의식을 볼 수 있는 항목으로, 본인의 교내 활동 중 기억에 남는 것을 중심으로 스스로 노력한 점과 본인의 열정을 보여야 한다. 별다른 연결 고리가 없는 활동 세 가지를 기술할 경우에는 명확한 단락 구분이 필요하다. 각 내용 앞에 일련번호를 붙이는 것도 방법이다.

2번 문항은 학교생활기록부의 거의 모든 부분이 기술내용으로 활용될 수 있다. 본인이 의미를 두고 노력했던 활동 중 3개 이내의 소재를 선정할 때, (1) 전공학업능력과 연관되는 학업 역량 부분을 먼저 쓰도록 해야 한다. (2) 다음으로 사고의 깊이와 지식의 확장을 가져온 경험을 적는 것이 좋다. 전공학업능력은 수상성력이나 우수교과에서 찾을 수 있고, 그 외 동아리활동, 진로활동, 독서활동 등에서도 전공과 관련된 학업역량 소재를 찾을 수 있다. 그리고 사고의 깊이와 지식의 확장과 관련된 소재는 독서활동, 탐구대회, 소논문, 과제연구, R&E 등에서 찾을 수 있다. 마지막으로 (3) 다양성과 관련된 활동은 학급회장, 학교 축제나 체육대회, 백일장 참여, 봉사 등에서 찾을 수 있다.

　　3번 문항 : 본인의 학교생활에서 경험한 내용을 토대로 기술하라는 것이다. 지원자의 성실성, 자기주도성, 창의성, 공동체의식을 볼 수 있는 항목으로, 본인이 고교생활 중 공동체생활에서 어떤 역할을 하고 나눔과 배려, 협력, 책임감, 성실성, 리더십 등을 어떻게 발휘했는지 구체적으로 적어야 한다.

　　3번의 경우 많은 학생이 친구와의 갈등을 해결하는 과정에서 무엇을 했는가를 적는 경우가 많은데, 그것보다는 희망전공 관련 학업을 하면서 자신이 어떻게 협력을 이끌어 내고, 소정의 결과물을 만들기 위해 어떻게 헌신했는가를 드러내는 것이 더 좋다. 이때 도움을 준 사례보다는 그 과정을 통해 어떻게 성장했는지를 적는 것이 중요하다. 또한 리더십을 기술할 때도 리더로서의 경험이 곧 리더가 갖추어야 할 역량은 아니므로, 본인이 생각하는 리더의 역량을 기술하고 이와 비교하는 내용이 들어가면 좋다. 3번 항목의 경우 독특한 경험, 경험 후에 달라진 자신의 생각과 행동을 서술할 때 의미가 있다.

[공통문항] 자기소개서 CaseStudy

　　1번 문항 : 고교 재학 기간 중 학업에 기울인 노력과 학습 경험에 대해 배우고 느낀 점을 중심으로 기술하시오.

'교대 가서 효도할래요.' 교육에 관심이 있는 친구들과 함께한 진로연계동아리의 팀명입니다. 인터넷으로 탐구주제를 찾던 중 한 초등학생이 담임선생님께 지속적으로 변기물을 떠다 드렸다는 기사를 보게 되었습니다. '어린 나이에 어떻게 이런 행동을 했을까.'라는 생각을 하며 충격을 받은 저희는 다른 기사들도 찾아보았습니다. 요즘 초등학생이 스마트폰, 인터넷에 많이 노출되어 있고 도덕적인 면에서 실천지식이 부족하다는 생각을 갖게 되어 '초등학생을 위한 인성교과서'를 만들기로 하였습니다.

저는 초등학생들에게 도움이 되는 책을 쓰기 위해서는 학생들의 입장에서 세상을 바라보아야 한다고 생각했습니다. 그래서 '000의 초등학생 심리백과'라는 책을 통해 학생들에 대한 이해를 높여갔습니다. 책을 보며 애정결핍이 공격성으로 나타나게 되어 도둑질, 선생님과의 갈등 등 다양한 문제 상황의 원인이 된다는 것을 알게 되었습니다. 초등학생에게 애정결핍의 문제가 부각되는 이유가 무엇인지 궁금해져 교대 교수님께 찾아가 답을 구했습니다. 부모님의 무관심 속에서 아이가 관심을 얻기 위해 하는 행동들이 심각한 문제로 연결된다는 것을 알게 되었습니다. 잘못된 행동으로 보이는 모습 속에 학생들의 고민과 특별한 심리가 내재되어 있다는 것을 깨달으며 책의 해결방안에 아이들이 공감할 수 있는 실질적인 도움을 주는 내용을 쓰고 싶다는 욕구가 강해졌습니다.

그래서 저의 경험들을 미루어 보며 '나는 이 상황에서 어떻게 행동했나?'라는 고민을 반복하였습니다. 형제, 자매의 싸움 상황에서 제가 쓴 해결책은 서로 감정이 격한 상태에서는 몸싸움이나 험한 말이 오갈 수 있으니 방에 들어가 감정을 가라앉힌 후에 부모님이 오시면 함께 차분히 이야기를 나누라는 것입니다. 이해하고 용서하라는 추상적인 방법과는 다른 차별화된 방법으로 초등학생들에게 좋은 반응을 이끌어낼 수 있었습니다. 이 활동을 통해 좋은 선생님이 되기 위해서는 학생의 심리를 잘 파악해 바르게 이끌어 줄 수 있어야 한다는 것을 배웠습니다.

▶ 자기소개서 1번 항목에서는 지원모집 단위의 학업을 수행할 수 있는 기초 수학능력과 진로 및 적성개발을 위한 노력과 소질을 주로 평가한다. 이 학생의 자기소개서 1번에는 '진로 연계 동아리' 연구 보고서 활동 하나를 중심으로 구성하였다.

이 학생의 성적은 교대에 합격할 만큼 우수하지 않지만(1학년 : 3.5 / 2학년 : 2.9 / 3학년 : 2.1), 이를 비교과 활동을 통해 우수 사례로 연결시켰다. 보통의 연구보고서는 원인 분석과 연구보고서상의 해결방안 제시로 끝나는 경우가 다반사인데 이 학생은 여기에서 그치지 않고 책을 서술했다는 점이 돋보인다.

또한 자료를 수집하는 과정에서 직접 교대 교수님을 찾아가서 답을 구하는 과정을 볼 때, 매우 능동적, 적극적인 학생임을 알 수 있다. 그리고 자신의 경험을 토대로 좋은 선생님이 되기 위해서는 학생의 심리 파악을 바탕으로 이끌어 주어야 한다는 점을 배움으로써 향후 예비 초등교사가 갖춰야 할 가장 기본적인 자질이 있다는 것을 알 수 있다.

2번 문항 : 고교 재학 기간 중 본인이 의미를 두고 노력했던 교내 활동을 배우고 느낀 점을 중심으로 3개 이내로 기술하시오.

학생들 앞에서 수업을 하기 위해서는 의사소통 능력이 요구된다고 생각하여 방송부 아나운서로 활동하였습니다. 학교나 기숙사 내에서 재난 대피훈련이 있을 때면 제가 항상 방송을 했습니다. 전교생이 제 말에 따라 일사불란하게 움직이는 모습을 보며 훈련을 할 때는 상황에 맞는 긴박한 목소리로 정확한 발음을 하는 것이 중요하다는 생각을 하게 되었습니다.

실제 일어날 수 있는 일임에도 불구하고 학교 내에서 하는 훈련이라 가볍게 생각하는 친구들이 많았습니다. 그래서 전교생들이 실제 대피상황인 것처럼 느낄 수 있게끔 하루 전부터 연습을 하여 대본을 숙지하며 아나운서로서 최선을 다했습니다. 훈련을 할 때마다 실제 재난이 일어난 것처럼 실감 나게 대본을 읽으니 친구들이 훈련에 더 잘 참여할 수 있게 되었다는 말을 들었습니다. 저의 작은 노력이 많은 사람들의 행동의 변화를 일으킨 것 같아 보람을 느낄 수 있었습니다. 그리고 누군가를 변화시키고 싶다면 제가 먼저 노력하고 솔선수범해야겠다는 마음을 가질 수 있게 해준 경험이었습니다.

현재 초등학생들에 대해 더 자세히 알고 싶어 고등학교 1학년 때부터 한 달에 한 번씩 초등학생 학습봉사 활동을 해왔습니다. 처음 맡게 된 학생은 2명이었습니다. 하지만 자주 만나지 못했기 때문에 쉽게 친해질 수 없었습니다. 아이들과 친해지기 위해 생각해낸 방법은 최대한 눈을 많이 마주치며 이야기를 나누는 것이었습니다. 수업을 시작하면 제가 먼저 일주일 동안 있었던 일을 말하고 자연스럽게 아이들이 자신의 이야기를 할 수 있도록 상황을 유도했습니다. 처음엔 이야기하는 것을 어색해하던 아이들이 점점 학교생활 고민까지 털어놓는 것을 보며 눈을 맞추며 이야기를 들어주는 것이 친밀감과 신뢰감을 줄 수 있다는 것을 깨달았습니다. 이는 봉사할 때뿐만 아니라 학교에서도 타인의 이야기를 들어줄 때 눈을 맞추며 귀 기울일 수 있는 능력을 키워주었습니다.

어느 날은 국어 단어를 맞힌 사람에게 과자를 주기로 해서 남학생이 퀴즈를 맞혔는데 여학생에게도 과자를 준 적이 있습니다. 그런데 갑자기 남학생이 우는 것이었습니다. 이유를 묻자 자신이 맞혔는데 다른 사람도 준 것이 억울하고 분하다는 것입니다. 그저 공평하게 주어야겠다고 생각해서 준 것인데, 열심히 노력해서 맞힌 남학생의 마음을 헤아리지 못한 것이 되어버렸습니다. 그날 이후로 학생들의 눈높이에서 상황을 바라보아야 한다는 것을 절실히 깨닫게 되었습니다. 짧은 만남의 아쉬움을 뒤로 하고 다른 학생을 가르치게 되었을 때 두 학생으로부터 편지를 받았습니다. 서툰 글씨로 쓴 '감사합니다'라는 말에 가슴이 벅찼습니다.

처음엔 어색하기만 했던 아이들을 어느 순간 진심으로 대하게 되었던 그때의 모습이 떠올랐습니다. 선생님은 학문을 가르쳐 줘야 하는 사람이기도 하지만 학생들을 사랑으로 품으며 잠재력을 끌어내 줘야 하는 사람이기도 합니다. 저는 그런 선생님이 되고 싶습니다. 봉사를 하면서 얻은 감동은 어떤 학생에게도 무한한 애정과 믿음을 주는 선생님이 되고 싶다는 마음을 간절하게 해주었습니다.

▶ 자기소개서 2번 문항은 전공과 관련된 다양한 활동으로부터 배우고 느낀 점, 혹은 사고의 깊이와 지식의 확장 등을 주로 평가하게 된다. 이 학생의 경우 동아리활동과 봉사활동을 통해 2번 항목의 자기소개서 내용을 구성하였다. 언뜻 보면 별로 어울릴 것 같지 않은 방송반에서의 아나운서 활동 내용은 교사로서 지녀야 할 중요한 자질 중의 하나인 의사소통 능력과 학생들의 변화를 위해서는 자신이 먼저 노력하고 솔선수범해야 한다는 점을 깨닫게 해주었다는 점에서 주목할 만하다. 특히 대상이 초등학생이라는 점을 간과한 채 무심코 한 친절한 행동이 오히려 불공정한 행동이 되어버렸다는 내용은 초등학교에서 쉽게 발생할 수 있는 점이라는 데에서 공감이 간다.

특히 지원자의 초등교육에 대한 관심을 많은 독서를 통해서도 살펴볼 수 있다. 즉, 단순히 교내 활동만 하는 것이 아니라 관련 분야에 대한 꾸준한 독서활동을 병행함으로써 초등교사로서의 가치관이나 교육관에 대해 고민을 하고 있으며, 이는 교내 활동을 통해 경험함으로써 자신의 가치로 연결되어 내면화하는 성숙한 학생으로 비춰질 수 있다. 또한 활동을 하면서 경험으로 얻은 시행착오는 향후 초등교사가 되어 학생들을 대할 때 의미 있게 활용될 수 있다.

3번 문항 : 학교생활 중 배려, 나눔, 협력, 갈등 관리 등을 실천한 사례를 들고 그 과정을 통해 느낀 점을 기술하시오.

'데미안'이라는 책을 주제로 하여 참가한 인문학 PT 대회에서 제가 자발적으로 팀장을 맡게 되었습니다. 팀 활동에서 리더를 처음 해보는 것이었기 때문에 잘 할 수 있을까라는 두려움이 있었습니다. 하지만 저만의 약속을 세웠습니다. 결코 혼자만의 의견을 고집하지 말며, 어떤 의견이라도 귀를 기울이자는 것이었습니다. 책에 대한 내용을 발표하는 대회였기 때문에 팀원들 모두가 책에 대해 완벽한 이해를 해야만 했습니다. 하지만 토론을 하면서 책이 너무 어렵고, 이해하기 힘들다는 불만 섞인 말들이 많았습니다. 책을 이해하지 못하니 팀원들은 점점 열정 없이 무기력한 모습으로 활동에 임하게 되었습니다. 급기야 활동 중간에 책을 바꾸자는 의견까지 나왔습니다. 팀장으로서 그런 모습을 보는 것이 안타까웠고, 제 잘못인 것만 같아 미안한 마음이 컸습니다. 하지만 이런 상황에서 팀원들을 다시 일으켜 세우는 것이 리더의 역할이라고 생각했기에 적극적으로 해결방안을 모색해 보았습니다.

책을 읽어보신 선생님들께 내용에 대해 질문하고, 쉽게 풀이되어 있는 책을 빌려와 팀원들과 함께 읽으며 자연스럽게 책에 대한 이해를 높일 수 있었습니다. 그리고 대회 준비뿐만 아니라 공부로 지쳐 있을 친구들에게 위로의 문자를 자주 보내주었습니다. 문자가 힘이 되었는지 팀원들은 전보다 더 열심히 참여하는 모습을 보여주었습니다. 각자 의견을 말하고, 이야기를 나누는 방식으로 활동을 진행해 나가니 책에 대한 깊이 있고 논리적인 의견이 나올 수 있었습니다.

비록 상을 타지는 못했지만 팀원들과 꾸준히 책을 읽고 토론하여 결국엔 책을 뗄 수 있었다는 것에 함께 한다면 할 수 있다는 자신감을 얻을 수 있었습니다. 대회를 준비하며 카리스마 있는 리더의 모습이 다가 아니라는 것을 깨달았습니다. 가장 중요한 것은 '경청'과 '이해'였습니다. 그런 모습을 먼저 실천하는 리더가 되면 함께 하는 사람들도 점점 닮아간다는 것을 느꼈습니다. 앞으로도 모두와 '소통'할 수 있는 리더가 되고자 노력할 것입니다.

▶ 3번 문항은 지원자의 인성 부분에 대한 평가인데, 지원자는 본인이

생각하는 리더십에 대해 기술하고 있다. 특히 인문학 PT대회에서 팀장을 맡게 됨으로써 겪게 되는 역경에 대하여 자신만의 해결방안을 세우고 이를 실천함으로써 차분히 슬기롭게 극복한 사례를 제시하였다.

지원자는 강한 카리스마의 리더가 아니라 경청과 이해를 실천하는 부드러운 리더로서의 자세를 배웠다. 특히 친구들의 질문을 귀찮아하지 않고 항상 친절하게 대답하여 자신의 역량도 높아지는 결과를 낳았다는 부분에서, 향후 이와 같은 자세로 초등학교 교사로서 학생들을 대할 것이라는 예상을 할 수 있다.

〈입학사정관의 Real 서류평가 코멘트〉

1번 문항 : 초등학생을 위한 인성교과서 만들기를 위해 초등학생의 심리에 관한 책을 찾아 읽고, 본인의 경험과 관련하여 해결책을 제시했던 사례를 적은 것은 적절하나 학업역량을 알아보기에는 어려움.

2번 문항 : 수업에 활용될 의사소통능력의 향상을 위해 아나운서 활동을 예시로 든 것은 다소 맞지 않음. 상호의사소통이 이뤄지는 활동이 아니기 때문임.

작성원리(2) : 추가문항

[4번 문항] 자기소개서 항목연구

일부 대학에서는 자기소개서 4번 문항을 통해 지원자의 특성을 보다 상세하게 알고 싶어 한다. 그런데 자율문항의 표현을 살펴보면, 표현이 다를 뿐 지원자가 서술해야 하는 내용은 유사한 경우가 있다. 교육대학이 있는 주요 대학의 자율문항을 유형별로 살펴보자.

<표 2-3> 유형정리 : 일반형 vs 전공형 vs 심화형

일반형	• 자신의 성장과정과 환경이 자신의 삶에 미친 영향에 대해 기술해 주시기 바랍니다.
전공형	• 공주교육대학교가 지원자를 선발해야 하는 이유를 기술해 주시기 바랍니다. • 초등교사에게 필요한 자질이 무엇이라고 생각하는지 쓰고, 그 자질을 갖추기 위해 어떤 노력을 해왔는지를 구체적으로 기술하시오. • 지원자 본인이 우리 대학에 합격해야 하는 당위성 및 강점에 대해 여러 근거(교직 적·인성 등)를 들어 자유롭게 기술하여 주시기 바랍니다.
심화형	• 예비초등교사가 되는 데 있어 자신의 성장 과정과 환경이 삶에 어떠한 영향을 미쳤는지 기술하고, 교직 수행에 도움이 된다고 여겨지는 다양한 재능을 실천 사례와 더불어 서술하시기 바랍니다. 반대로 보완할 약점도 함께 기술하여 주시기 바랍니다.

위 표에서 보듯이, 일반형의 경우에는 일반 대학의 4번 문항과 동일한 것을 사용한다. 이에 비해, 전공형의 경우에는 교육대학교 또는 교사의 자질, 그리고 교직인적성과 같은 표현을 써서 교육대학교에 맞는 자질이나 경험을 요구하고 있다. 더 나아가, 심화형에서는 자신의 약점까지도 쓰게 하여, 지원자 스스로를 객관화하려는 노력까지 요구하고 있다.

따라서 전공형이나 심화형 문항이 있는 교육대학교에 지원할 경우에는 교육대학에 적합한 활동을 하는 것이 요구되므로, 자신이 쌓은 활동 실적 중 교직과 관련된 것은 4번 문항에 기술해야 한다.

[4번 문항] 자기소개서 CaseStudy

일반형 문항 CaseStudy : 선발해야 하는 이유

(1) 교직적성 : 교육문제의 해결, 아동특성에 대한 이해와 지도방법의 실천, 학급운영

(2) 교직인성 : 교사로서의 가치관(교직관), 아동에 대한 가치관의 변화와 실천(아동관)

4번 문항 : 우리 대학교가 지원자 본인을 선발해야 하는 이유를 지원 동기, 특기 등을 포함하여 구체적으로 기술해 주시기 바랍니다.

(1) 저희 지역에 발도로프교육 모델을 도입하고 싶습니다. 그곳에서 아이들이 머리뿐만 아니라 손과 발로 하는 공부, 가슴으로 하는 공부를 소망합니다. 산과 바다를 옆에 두고 교실에 갇혀 있는 아이들, 특히 교육봉사를 하면서 만났던 현민이와 같은 아이들이 더 이상 인지영역에 치우친 교육에 허덕이지 않았으면 합니다.
(2) 불우한 가정 형편 탓에 현민이의 할머니께서는 공부만이 성공할 길이라며 아직 12살밖에 안 된 현민이를 다그치시고 그럴수록 현민이는 공부와 멀어졌습니다. 제가 그 아이의 멘토로서 해줄 수 있는 것은 수학문제 풀이, 영어 알파벳 암기시키기 그리고 현민이가 좋아하는 로봇을 같이 만들어 주는 것뿐이었습니다.
그러던 중에 교사이신 저의 부모님께서 TV에 방영되고 있던 'EBS다큐프라임-루돌프 슈타이너 학교'를 시청하시는 모습을 보았는데 그때가 발도로프교육과의 첫 만남이었습니다. 책상도 교과서도 없는 이 황당한 학교는 신선한 충격으로 다가왔습니다. 이 학교에서 강조하는 발도로프교육은 즐거운 공부법에 대해 고민하던 저에게 해답을 제시했습니다. (3) 이 꿈같은 교육이 실제로 세계 곳곳에서 성공적으로 시행되고 있다고 하니 호기심이 생겨 더 많은 자료를 찾아보고 그에 따라 보고서도 작성했습니다.
그 과정에서 OO도의 공현진초등학교가 발도로프교육을 성공적으로 시행하고 있다는 것을 알고 저희 지역에도 발도로프교육을 도입하는 꿈을 꾸게 되었습니다.
또한 (4) 초등학생시절부터 이어온 피아노를 비롯한 음악공부 경험과 체육교과 우수상을 받을 정도로 체육을 좋아하는 저는 예체능교육을 강조하는 발도로프교육을 더 잘 이해하고 실천할 수 있다고 생각합니다.

그리고 무엇보다 1년 반의 꾸준한 교육봉사 경험과 아이들을 더 이상 책상에 매어놓는 교육 속에 갇히게 하지 않겠다는 꿈, 그리고 그 꿈에 대한 열정으로 그 자격이 충분하다고 생각합니다. 더 나아가 ○○교육대학이 제공하는 양질의 교육을 통해 교사로서 갖춰야 할 자질을 배우고 행동으로 실천할 수 있는 훌륭한 교사로 성장하고 싶습니다.

▶ 선발해야 하는 이유는 초등교육에 있어서 지원자가 기여할 수 있는 점을 드러낼 때 만족시킬 수 있다. 봉사활동의 경험을 통해 교육의 문제점을 인식하고 이를 해결하는 방법으로 발도로프 교육관을 가지고 왔다. 또한 자신의 장점을 살려서 이러한 교육관을 실현할 수 있다는 내용을 담고 있어서 선발 이유로 적절하다.

분석 : (1)+(2)는 지원동기로, (1)은 교육문제의 해결, (2)는 교육문제 해결의 필요성, 그리고 (3)과 (4)는 자신의 특기로 해석할 수 있다.

◉ 전공형 : 초등교사의 자질(교직인성/교직적성)과 노력과정

4번 문항 : 초등교사에게 필요한 자질이 무엇이라고 생각하는지 쓰고, 그 자질을 갖추기 위해 어떤 노력을 해왔는지를 구체적으로 기술하시오.(띄어쓰기를 포함하여 1,500자 이내)

(1) 교사로서 가져야 하는 자질은 아주 많지만 저는 아이들의 잘못을 선도할 수 있는 역량이 가장 중요하다고 생각합니다.

저는 2학년 한 학기 동안 선도부로 활동했습니다. 선도부를 하면서 복장지도나 흡연지도를 하게 되었는데 종종 부원들의 지도를 인정하지 않는 학생들도 있었습니다. 특히 3학년 선배들이 흡연지도에 따르지 않아 고충을 겪은 적도 있었고 아침 등교에 복장이 불량하여 이야기했더니 도리어 화를 내는 경우도 많았습니다. 이를 보면서 교칙에 어긋나는 행동을 하는 학생들을 제대로 지도해 보고 싶다는 생각을 하였고 자치법정 검사에 지원하게 되었습니다. 검사로서 2학년 2학기에 소양교육을 받고 3학년 초부터 본격적으로 법정이 열리게 되었습니다. 대부분의 학생들이 지나친 화장이나 무단지각 또는 교사 지시 불이행으로 법정에 회부되었습니다. 그들의 교칙위반이 적혀 있는 종이를 받아 또 다른 검사와 잘못을 분석하고 형량을 정했습니다. 물론 검사의 역할이지만 자치법정의 목적은 회부 대상자에 대한 처벌이 아니라 교육이라는 것을 알고 있었습니다. 따라서 그들에게 막대한 처벌을 주기보다는 법정에서 그들의 이야기를 진지하게 들어보고 싶었습니다. 그러나 저의 기대와 달리 법정에 들어가자마자 들은 말은 검사 얼굴이나 보고 가자는 말이었습니다. (2) 법정에서 자신의 잘못을 반성하는 것이 아니라 본 프로그램 자체를 무시하고자 하는 학생에 말에 충격을 받았습니다. 법정이 시작된 후에도 별 다른 것은 없었습니다. 삐딱한 자세로 앉아 변호사가 써준 대본을 대충 읽으며 자신의 차례가 지나가길 바랄 뿐 왜 그런 잘못을 했고 얼마나 반성하고 있는지 말하는 학생은 한 명도 없었습니다. 이것을 보면서 학생이 학생을 선도하는 데에는 한계가 있다는 것을 깨달았습니다. 자신의 잘못을 알고 그에 대한 책임을 지기 위한 것이 아니라 억지로 법정에 끌려 나온다고 생각하는 학생들을 대상으로 자치적인 활동을 하는 것은 무리가 있다는 생각이 들었습니다. 재판이 끝나고 판사, 검사, 변호사 학생들이 모여 회부 대상자들의 태도를 바꾸기 위한 방법에 대해 이야기해 보았습니다. 고민 끝에 회부 대상자들이 자신의 사정을 공개적인 장소가 아닌 사적인 곳에서 얘기할 수 있는 시간을 마련하자는 의견이 나왔습니다. (3) 두 번째 자치법정에서는 변호사와 검사 학생들이 미리 회부 대상자들을 만나 그들의 입장을 들을 수 있게 되었습니다. 오랜 시간을 두고 이야기를 나누다 보니 가정사나 과거에 받은 트라우마를 알 수 있었고 학생들의 입장을 이해할 수 있었습니다.

또한 잘못한 일에 대해 반성하고 있지만 반항심에 옳지 않다는 것을 알면서도 더 거칠게 행동했다고 말하는 학생도 있었습니다. 이런 과정을 통해 그 학생들의 마음이 조금은 편해졌고 진술권이 부여됐을 때 형식적인 대답이 아니라 진실된 대답을 할 수 있었습니다. (4) 이 두 활동을 통해 잘못된 길을 가는 학생들의 선도하는 방법에 대해 생각해 볼 수 있었습니다. 교사가 된다면 혼을 내기 전에 꼭 그들이 스스로 속마음을 털어놓을 수 있게 해줄 필요가 있다고 생각했습니다. 그렇지 않으면 아이들은 진정으로 자기 잘못을 반성하기보다는 자신을 혼낸 교사를 원망할 것이기 때문입니다. (5) 이렇듯 아동지도에 있어서 구체적인 사례를 고민해 보면서 예비교사로서의 역량을 키우고 있습니다.

▶ 초등교사의 자질로 '선도하는 역량'이라는 독특한 것을 제시하였다. 이는 자신의 활동 경험에 비춰볼 때, 필요한 자질로 생각하고 있으며 교내 자치법정 활동을 통해서 이를 기르는 과정을 설득력 있게 제시하였다.

다만 자치법정의 사례를 통해서 아동지도에 대한 역량을 키울 수 있다고 이야기하는 것은 성급하다고도 판단된다. 따라서 자치법정 이후 연계된 활동을 제시하여 아동교육에 대한 지속적인 관심과 해결역량을 드러내는 것이 요구된다.

분석 : (1)은 교사로서의 자질에 해당하고, (2)+(3)+(4)는 그러한 자질을 갖추기 위해 노력한 점, 끝으로 (5)는 배우고 느낀 점에 해당한다.

※〈교육학 자료〉교사의 자질

첫째, 교사는 교육자에게 필요한 아동관과 교육에 대한 사명감을 지녀야 한다.

교사는 아동을 하나의 인간으로서 존중하고 그의 주체적 학습 능력에 대한 확신을 지녀야 한다. 즉, 아동은 나름대로의 적극적 학습 능력을 지니고 있으며 교사는 이를 촉진하는 조력자 또는 안내자 역할을 수행한다는 관점을 지녀야 한다. 또한 교사는 교직에 대한 신념과 사명감을 지녀야 한다. 교직을 생계유지 수단으로만 보지 말고, 미래의 주체에 대한 교육을 미래 사회를 창조하고 변화시키는 최고의 수단으로 인식하여야 한다. 이러한 확신 또는 사명감을 평생 동안 지속해야 하는 바, 때로는 자신감이 떨어지고 회의가 생길 수도 있다. 그럴 때마다 교사는 관련 인문과학 서적을 탐구하거나 동료 교육자들과 적극적으로 교류함으로써, 자신의 확신과 사명감을 굳게 유지하여야 한다.

둘째, 교사는 아동에 대한 이해와 애정을 지녀야 한다.

교사는 아동의 지적·정의적·신체적 발달에 대하여 상식이나 개인적 경험에 입각한 지식을 넘어서는 전문적 지식과 이해를 지녀야 한다. 아동 개인을 이해하기 위해서는 그 아동이 속한 사회의 특성과 변화 방향에 대한 수준 높은 식견을 가져야 함은 물론이다. 또한 아동에 대한 헌신적 애정을 지니고 있어야 한다. 이러한 애정을 지니고 있는 교사는 아동의 부정적 측면을 강조하기보다는 긍정적 측면과 능력을 강조하고 신장시키는 노력을 전개하게 된다. 그 결과 교사와 아동의 상호작용이 더욱 원활하게 되어 최대한의 교육적 효과를 거둘 수 있다.

셋째, 교사는 교육내용에 대한 이해와 교수 능력, 그리고 탐구 능력을 지녀야 한다.

교사는 평소에 가르치고자 하는 내용에 대한 연구를 꾸준히 해야 하며, 이는 초등학교 교사에게도 예외가 되지 않는다. 교사의 교육내용에 대한 이해가 피상적 수준에 머무르게 되면, 그 교사는 아동들에게 핵심적이고 필수적인 내용 요소와 주변적인 내용 요소를 구분하여 제시하지 못하게 된다.

본래 강조를 두어 가르쳐야 할 개념이나 원리 등에 대해서는 피상적 제시에 그치고, 중요하지 않은 주변 활동에 지나치게 많은 교수-학습 시간을 소모한다.

심화형 : 성장과정+초등교사의 자질(교직인성/교직적성)과 노력과정+보완할 약점

4번 문항 : 예비 초등교사가 되는 데 있어 자신의 성장 과정과 환경이 삶에 어떠한 영향을 미쳤는지 기술하고, 교직수행에 도움이 된다고 여겨지는 다양한 재능을 실천 사례와 더불어 서술하시기 바랍니다. 반대로 보완할 약점도 함께 기술해 주시기 바랍니다.

(1) 저의 첫 제자는 저희 할머니였습니다. 할머니는 글자를 쓰지도, 잘 읽지도 못하는 분이셨습니다. 어릴 적 제 눈에도 할머니의 모습이 안타까워 보여 글자를 가르쳐 드리자는 생각을 하게 되었습니다. 할머니와 같이 책을 소리 내어 읽고, 선생님처럼 숙제도 내드리면서 처음 누군가를 가르친다는 것을 경험해 보았습니다. 친척들의 이름을 직접 손으로 쓰시며 너무나도 기뻐하시던 할머니의 모습은 저에게 큰 기쁨을 느끼게 하였습니다. 할머니께 도움을 받기만 해왔던 제가 도움을 드릴 수 있었다는 것에 뿌듯한 마음이 컸습니다. 그리고 누군가가 나로 인해 점점 발전해 가는 모습을 보는 것이 행복임을 처음 깨닫게 해준 경험이었습니다. 초등학교 6학년 때 문제아였던 반 친구가 담임선생님으로 인해 학교도 잘 나오고, 친구들과도 어울리는 모습을 보며 진짜 선생님은 저런 모습이구나라는 것을 막연하게나마 느낄 수 있었습니다. 선생님을 보며 (2) '아이들의 삶을 변화시킬 수 있는 선생님'이 되고 싶다는 꿈을 꾸게 되었습니다.

어릴 적부터 제 별명은 하회탈이었습니다. 항상 싱글벙글 웃고 다녀 붙은 별명입니다. 저와 함께 있으면 덩달아 기분이 좋아진다고 말하는 친구들의 전폭적인 지지 덕분에 3년 내내 학급 미소 인사왕 상을 받는 기쁨도 누릴 수 있었습니다. 저의 이런 모습은 학생들에게 편안하게 다가갈 수 있는 따뜻한 선생님이 되는 데 강점이 될 것입니다. 어릴 적부터 피아노를 배워서 음악적인 면에서는 탁월한 능력을 발휘했습니다.

(3) 시 낭송 대회에서 시를 노래로 바꾸어 화음을 만들며 완성도 있는 무대를 꾸미는 데 도움을 줄 수 있었고, 학급 반주자로 활동해 합창 대회를 준비하며 반의 협력을 이끌어 나갔습니다. 교사가 되었을 때도 합창부를 담당하며 음악으로 하나 되는 조화의 아름다움에 대해 느끼게 해주고 싶습니다. (5) 저는 평소 체력이 부족하다고 생각하여 자발적으로 체육부장을 맡았습니다. (4) 다른 친구들보다 강당에 더 일찍 도착해 수업에 필요한 준비물을 꺼내고, 대표로 앞에서 준비운동을 하며 체력과 자신감 모두 향상시킬 수 있었습니다. 포기하지 않고 끊임없이 노력해 얻은 결과는 더 값졌습니다. 이 경험은 다른 교과목에서도 끈기 있는 태도를 가지는 데 도움을 주었습니다. 초등학생들을 대상으로 한 봉사에서 색다른 학습 게임들을 준비하며 즐거운 수업 분위기를 조성할 수 있었습니다. 교사가 되어서도 학생들이 즐거워하는 수업을 위해 끊임없이 고민할 것이며, 놀이와 배움을 함께 할 수 있는 다양한 학습 자료들을 연구할 것입니다.

(6) 저에게 부족한 것은 리더십이라고 생각합니다. 이 점을 보완하기 위해서 인문학 PT 대회의 팀장을 맡으며 리더의 역할을 경험해 보고자 했습니다. 팀원들의 의견을 먼저 묻고, 격려와 배려를 실천하며 제가 꿈꾸는 리더의 모습에 한 발짝 다가갈 수 있었습니다. 부산교육대학교에 입학해 직접 '상담봉사동아리'를 만들어 소외된 아이들의 고민을 들어줄 수 있는 기회를 마련해 보고 싶습니다. 그리고 다양한 리더의 모습을 배우고 실천하며 학생들을 옳은 길로 인도하는 교사가 될 것입니다.

▶ 지원자는 성장과정에서 삶 자체가 배움의 연속이라는 것을 드러내기 위해 할머니 사례를 제시하였다. 그리고 이것이 어린이에게 적용될 때는 삶의 변화를 이끌어낼 수 있는 기회를 교육이 제공할 수 있다는 점을 강조하였다. 특히, 삶의 변화를 물질적인 것이 아니라 정신적이고 예술적인 면의 변화에 집중하면서 학생들의 인성교육에 특화된 예비교사로서의 자질을 보여주고 있다.

한편, 자신의 부족한 점을 리더십이라고 제시하면서, 이를 보완하기 위해 고교 시절에 했던 노력과 앞으로 교사가 되었을 때 하고 싶은 노력을 구체적으로 제시하였다. 그러나 인문학 PT발표 이후 어떤 점이 달라졌는지, 그리고 교대에서 일반화된 상담심리봉사와 같은 것을 어떻게 특화할 것인지에 대해서는 구체적으로 언급하지 못하고 있다.

분석 : (1)은 성장과정, (2)는 자신의 삶에 미친 영향, (3)+(4)+(5)는 교직수행에 도움이 되는 실천사례, 끝으로 자신에게 부족한 점은 (6)에서 드러냈다. 그런데 (4)+(5)의 경우에도 자신의 부족한 점으로 해석할 수 있다. 만약 (6)만 부족한 점으로 제시하고 싶다면, (4)+(5)의 경우에는 다른 각도에서 기술하는 것이 요구된다.

※ '보완할 약점'을 통해 평가자가 알고 싶어 하는 것은?

Allport의 성숙한 인간
- 자아의식 확대 : 의미 있는 일에 관여하고 참여한다.
- 안정 : 자신의 약점과 좌절을 참아내는 자기승인이나 자기감정을 통제할 수 있다.
- 현실적인 지각 : 세상을 객관적으로 보며 있는 그대로 받아들인다.
- 기술과 과업 : 해야 할 중요한 일과 그 일을 행할 기술과 헌신, 열정을 갖는다.
- 자기 객관화 : 자신을 이해하고 객관적으로 바라볼 수 있으며, 자신의 약점을 웃어넘길 수 있는 능력과 여유를 갖는다.
- 통정된 생활철학 : 종교적이든 아니든 간에 적어도 자신의 중요한 활동에 알맞은 의미와 책임을 부여하는 준거를 가지고 있다.

* 보완할 약점을 제시한 다른 예시

저는 저와 다른 입장에 처해 있는 사람에 대해 공감하는 능력이 부족했습니다. 하지만 고등학교시절 동안 학급 친구들과 함께한 멘토링 수업은 이런 제 부족한 점을 극복할 수 있게 해주었습니다. 특히 고등학교 2학년 때 저희 반의 학습부진아였던 짝꿍을 가르쳤던 기억이 납니다. 저는 당시에 그 친구에게 영어를 가르칠 때 '나는 쉽게 설명해 줬다고 생각하는데 왜 친구는 이해하지 못할까'라는 생각을 수없이 많이 했습니다. 같은 개념을 반복해서 가르쳤는데도 조금만 심화된 문제가 나오면 어려워했고 문제 풀기를 주저했습니다.

그럴 때마다 저는 그만두고 싶다는 생각을 했지만 한편으로는 조금만 더 설명해 주면 이해를 하지 않을까, 하는 생각을 했습니다. 포기하지 않고 끝까지 가르치려고 노력한 결과, 그 친구의 성적이 꽤 향상되었으며 특히 학습에 대한 태도가 변했습니다. 항상 잠을 자던 수업시간엔 집중해 필기를 하고, 모르는 문제는 넘기지 않고 손 들어 선생님께 질문을 하는 등 적극적으로 수업에 임하는 모습을 보여줬습니다.

제가 만약 그 친구의 입장을 이해하지 못하고 포기했다면 그 친구의 잠재된 학습 능력을 발휘하기 어려웠을 수도 있었겠지요. 이렇듯 제 단점을 보완해 가는 과정에서 교직 수행에 필요한 끈기를 기를 수 있었습니다.

끝으로 자기소개서를 쓸 때 가장 큰 고민은 처음에 설계했던 진로와 다른 학과를 지원할 때이다. 학교생활기록부는 특정한 방향으로 활동이 진행되었는데도 불구하고 이것과 관련성이 적은 학과에 지원해야 하는 경우이다. 이때 프레이밍 기법을 활용하면 자기소개서를 작성하는 데 도움이 된다.

표현을 다르게 하여 어떤 주제에 대한 틀(frame)을 다르게 제시함으로써, 그에 대한 결과도 다르게 만들 수 있는데, 이것을 프레이밍 효과라고 한다. 즉, 생명과학자를 꿈꾸다가 교대에 지원한 경우 교대 세부전공 중 과학교육과에 맞춰서 자기소개서를 작성하는 것이 여기에 해당한다. 즉, 교대라는 것보다는 교대 '과학교육'에 중점을 두고 기록하면 된다.

PART
3

기출문제
해제

대학별 기출 문제(2020학년도)

 경인교대

정시 면접 문제 A형

 면접문항

  미래보다 현재의 행복을 중시하는 욜로족(YOLO, You Only Live Once)과 반대개념인 '파이어족(FIRE, Financial Independence, Retire Early)'이 주목받고 있다. 이것은 '경제적 자립(Financial Independence)'을 토대로 자발적 '조기 은퇴(Retire Early)'를 추진하는 사람들을 일컫는 말이다. 파이어족이라는 개념은 1990년대 미국에서부터 시작해서 온라인을 통해 영국, 호주, 네덜란드, 인도 등지로 급속하게 확산되었고 최근 국내에도 알려지게 되었다. 이들은 빠르면 20대, 늦어도 40대 초반에 퇴직해 은행 빚이나 소비 생활에 따른 스트레스에서 벗어난 삶을 살고자 하기 때문에 현재의 소비를 극단적으로 줄이고 조기 은퇴를 꿈꾼다. 어떤 이들은 수입의 70% 이상을 저축하면서 생활비를 절약하기 위해 먹거리를 스스로 재배하는가 하면, 내 집을 마련하기보다는 전셋집에 살면서 오래된 차를 탄다. 또한 유통기한 직전의 떨이 식품을 할인가로 구매해 식료품 비용을 줄이고 웬만한 거리는 걸어 다니며 각종 포인트를 모아 현금처럼 쓰기도 한다.

Q 01 위와 같은 파이어족의 삶에 대해 긍정적인 면과 부정적인 면의 논거를 각각 두 가지씩 제시하시오.

출제의도

파이어족의 삶을 가치 평가하는 문제이다. 지원자가 평소 어떠한 가치관을 가지고 있는지 알아보기 위해 사회적 현상을 제시하고 이에 대해 의견을 묻는 형태이다. 가치에는 본질적 가치와 가변적 가치가 있는데 이러한 내용을 기본적으로 지원자가 알고 있으면 좋다.

평가 주안점

긍정적인 면과 부정적인 면을 동시에 제시해야 한다. 이럴 때는 답변 구조를 먼저 생각하고 내용을 정리해야 한다.

1) 파이어족에 대한 개념 설정, 2) 파이어족에 대한 긍정적인 면- 개인적인 측면, 사회적인 측면, 3) 파이어족에 대한 부정적인 측면- 개인적인 측면, 사회적인 측면. 이렇게 답변의 순서와 내용을 구성하되, 2)번과 3)번의 순서는 바꿔도 무방하다.

정시 면접 문제 B형

면접문항

작년 11월 한국계 미국인 작가 유니 홍은 한국의 '눈치' 문화를 소개하는 '눈치의 힘(The Power of Nunchi)'이라는 책을 출간하였다. 작가는 눈치를 "다른 사람으로부터 신뢰를 얻고 인간관계를 형성하기 위해 필요하며 다른 사람의 생각과 느낌을 가늠하는 미묘한(subtle) 기술"이라고 설명하였다. 또 눈치에는 요령, 재치, 상황을 바라보는 안목과 순간적인 판단력 등 여러 의미가 포함된다고 덧붙였다. 그는 "무엇보다 중요한 것은 눈치가 행복과 성공의 열쇠가 된다는 점"이라고 강조하였다. 영국 일간 데일리 메일은 책 출간 소식을 전하며 한국에서 눈치는 사고방식보다 더 미묘하고 좀 더 폭넓은 것으로 규정된다고 소개하였다. 또 한국에서 살았던 영국인들의 말을 인용해 "눈치가 때로 냉소적인 의미를 띠지만 삶을 좀 더 효율적으로 살 수 있게 해주는 수단이 된다."고 설명하였다.

Q 01 위에 제시된 '눈치' 문화에 대해 긍정적인 면과 부정적인 면의 논거를 각각 두 가지씩 제시하시오.

출제의도

교육사회학 분야 중 '미시교육사회학'이란 게 있는데, 여기서는 사람들 간의 상호작용에 대해 연구한다. 학교 현장에서는 학생이 교사의 눈치를 보거나 또는 반대의 경우도 존재한다. 이러한 점을 학교 현장이 아니라 일상생활의 예시를 제시하고 이를 다시 학교 현장과 연결해서 설명할 수 있는지를 알아보려는 문제이다.

평가 주안점

'눈치' 문화에 대해 긍정적인 면과 부정적인 면을 각각 개인적인 측면과 사회적인 측면으로 나눠서 답변하는 것이 필요하다. 그리고 비언어적인 소통 또는 교육이라는 관점에서 이 문제를 접근해 볼 수 있다.

교육 현장에서는 언어적 소통뿐만 아니라 비언어적 소통이 중요하다. 즉, 교사의 입장에서 본다면 원활한 수업진행을 위해 '눈치 문화'가 필요할 수 있다. 이외에도 학생 입장에서도 살펴보는 등 교육주체로 나눠서 답변을 구성해도 좋다.

수시(고른기회입학) 면접고사 문제

면접문항

최근 우리 사회에서 '인싸', '아싸'라는 말이 유행하고 있다. 이는 영어 단어인 '인사이더(insider)', '아웃사이더(outsider)'를 한국식으로 변화시킨 신조어이다. 일반적으로 '인싸'는 '조직이나 무리 안에서 잘 어울리는 사람'을, '아싸'는 '무리에 어울리지 못하거나 또는 혼자 지내고자 하는 사람'을 뜻한다. '인싸'와 '아싸' 모두 인간관계에서 발생하는 다양한 현상과 감정 등을 담고 있는 말이다. 누구는 '인싸'로 행동하면서 만족감을 느낄 것이고, 누구는 '아싸'여서 편안함을 느낄 수 있다. 그러나 '인싸'든, '아싸'

든 인간관계에 대한 여러 가지 고민이 있을 수 있다. 그래서 "'인싸'가 좋은가, '아싸'가 좋은가?"와 같은 질문을 하기도 하는데, 이에는 균형 잡힌 조언이 필요하다.

Q 01 '인싸'가 가질 수 있는 고민 세 가지와 '아싸'가 가질 수 있는 고민 세 가지를 제시하고, 이러한 인간관계의 문제로 고민하는 청소년을 상담하면서 줄 수 있는 조언 세 가지를 제안하시오.

출제의도

인간관계, 교육상담의 관점에서 이 문제에 접근하는 것이 중요하다. '인싸'와 '아싸'로 대표되는 인간 모습은 교육 현장에서도 쉽게 볼 수 있다. 또한 '균형 잡힌 조언'에 주목한다면, 언제나 '인싸'가 되거나 또는 '아싸'가 될 수 없는 것이 현실이기도 하다. 따라서 자존감을 얻고 적절한 정서적 안정을 취하는 태도를 가지는 것이 필요하다.

평가 주안점

'인싸'와 '아싸'가 가질 수 있는 '고민'에 주목해야 한다. 그들이 주변인들로부터 당연하게 받는 관심이나 무관심에 주목하는 것보다는 오히려 당사자의 입장에서 겪는 어려움을 이해해야 하는 것이 포인트이다. 이를 위해서는 평소에 상대방에 대한 공감과 이해 그리고 소통을 자주 한 지원자가 현실적인 답변을 할 수 있을 것이다. 따라서 평소에 공감력이나 이해력 등을 길러두면 좋다.

면접문항

　최근 우리 사회에서는 노인복지법상 65세로 되어 있는 현행 노인 기준 연령을 상향시키자는 논의가 진행되고 있다. 이는 우리나라가 총인구 중 노인 인구의 비율이 20% 이상을 차지하는 초고령 사회로의 진입을 눈앞에 두고 있고, 노인 인구 비율의 증가에 따라 사회가 책임져야 할 부담도 증가한다는 염려를 고려한 것이다. 또한 대다수의 노인들은 노인의 기준 연령으로 70세 이상이 적절하다고 본다는 보건복지부의 조사 결과가 있었으며, 65세 이후에도 충분히 일을 할 수 있다는 인식이 사회 전반으로 확산되고 있다. 그러나 노인 기준 연령을 상향 조정했을 경우 여러 측면에서의 복잡한 사회 문제가 발생할 것이라는 반대 의견도 있다.

Q01 노인 기준 연령을 상향 조정했을 경우에 나타날 수 있는 기대 효과와 문제점을 각각 세 가지 제시하고, 이러한 문제점을 해결하기 위한 방안 세 가지를 제안하시오.

　출제의도

　보건복지부의 설문조사 결과라는 점에 주목하고, 동시에 노인들이 '65세 이후에도 충분히 일을 할 수 있다'는 내용 등이 핵심이다. 보건복지부의 입장에서 걱정하는 것과 근로를 하는 과정에서 발생할 수 있는 문제점 등을 생각해 놓아야 한다. 즉, 제시문에 나온 '주어'를 고려하여 답변의 범위를 좁혀갈 수 있는지를 고민해야 한다.

평가 주안점

노인 기준 연령 향상이 가져올 수 있는 사회적 변화에 대해 답변을 할 수 있어야 한다. 이를 위해서는 먼저 보건복지부의 입장을 따져봐야 하는데, 복지 비용의 지출 문제를 고민해야 한다. 기대효과 중 하나는 정부의 복지비 지출이 일부 줄어들 수 있고, 노인들에 대한 사회적 인식 개선이 일어날 수 있다. 즉, 공경이나 보살핌의 대상에서 자립의 대상이나 신노년과 같은 새로운 세대로 비춰질 수 있다. 그리고 근로의 경우 노인들의 근로 과정에서 발생할 수 있는 근로 재해, 그리고 이에 대한 정부의 지출비용, 한편 노인들이 할 수 있는 일자리의 범위와 한계 등을 종합적으로 고려한 다음, 경제적인 측면에서의 유리함과 불리함 등을 고민해 보자. 그리고 노인 중 건강한 노인도 있지만 그렇지 않은 노인들도 있다는 점을 인식하고 이들이 받을 수 있는 복지지원이 줄어들어 건강복지 실현에 걸림돌이 될 수도 있다는 점 등이 다각적으로 살펴볼 문제점 중 하나일 것이다.

수시(교직적성) 면접 문제 B형

면접문항

최근 배송·배달 서비스 시장이 호황을 맞고 있다. 당일 배송, 새벽 배송 등 배송 방식이 다양해지고 배송 가능한 품목도 크게 증가하고 있다.

그리고 음식 배달 대행 서비스의 등장은 이전까지 배달 서비스를 제공하지 못했던 소규모 음식점의 판매 경로를 확대하고 있다. 일반적으로 이러한 배송·배달 서비스의 성장은 소비자와 판매자 모두의 편익을 증진한다는 평가를 받고 있다. 특히, 애플리케이션(앱)을 기반으로 하는 모바일 중개 시장의 성장은 배송·배달 서비스와 연계되어 새롭고 다양한 사회·경제적 가치를 창출해 내고 있다. 그러나 배송·배달 서비스 시장의 성장은 새로운 사회 문제를 만들고 있다는 비판도 받고 있다.

Q01 배송·배달 서비스의 확산이 가져온 긍정적 효과와 그로 인해 발생하는 문제점을 각각 세 가지 제시하고, 이러한 문제점의 해결 방안을 세 가지 제안하시오.

출제의도

사회현상을 분석하는 역량을 측정하는 시험이다. 고교 교육과정에서 나온 다양한 교과목들 즉, 경제, 사회문화 등의 사회계열 교과를 학습한 학생이라면 충분히 풀 수 있는 문제이다. 질문에서는 긍정적 효과와 문제점 그리고 해결방안이라는 세 가지 요소로 답변할 것을 요구하고 있다. 제안 시 배송·배달 서비스가 생겨나게 된 배경에 대한 내용을 답변 구성에 넣는 것도 생각해 볼만하다.

평가 주안점

기존의 배송·배달 서비스가 확산되는 데는 디지털포메이션(디지털 사회로의 전환)이 큰 몫을 차지했다. 그리고 빠르고 정확한 배송 시스템을 구축한 것은 칭찬할 만하지만 이 과정에서 나타나게 된 배송기사들의 업무량 증가와 쉼 없이 이뤄지는 배달 프로세스가 사람들의 업무환경을 나쁘게 만든 것도 사실이다. 이를 해결하기 위해 기업의 비용편익 위주로 배송시스템을 설계하는 것이 아니라 사람들의 건강 등과 관계된 모두가 상생하고 지속적으로 일을 해나갈 수 있는 환경 마련이 필요하다는 점 등을 주장하면 적절한 답변이 될 수 있다.

 공주교대

2020학년도 수시(학생부종합) **집단토론 문제**

 면접문항

우리나라는 2007년부터 인터넷에 자기 의견을 표현하려면 사용자 실명을 확인하도록 하는 '제한적 본인 확인제', 즉, 인터넷 실명제를 실시한 바 있다. 하지만 2012년에 헌법재판소는 이 법이 표현의 자유와 개인정보 자기결정권, 사업자의 언론 자유를 침해한다는 이유로 위헌 결정을 내렸다. 그런데 최근 악성 댓글에 시달리던 한 연예인의 극단적 선택으로 인하여 인터넷 실명제 이슈가 재점화하고 있다. 일부에서는 위헌 논란을 피하기 위해 정보통신사업자가 댓글 아이디와 IP를 표시하도록 하는 등, 이른바 '인터넷 준실명제'를 실시하자고 주장하기도 한다.

이 문제는 온라인에서의 책임과 권리라는 사이버 민주주의를 대표하는 이슈이기도 하다. 책임을 강조하는 측에서는 타인의 권리를 침해하는 행위에 대해서 엄중한 책임을 물어야 하고 실명제가 건전한 여론 형성 등 민주주의 가치를 실현하는 데도 유리하므로 이를 강화해야 한다고 주장한다. 하지만 권리를 강조하는 측에서는 실명제가 개인의 표현 욕구와 자유를 위축시킬 뿐이고 타인의 권리 침해를 줄이는 효과는 크지 않으므로 혐오 표현에 대한 처벌을 강화하는 등 다른 방안을 찾아야 한다고 주장한다.

이 두 주장을 정리하면 다음과 같다.

[주장 1] 인터넷 실명제가 타인의 권리 침해 방지와 건전한 여론 형성에 효과적이므로 인터넷 실명제에 준하는 제도를 도입하여야 한다.

[주장 2] 인터넷 실명제는 표현의 자유 등 민주적 가치를 위축시킬 뿐 권리 침해 방지 효과는 크지 않으므로 이를 제재할 제도적 방안을 찾아야 한다.

Q 01 두 주장 중 하나를 선택하고, 근거를 들어 그 주장을 정당화하시오.

Q 02 다른 사람의 주장에 대해 근거를 들어서 비판하거나 동의하시오.

Q 03 두 주장을 참고한 제3의 방안을 제시하시오.

최근 논의되고 있는 시사적인 내용을 잘 파악하고 있는지와 지원자의 평소 가치관을 확인하기 위한 문항이다. 찬반의 입장에 대해 논리적으로 근거를 전개하고, 비판적으로 사고할 수 있음을 보여주면 좋은 평가를 받을 수 있다.

평가 주안점

문제 1에서는 양시론이나 양비론에 빠지면 안된다는 전제조건이 달려 있다. 즉 양쪽 의견 모두 옳다거나, 양쪽 의견 모두 옳지 않다는 것은 답변으로 인정하지 않는다. 따라서 답변의 구성 방향은 '주장+근거+예상되는 반론+재반론'으로 되어야 한다. 여기서 '주장+근거'는 지원자가 선택한 것에 대한 주장과 근거이고, 예상되는 반론은 선택하지 않은 주장의 입장에서 나올 수 있는 내용이어야 한다. 이렇게 형식에 맞는 답변을 구성하는 것이 정당화의 요건이다.

문제 2에서는 선택하지 않은 주장에 대해 근거를 들어서 비판하거나 동의하라고 하는 문제에서는 고민해야 한다. 먼저 비판하겠다고 생각한다면 문제 1의 예상되는 반론과 재반론에서 다루지 않았던 것을 제시하는 것이 자연스럽다. 한편 동의하는 것을 선택한 경우에는 주장 중 일부분에 동의할 수 있는 점을 찾아서 제시하는 것이 자연스럽다. 즉 사회과학적인 주장의 경우 100% 맞거나 100% 틀린 것은 없다. 예를 들어, 대상자가 바뀌거나 또는 예외적인 경우에는 동조할 수 있는 근거가 나올 수 있다.

문제 3에서는 제3의 방안을 찾아야 하는데, 이때는 시계열적 접근방법을 추천한다. 시계열은 시간의 흐름에 따라 달라지는 모습을 제시하는 것이다. 예를 들어, 특정 집단에 대해 인터넷 실명제를 하거나, 또는 특정 영역에서 인터넷 실명제를 실시한 다음, 이것이 정착되면 인터넷 실명제를 없애거나 기준을 완화하는 것이 대표적인 제3의 대안일 수 있다.

정시 면접 문제 _시사

면접문항

Q 01 아이의 출입을 제한하는 노키즈존을 도입하는 영업장이 늘고 있다. 이에 대해 나이를 기준으로 출입을 제한하는 것이 차별 행위라며 비판하는 주장과, 사업주의 영업 자유에 속한다며 옹호하는 주장이 맞서고 있다. 이에 대한 자신의 입장을 밝히고 그 이유를 설명하시오.

Q 02 동물권을 주장하는 단체들은 산천어 축제 등 동물을 활용한 축제들이 상업화된 동물 학대 이벤트라고 비판한다. 이에 대해 주최 측에서는 축제가 지역 경제 활성화에 도움이 된다고 옹호한다. 이 두 주장 중 하나를 선택하고 그 근거를 제시하시오.

Q 03 내수활성화, 국민생활보장 등의 이유로 모든 국민에게 일정액을 지급하는 기본소득제를 실시해야 한다는 주장이 있다. 반면 재원 마련의 어려움, 근로의욕 저하 등을 이유로 이를 반대하는 주장도 있다. 이 두 주장 중 하나를 선택하고 그 근거를 제시하시오.

출제의도

문제 1의 경우, 노키즈존에 대한 두 주체의 입장 차를 이해하고 이러한 갈등을 슬기롭게 해결할 수 있는 방안 제시에 대한 평가 의도가 담겨 있다.

문제 2의 경우, 동물축제에 등장하는 동물에 대한 지위를 두 가지 관점에서 제시하고 이 중 어떠한 관점이 타당한지를 판단하게 하는 평가의도가 담겨 있다.

문제 3의 경우, 기본소득제에 대해 두 가지 입장을 제시하고 이를 비판적으로 평가하는 의도를 담고 있다.

평가 주안점

문제 1에서는 차별(고객 중심의 관점)과 영업의 자유(자영업자 중심의 관점)라는 두 가지가 충돌하는 상황에서 무엇을 우선적으로 고려해야 하는지 공정성, 자유성 등 여러 가치를 염두에 두고 고민한 다음 합리적인 의견을 제시하는 것이 필요하다.

문제 2에서는 동물축제에 등장하는 동물에 대한 두 가지 입장이 주어지고 이 중 어떤 것을 선택할지 고민해야 한다. 중요한 것은 지역축제의 활성화가 동물축제로만 가능한 것인지 대안은 없는지 등 사고의 폭을 넓혀서 바라보는 것이 중요하다.

문제 3에서는 기본소득제에 대해 찬반입장 중 하나를 선택하는 것이다. 둘 중 하나의 입장을 선택한 다음 우려되는 문제점을 제시하고 이를 보안해 나가는 방향의 답변을 구성하는 것이 필요하다.

정시 면접 문제 _교육

면접문항

Q01 최근 교육 당국은 기초학력진단을 시행하여 학력 미달 학생을 대상으로 '맞춤형 보충학습'을 제공하겠다고 밝혔다. 그러나 줄세우기, 낙인효과 등의 부작용이 발생할 것이라는 반론이 만만치 않다. 이에 대한 자신의 의견을 밝히고 그 근거를 제시하시오.

Q02 일부 교육청은 비판적 사고력 향상을 위해 사회 현안을 주제로 한 독서 토론 수업을 확대하기로 하였다. 하지만 현행 교육 환경에서는 담당 교사에 따라 주제 선정 및 토론에 편향성이 나타날 수 있다는 우려가 있다. 독서 토론 수업 확대에 대한 입장을 밝히고 근거를 제시하시오.

Q03 유튜브 등 동영상 매체를 통한 학습이 활자 매체를 통한 학습을 대체해 가고 있다. 이에 대해 동영상 위주의 학습이 텍스트 이해 및 구성 능력을 저하시킨다는 우려가 있다. 동영상 매체를 통한 학습의 장단점을 논하고 단점의 보완책을 제시하시오.

출제의도

최근 논의되고 있는 시사적인 내용을 잘 파악하고 있는지와 지원자의 평소 가치관을 확인하기 위한 문항이다. 사회탐구 교과를 중심으로 기본 개념과 주요 이론 등을 충분히 숙지하면서 최근 촉발된 사회 변화상

등 이슈에 꾸준히 관심을 가지는 것이 좋다.

평가 주안점

문제 1에서는 맞춤형 보충학습제의 시행을 위한 방안을 제시하는 것을 요구하고 있다. 소위 우열반에서 열반으로 인식되는 맞춤형 보충학습제는 학생들이 이 반에 들어가는 것을 주위의 시선 때문에 부담스러워하는 것이 현실이다. 이러한 점을 극복하기 위해 수업의 명칭을 바꾼다든지 아니면 학생들의 구성을 단순히 학력미달자로 채우는 것이 아닌 제3의 방법을 강구해 보는 것이 필요하다.

문제 2에서는 독서토론 수업을 진행하는 교사의 주관이 개입되는 경우가 종종 있다. 이런 경우를 대비해서 교육청 차원이나 학교 내에서 독서를 담당하는 교사들끼리 가이드라인이나 콘텐츠 구성을 위한 기준을 함께 만들어가는 것이 대안이 될 수 있을 것이다.

문제 3에서는 동영상을 활용한 교육의 장단점을 논하는 과정에서 학생들의 특성을 고려해야 한다. 이때 디지털 학습기기에 익숙한 세대나 지역 등이 존재할 수 있기 때문에 지역과 인구학적 특성을 고려하여 답변을 구성하는 것도 하나의 방법이다.

단점을 보완하는 경우에는 단순히 오프라인 교육을 병행한다는 것을 제시하기보다는 온라인 학습에서 추가적인 사항을 넣어서 단점을 극복하는 것이 좋다. 예를 들어 영상 시스템을 활용한 온라인 토론 같은 경우도 좋은 예가 될 수 있다.

면접문항

Q01 최근 사회는 온라인 상거래에 밀려 오프라인 자영업이 경쟁력을 상실하고 있고, 유튜브 등의 영향으로 다양한 정보에 접근하며 실시간으로 소통할 수 있는 사회이다. 이처럼 온라인 산업이 비약적으로 발전하면서 생기는 사회변화의 순기능과 역기능에 대하여 각각 근거를 들어 자신의 의견을 제시하시오.

Q02 저출산 문제에 대한 두 가지 대책이 있다. 하나는 내부적으로 아이 키우기 좋은 환경을 만드는 것이고, 다른 하나는 대외적으로 이민 문호를 개방하여 젊은 세대의 인구 유입을 촉진하는 것이다. 한국의 현실에서 둘 중 어느 것이 더 효과적이라고 생각하는지 하나를 선택하고 그 근거를 제시하시오.

Q03 '타다'와 기존 택시의 갈등이 소송으로 치닫고 있다. 미래형 신산업의 발목을 잡는 제도를 선제적으로 바꾸어 첨예한 이해관계를 조정하는 것이 국가의 책무라는 의견과 국가가 기존 업계를 보호하기 위하여 '타다'를 막아주어야 한다는 의견이 충돌하고 있다. 국가가 신산업과 생존권 중 무엇을 보호해야 하는지 자신의 생각과 근거를 제시하시오.

출제의도

문제 1의 경우, 온라인 산업의 비약적 발전에 따른 사회현상의 변화를 순기능과 역기능으로 나눠서 말하라고 주문하고 있다. 여기서는 평소 시사에 관심을 가지고 이에 대해 비판적 사고로 바라볼 수 있는지를 평가하고자 한다.

　문제 2의 경우, 저출산 문제를 해결하기 위해 이민 문호를 개방하는 것을 예시로 들고 있다. 이는 다문화 가정 문제를 새로운 상황에서 제시하고 이를 생각하게끔 하고자 한다.

　문제 3의 경우, 신산업과 기존 산업의 생존권 중 하나를 선택하라는 문제를 제시하였다. 이는 평소 지원자가 시사문제에 어느 정도 관심이 있고 이를 비판적 시각에서 분석할 수 있고 평가할 수 있는지를 알아보려는 의도를 가지고 출제한 문제이다.

평가 주안점

　문제 1에서는 온라인 산업은 인건비 절감으로 기업의 이익이 극대화되고, 국가 과학 기술의 경쟁력 증가는 수반하지만, 개인적인 측면에서는 일자리가 줄어들고, 인간성 소외 현상 등이 발생할 수 있음을 염두에 둬야 한다. 특히 코로나 19사태 이후 '언택트(Untact, 비대면)' 시장이 급격히 성장하고 있으므로 관련하여 자신의 주장을 체계적으로 정리해둘 필요가 있다.

　문제 2에서는 전자의 입장을 취한다면 출산율을 높이기 위해서, 또 출산율과 직접적인 관계에 있는 혼인율 증가를 위해서 청년층에게 충분한 소득의 안정적인 일자리를 보장해야 함을 언급한다. 후자의 입장이라면 단순 노동자가 아닌 고급 인력을 어떻게 데려올지에 대한 방안까지 덧붙이면 좋다.

　문제 3에서는 각자의 입장에 따라 논지를 전개하면 된다. 여기서 중요한 것은 타다-택시 갈등은 결국 자동화/로봇화 가능한 모든 업종으로 번져 나갈 것이라는 통찰력이다. 4차산업혁명의 구조적 충격에 대비한 사회안전망을 최대한 확보하고, 다음 진로를 준비할 수 있는 재교육시스템을 마련해야 한다는 이야기를 포함하면 좋다.

수시(학생부종합) 면접 문제_교육

면접문항

Q01 학습자는 혼자서 해결하기 어려운 문제에 대해 교사의 도움을 받아 문제를 해결할 수 있다. 이러한 방법을 통해 학습자는 교사의 도움이 없다면 해결하기 어려운 문제를 효과적으로 해결할 수 없다. 이와 관련한 자신의 학습 경험과 소감을 상세하게 설명하시오.

Q02 최근 학교교육은 사회 발전을 위한 인재 육성을 중시하는 경향이 있다. 이것은 개인보다 사회의 중요성을 강조한 것으로, 개인의 적성, 흥미 등을 고려하기보다는 사회의 요구를 반영한 것이다. 교육의 목적이 개인의 성장과 사회의 발전 중에서 어느 것을 우선해야 하는지 그 이유를 들어 설명하시오.

Q03 초등교사는 음악, 미술, 체육 등을 포함한 모든 교과의 수업을 진행한다. 그렇다면 초등교사는 예체능과 관련된 모든 역량을 갖추어야 한다고 생각하는가? 그렇지 않아도 좋은 교사가 될 수 있다고 생각하는가? 두 가지 의견 중 하나를 선택하고 그 이유를 설명하시오.

문제 1의 경우, 학습과정에서 이루어지는 교사와 학습자 간의 여러 관계 중 한 유형에 관해 묻고 있다. 학습자가 교사에게 의존을 하게 되는 정도가 심해지면 문제가 발생할 수 있다. 이런 교육현장의 문제점을 지원자의 경험에 비추어 평가해 보라는 것이다.

문제 2의 경우, 교육의 목적을 개인의 성장과 사회 발전 사이의 선택의 문제로 보고 있다. 이 둘을 종합적으로 생각하기보다는, 연결성을 배제하고 선택의 문제로 바라보는 것이 중요하다. 적절한 예시를 들고 이를 바탕으로 문제를 풀어나가야 할 것이다.

문제 3의 경우, 초등교사가 가져야 하는 역량에 대해서 고민하게 만드는 문제이다. 예체능교과목을 가르치는 초등교사의 특성상 예체능 교과에 대해 어느 정도의 역량이 필요한지 생각해볼 수 있다.

평가 주안점

문제 1에서는 교사가 지식의 전달자인지 아니면 지식을 이해하거나 깨닫게 하는 조력자인지에 대해 고민해야 한다. 그리고 학습자 역시 교사로부터 무엇을 배우거나 얻고자 하는 존재인지 생각해 본다. 이런 점들을 종합적으로 고민하여 답변해야 할 것이다.

문제 2에서는 교육이 국가의 존립과 발전을 위한 것인지, 아니면 개인의 발전과 안위를 위한 것인지 고민해야 한다. 이 과정에서 현재 한국이 처한 교육 현실을 고려하여 답변하면 보다 설득력 있는 답변이 될 것이다.

문제 3에서는 초등학교 교사는 예체능교과에 대해 어느 정도 능숙해야 하는지를 묻고 있다. 예체능 과목 특성상 재능이 중시되는 과목이기도 하다. 이런 점을 바탕으로 하여 예체능 과목 중 일부에 능통하지 못한 교사의 경우도 있는데, 이를 어떻게 바라보고 평가해야 하는지에 대해 고민해야 한다. 이때 교사는 특정한 교과의 능력을 갖춰야만 하는 것인지, 아니면 특정 교과의 지식이나 내용 등을 전달하거나 가르칠 수 있는 역량만 있어도 되는지를 자신의 생각에 따라 선택하여 답변한다.

수시(학생부교과) **면접 문제_시사**

면접문항

Q01 프랜차이즈 영업점의 난립으로 인한 출혈 경쟁으로 거래 질서가 무너지고 영세 자영업자의 생존권이 위기에 처하는 등 여러 가지 사회적 문제가 발생하고 있다. 이런 문제를 해결하기 위하여 제도적인 대책을 세우거나 시장 질서에 맡기는 방안을 마련할 수 있다. 이에 관하여 근거를 들어 자신의 의견을 밝히시오.

Q02 산업에서 로봇이나 인공지능을 활용한 분야가 점점 확장되는 추세이다. 이에 따른 자동화로 생산성과 효율성이 증대되는 반면 인간의 일자리가 줄어들기도 한다. 이러한 상황에서 인간이 하기에 더 효과적인 일과 로봇이 하기에 더 효과적인 일을 구분할 수 있다. 이에 대해 각각의 예를 들고 그 근거를 밝히시오.

Q 03 일회용품, 플라스틱 등으로 인한 환경오염이 심각하다. 이러한 문제를 해결하기 위하여 법으로 일회용품 사용을 금지하고 위반 시 벌금을 부과하는 방법이 있다. 반면, 보조금과 같은 혜택을 주어 친환경 제품의 사용을 유도하는 방법이 있다. 둘 중에 어떤 방법이 더 효과적인지 자신의 의견을 밝히고 근거를 제시하시오.

출제의도

문제 1의 경우, 경제교과에 나오는 개념을 활용하여 문제를 해결하고 이 과정에서 지원자의 논리적, 비판적 사고를 평가하는 의도를 가지고 출제하였다.

문제 2의 경우, 경제 및 사회문화 교과에 나오는 개념을 활용하여 문제를 해결하고 이 과정에서 지원자의 논리적, 비판적 사고 미래 시나리오 역량을 확인하기 위해 출제하였다.

문제 3의 경우, 경제교과에 나오는 개념을 활용하여 문제를 해결하고 이 과정에서 지원자의 논리적, 비판적 사고를 평가하는 의도를 가지고 출제하였다.

평가 주안점

문제 1에서는 자유시장경제와 국가의 계획경제 또는 시장 간섭의 관점에서 접근하는 것이 기본적인 문제해결 방법이다. 특히 현재 한국사회의 경제현실을 고려한 답변을 할 때 보다 좋은 평가를 받을 것이다.

문제 2에서는 실업의 개념을 적용하여 구조적 실업을 이해하고, 동시에 사회 변동의 모습을 예측하는 미래 예측법 등을 적용하여 문제를 풀어나가는 것이 요구된다.

문제 3에서는 인센티브 제도의 장점과 단점을 먼저 떠올려 본 뒤, 사회적 인센티브 제도를 시행했을 때 사회적 변화와 시민들의 반응 등을 고려하여 답변을 구성하면 좋은 평가를 받을 수 있다.

수시(학생부교과) **면접 문제_교육**

면접문항

Q01 SNS 즉, '소셜네트워킹서비스'는 시간과 장소에 구애받지 않는 의사소통을 가능하게 해준다. 교육현장에서도 SNS를 이용하여 방과 후에 선생님과 질의응답을 하거나 자유롭게 대화를 나눌 수도 있다. 교사와 학생이 수업 이외의 시간에 SNS를 이용하여 의사소통을 할 때 나타날 수 있는 장점과 단점이 무엇인지 각각 설명하시오.

Q02 사람은 교사나 부모로부터 칭찬과 같은 보상을 받을 때 자신의 행동을 변화시키기도 한다. 이런 점을 고려하여 교사는 학생들의 행동을 바람직한 방향으로 변화시키고자 다양한 유형의 보상을 제공한다. 보상을 통해 행동이 변화되었던 경험을 소개하고, 이후 교사가 된다면 그 경험을 어떻게 활용할 수 있을지 설명하시오.

Q03 컴퓨터나 스마트폰의 사용으로 인해 손으로 글을 쓰는 기회가 줄어들

고 있지만, 교사는 여전히 판서를 할 때 손 글씨를 쓰는 경우가 많다. 이에 따라 학생들에게 영향을 미치는 교사들의 '필체'에 대해 문제가 제기되기도 한다. 초등교사는 모범이 될 만한 필체를 가져야 하는가? 그렇지 않아도 되는가? 둘 중 하나를 선택하고 그 이유를 제시하시오.

출제의도

문제 1의 경우, 스마트 학습에서 일어날 수 있는 문제점을 다루었다. 면대면 수업과 다른 방식으로 진행될 수밖에 없는 SNS 의사소통과 이러한 교육현장의 현실에 대해 지원자의 관심도를 측정하려는 것이다.

문제 2의 경우, 칭찬과 보상과 같은 행동 강화의 사례를 다루고 있다. 교육심리학의 주제 중 하나인데 물질적 보상이나 심리적 보상과 같은 유형을 떠올릴 수 있는지 평가하려고 한다.

문제 3의 경우, 전통적인 교육과 현대적 교육 사이의 괴리를 나타내고 있다. 필체로 대변되는 전통적 교육에서의 교사상이나 역량에 대해 고민하고 이를 현대적 시각에서 재평가하는 것 등 지원자의 교육적 사고 능력을 알아보려고 한다.

평가 주안점

문제 1에서는 대면과 비대면 수업의 차이, 스마트 기기를 활용한 수업의 특성 등에 대한 언급으로 답변을 구성해야 한다.

문제 2에서는 칭찬의 역설이나 행동강화로 인한 문제점 등 학급경영 과정에서 일어날 수 있는 일에 관심을 가지고 자신이 겪은 사례를 활용하여 답변을 구성하면 좋다.

문제 3에서는 '필체'로 대변되는 교육현장의 전통과 현대적인 모습의 대립 또는 교사의 역할과 역량에 대한 시대적 변화 등 여러 접근방식 중 지원자가 답변하기 수월한 것을 잡아서 접근하는 것이 필요하다.

 광주교대

수시 면접 고사 예시

 면접문항

수험번호 1111

1. 예비 초등교사로서 본인만의 장점이 있다면? 그리고 그것이 교사로서 어떻게 긍정적으로 발휘된다고 생각하는가?

2. 초등·중등·고등교육의 대상과 특성이 다른데 초등교육의 특성은 무엇이라고 생각하는가?

3. 독서 관련해서 수상한 기록이 많은데 지원자의 진로에 영향을 크게 미친 책이 있다면 이야기해 보세요.

4. ○○○를 희망하다가 교육대학교에 지원하게 된 계기가 있나요?

5. ○○○동아리활동을 하면서 응급처치 교육을 받았다고 하는데 본인의 학급

에 갑자기 쓰러진 친구가 있다면 어떻게 대처할 것인지 이야기해 보세요.

6. ○학년 봉사활동으로 지역 초등학생들과 교육봉사를 하면서 소통하는 방법과 지식을 전달하는 방법을 배웠다고 하는데 이에 대해 자세하게 이야기해 보세요.

수험번호 1112

1. ○학년 때 '○○○'라는 동아리활동을 하면서 모의수업을 했다고 하는데 준비 및 운영하는 과정에서 어려움이 있었다면 이야기해 보고, 잘했던 점과 부족했던 점을 이야기해 보세요.

2. 4차 산업혁명 사회에 대비하기 위해 인간의 창의성을 길러 로봇 사회의 위험성을 극복해야 한다는 입장을 발표한 이유는? 창의성 신장교육을 위해 어떤 교육적 방법이 좋을까요?

3. 3년간 학교 신문기자로서 꾸준히 활동하였는데 가장 기억에 남는 기사보도를 한 가지 소개해 보세요. 그 이유는?

4. 자기소개서 ○번 문항에 다문화 가정 아이들의 따돌림 문제, 언어소통의 어려움 등 고충을 알게 되었다고 했는데, 어떻게 하면 해결할 수 있을지 이야기해 보세요.

5. 1, 2학년 학급 반장, 3학년 대의원으로 활동을 했는데 본인의 리더십을 보여줄 수 있는 사례가 있다면 이야기해 보세요.

수험번호 1113

1. '우리나라 교육의 문제점'이란 주제로 3분 스피치를 했다고 하는데 구체적으로 어떤 내용을 가지고 했으며 그 해결방법도 제시해 보세요.

2. '사회적 불평등은 해소될 수 있는가'를 주제로 철학하기 발표 수업을 준비, 진행했다고 했는데 이에 대한 학생의 의견을 얘기해 보세요.

3. 장애인의 인권보호를 위해서 초등학생들에게 어떤 내용을 지도해야 할까요?

4. ○○시간에 동서양 원근법 비교를 통한 표현 특징을 중심으로 작품 분석을 하면서 토론을 하였는데 자신이 분석한 주요 내용은 무엇이었나요?

5. 동아리활동 내용 중에서 초등교사가 되기 위해 가장 도움이 되었던 점은 무엇인가요?

6. 어느 할아버지의 생애를 추적해 본 경험이 있던데요. 현재 자신의 모습에서 성찰하고 있는 면이 있다면 말해 보세요.

면접문항

Q01 우리는 살아가면서 타인과 크고 작은 갈등을 경험하게 됩니다. 자신이 경험한 갈등 사례를 한 가지 제시하고, 이를 해결하기 위해 어떤 노력을 했는지 말해 보시오.

갈등 사례
- 오해 또는 소통의 부재로 인한 갈등
- 자기의 주장만 내세우거나 이기심으로 인한 갈등
- 서로 기대하는 바나 어떤 일에 대한 서로의 생각이 다름으로 인한 갈등
- 배려심이나 이해심 부족으로 인한 갈등

갈등 해결을 위한 노력

- 상대방의 입장에서 생각해 보기
- 대화하기
- 이해하는 마음/열린 마음 갖기
- 배려하는 마음 갖기
- 상대의 입장 존중하기 등

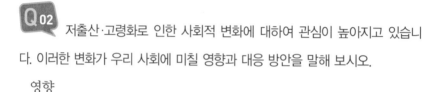 저출산·고령화로 인한 사회적 변화에 대하여 관심이 높아지고 있습니다. 이러한 변화가 우리 사회에 미칠 영향과 대응 방안을 말해 보시오.

영향

- 학령인구 감소, 학급당 학생 수 감소
- 노동력 부족, 소비 인구 감소 등에 의한 국가 경쟁력 약화
- 사회 활력 저하, 사회 보장 비용 증가
- 세대 간 갈등 증가 등

대응 방안

- 사랑, 성, 결혼, 가족 등에 대한 올바른 가치관 형성
- 저출산·고령화로 인한 사회적 변화의 이해
- 출산 장려 및 노인 복지 향상을 위한 정책 추진
- 이민 등 인구 유입 정책 추진
- 생산성 향상을 위한 노력 등

Q 03 4차 산업혁명으로 인한 과학 기술 발전은 우리 일상생활에 많은 변화를 가져오고 있습니다. 긍정적인 측면과 부정적인 측면의 변화에 해당하는 사례를 한 가지씩 제시하고, 부정적인 측면의 변화를 해결하기 위한 방안을 말해 보시오.

긍정 사례

- 과학 기술 발달에 의한 생활 편리성 증가
- 과학 기술 분야의 고용 증가
- 단순 노동력을 대체하는 기술의 발달 등

부정 사례

- 인공 지능 및 기계에 의한 단순 노동력 중심의 전체 일자리 감소
- 기술 수준에 따른 직업의 양극화
- 소득 수준 격차로 인한 사회 불안 및 갈등 심화
- 독과점(구글, 유튜브, 아마존, 페이스북 등) 발생
- 인공지능에 대한 소유권 문제 발생 등

대응 방안

- 감성(상황 맥락, 정서, 영감 등) 증진을 위한 교육 활동
- 문제 해결력, 창의력 증진 활동 전개
- 인간에 대한 신뢰와 협력 회복
- 4차 산업혁명에 대한 올바른 이해
- 4차 산업혁명 시대에 대비한 역량 습득 등

Q 04 오늘날 창의적 인재 양성을 위한 교육이 강조되고 있습니다. 창의적 사고나 방법을 적용하여 문제를 해결하기 위해 본인이 노력했던 경험이나 사례를 말해 보시오.

사례

• 다양한 발상과 적용
  – 남들이 말하지 않은 새로운 아이디어 제시하기
  – 아이디어를 남과 다른 방법으로 표현하기
• 생각의 전환을 통한 문제해결
  – 폐품을 활용해 예술품을 만든 업사이클링 경험하기
  – 교과서나 문제집의 풀이와 다른 방법으로 문제 해결하기
• 학문의 통합적 활용을 통한 문제해결
  – 미술시간에 과학이나 수학을 이용한 작품 만들기 등

정시 면접고사(일반전형) 출제 문항 1번

면접문항

Q 01 우리는 살아가면서 타인과 크고 작은 갈등을 경험하게 됩니다. 자신이 경험한 갈등 사례를 한 가지 제시하고, 이를 해결하기 위해 어떤 노력을 했는지 말해 보시오.

- 문항 1)의 출제 의도는 지원자들이 민주사회 시민으로서 타인과 화합을 이루며 더불어 살아가기 위해 절대적으로 필요한 자질 중의 하나인 갈등 해소 능력의 소유 여부를 판단하기 위한 것임.
- 더불어 인성은 미래 시민을 길러내는 교사들이 꼭 갖추어야 하는 매우 중요한 자질로, 문항 1)을 통해 인성 중에서 이해, 배려, 소통, 존중 등의 대인관계 능력을 알아보고자 하였음.

출제 근거

고등학교 교육 목표

4) 국가 공동체에 대한 책임감을 바탕으로 배려와 나눔을 실천하며 세계와 소통하는 민주 시민으로서의 자질과 태도를 기른다. 도덕과 교육 목표
(1) 21세기 한국인으로서 보편적으로 갖춰야 할 핵심 가치인 '성실, 배려, 정의, 책임'을 내면화하는 것을 목표로 삼는다. 가치관계 확장을 전제로 자신에서 타자, 사회와 공동체, 자연과 초월로 이어지는 각 영역의 핵심 가치를 내면화하여 인성의 기본 요소를 실천적으로 확립하는 것을 목표로 한다. 〈생활과 윤리〉 – 고등학교
(6) 평화와 공존의 윤리
[12생윤06-01] 사회에서 일어나는 다양한 갈등의 양상을 제시하고, 사회 통합을 위한 구체적인 방안을 제안할 수 있으며, 바람직한 소통 행위를 담론 윤리의 관점에서 설명하고 일상생활에서 실천할 수 있다.

정시 면접고사(일반전형) 출제 문항 2번

 면접문항

Q 02 저출산·고령화로 인한 사회적 변화에 대하여 관심이 높아지고 있습니다. 이러한 변화가 우리 사회에 미칠 영향과 대응 방안을 말해 보시오.

출제 의도

문항 2)를 출제한 의도는 저출산·고령화로의 사회적 변화를 인식하고, 이러한 변화로 인하여 나타날 수 있는 문제를 진단하고 있는지, 그리고 여러 가지 예견되는 문제에 대응하기 위한 방안을 제시할 수 있는지를 알아보기 위한 문항이다.

출제 근거

고등학교 교육 목표
4) 국가 공동체의 발전을 위해 노력하며, 세계 시민으로서의 자질과 태도를 기른다.

기술·가정과 교육 목표
(1) 가정생활 실천을 통한 생활 속의 다양한 문제를 해결하기 위해 기본적인 지식과 기능을 익혀 건강한 개인 및 가정생활을 영위하고, 현재 및 미래 사회를 주도할 수 있는 자기관리 능력, 실천적 문제해결 능력, 창의력, 진로개발 능력, 대인관계 능력, 의사소통 능력과 같은 핵심역량과 이에 대한 실천적인 태도를 기른다.
〈기술·가정〉 – 고등학교

- 저출산·고령화 사회와 가족

저출산·고령화 사회에 대응하는 바람직한 사랑과 성, 결혼과 가족, 부모됨의 바람직한 가치관을 형성하고, 자녀 돌보기 경험을 통하여 사회적 돌봄으로 확산될 수 있는 능력을 기르며, 자립적 노후생활을 위한 준비의 필요성을 이해하여 노후생활을 체계적으로 준비할 수 있는 역량을 기른다.

정시 면접고사(일반전형) 출제 문항 3번

 면접문항

Q03 4차 산업혁명으로 인한 과학 기술 발전은 우리 일상생활에 많은 변화를 가져오고 있습니다. 긍정적인 측면과 부정적인 측면의 변화에 해당하는 사례를 한 가지씩 제시하고, 부정적인 측면의 변화를 해결하기 위한 방안을 말해 보시오.

출제 의도

문항 3)을 출제한 의도는 4차 산업혁명 시대로 급격하게 변화함에 따라 우리 일상생활에 나타나는 변화를 인식하고, 긍정적인 변화와 부정적인 변화에 해당하는 사례들은 무엇이 있는지, 그리고 부정적인 측면의 변화에 해당하는 사례를 해결하기 위한 방안에는 무엇이 있는지를 알아보기 위한 문항이다.

출제 근거

고등학교 교육 목표

라. 국가 공동체의 발전을 위해 노력하고, 더불어 살아가며 협동하는 세계 시민으로서의 자질과 태도를 기른다. 사회과 교육 목표가 사회 구성원으로서 자신을 이해하고 자신을 둘러싼 복합적인 사회 현상을 이해하는 데 통합적인 시각으로 바라보는 능력을 기른다. 〈사회〉 – 고등학교

(4) 환경 변화와 인간
(가) 과학기술의 발달과 정보화
① 과학기술의 발달이 인간과 환경에 미친 영향을 다양한 사례를 통해 이해하며, 비판적인 관점에 기초하여 과학 기술을 바람직하게 활용하는 방안을 파악한다.
[탐구 활동 및 논술 예시]
① 과학기술의 발달을 통해 환경 문제가 해결될 수 있다는 주장에 대한 상반된 견해가 있다. 각 입장을 정당화시킬 수 있는 사례를 찾아 발표하고 토론해 본다.

정시 면접고사(일반전형) 출제 문항 4번

 면접문항

Q04 오늘날 창의적 인재 양성을 위한 교육이 강조되고 있습니다. 창의적 사고나 방법을 적용하여 문제를 해결하기 위해 본인이 노력했던 경험이나 사례를 말해 보시오.

문항 4)의 출제 의도는 창의적 교육의 결과 자신의 창의성을 발휘한 경험을 살펴봄으로써 창의성에 대한 지원자의 생각을 알아보는 데 있다. 또 본인의 경험을 말해 봄으로써 자신이 받았던 교육에 대해 성찰할 수 있는 능력이 있는지, 그리고 이를 통해 지원자가 성장한 면을 살펴 예비 교사로서의 품성과 성찰 능력, 교육관 등을 갖추고 있는지 알아보기 위함이다.

실과 교육과정의 기술·가정에서 추구하는 "기초 능력의 바탕 위에 새로운 발상과 도전으로 창의성을 발휘하는 사람"에 출제 근거를 두며, 성찰 능력과 예비 교육자로서의 품성을 관련지어 생각해 볼 수 있다.

고등학교 교육 목표

(1) 가정생활 실천을 통한 생활 속의 다양한 문제를 해결하기 위해 기본적인 지식과 기능을 익혀 건강한 개인 및 가정생활을 영위하고, 현재 및 미래 사회를 주도할 수 있는 자기관리 능력, 실천적 문제해결 능력, 창의력, 진로개발 능력, 대인관계 능력, 의사소통 능력과 같은 핵심역량과 이에 대한 실천적인 태도를 기른다.

〈기술·가정〉 - 고등학교 성취기준

(1) 기술 혁신과 발명, 기술 연구 개발 활동이 인류와 사회에 미친 영향을 이해하고 평가하며, 제도와 설계의 기초적 이해를 통해 창의 공학 설계의 개념을 습득하여 기술적 문제를 창의적으로 해결하는 능력과 설계 능력을 기를 수 있다.

(3) 기술 혁신과 설계

기술 혁신과 발명, 기술 연구 개발 활동이 인류와 사회에 미친 영향을 이해하고, 제도와 설계의 기초적 이해를 통하여 공학적 문제를 창의적으로 해결할 수 있다.

(4) 미래 기술과 사회
핵심 기술의 현재와 미래 동향을 파악하고, 다방면에 걸친 기술의 영향을 평가하며 미래 융합적 기술과 관련된 문제를 창의적으로 해결할 수 있다.

 대구교대

정시 면접 문제

 면접문항

  현재 ○○초등학교는 도시 근교 공단지역에 위치해 있어 국제결혼가정 자녀와 외국인 근로자 자녀 등 다문화 학생이 많이 재학하고 있다. 이 학교의 6학년 3반에도 다문화 학생이 6명이나 된다. 어느 날 도덕 수업 시간에 '공정한 생활'이라는 소재의 역할놀이를 모둠별로 준비하다가 문제가 발생했다. 여러 모둠들 중에서 유독 학생 A가 포함된 모둠에서만 역할놀이 연습이 잘 되지 않았다. 특히 모둠원이 어떤 역할을 맡아야 하는지에 대한 의견이 서로 달랐다. 그렇게 되자, A가 자기 모둠에는 다문화 학생이 2명이나 있어서 역할놀이 연습이 잘 되지 않는다며 담임선생님에게 불만을 늘어놓고 있다.

담임선생님의 지도 계획 : 아래의 교실 상황에 대한 내용을 읽고서 여러분이 '담임선생님'이라면 학생 A를 어떻게 지도할 것인지 자신의 학교생활에서 겪었던 직접 또는 간접 경험(졸업자 등은 졸업 후의 경험도 가능)을 토대로 이야기해 보고 그렇게 지도하는 이유를 설명하시오.

출제의도

통합학급에서 일어날 수 있는 일에 대해 묻고 있다. 평소 다문화 학생들을 경험해 보지 못한 경우에는 이 문제를 푸는 데 어려움을 겪을 수 있다. 따라서 평소에 다양한 형태의 교육을 미디어 등을 통해 간접적으로 접하고 이에 대해 스스로의 평가와 수업계획과 같은 것들을 고민해 보는 연습이 필요하다. 학생 A의 경우 학생 스스로 공동체 학습에 참여하는 열정이 부족하거나 어떤 문제가 있음에도 불구하고 이를 다문화 학생들에게 책임을 떠넘기는 모습이 제시문 속에 나타나 있다. '책임전가형 학생'과 '다문화 학생들이 있는 교실'이라는 이 두 가지를 처음에는 구분하여 말해 보고, 이후 이를 결합하여 교실에서의 지도 방향을 말할 수 있어야 한다.

평가 주안점

학생 지도안을 짜 보는 과정과 결과에 대한 평가이다. 제시문에 나타난 상황과, 여기에 나타나지는 않았지만 고려해야 하는 상황을 모두 생각해야 한다. 특히 '공정한 생활'이라는 주제에 주목하고, 이런 주제 수업에서 학생들에게 무엇을 가르칠 것인지 고민해야 한다. 그리고 그 고민 후에, 수업 중에 가르쳐야 하는 가치와 그것을 실현할 수 있는 또는 학생들이 체화할 수 있는 수업과정을 짜는 것이 필요하다. 그리고 지원자의 직접 혹은 간접 경험이 바탕이 되어야 하므로, 현실성이 있는 내용이 수업지도안에 반영되어야 한다.

수시 면접 문제

 면접문항

우리 ○○초등학교는 매년 가을에 종합학예발표회를 개최한다. 올 가을에도 그 일환으로 교내 합창대회가 열린다. 특히 올해에는 합창대회에서 우수한 성적을 거둔 학급을 위해 예년과 달리 푸짐한 상품이 준비되어 있다. 우리 6학년 4반은 다른 학급보다 한 달 먼저 합창대회 준비를 위해 연습을 시작하였다. 그런데 음치인 한 학생 A 때문에 생긴 고민이 연습을 하면 할수록 계속되고 있다. 기본 박자도 제대로 못 맞출 정도로 A는 음감이 아주 없다. A가 학급 아이들과 함께 합창대회에 참여하게 되면 우리 학급은 꼴찌가 될 가능성이 높다. 학급의 학예부 학생들은 이 문제를 논의하기 위해 합창대회를 1주일 남겨두고 긴급회의를 열었다. 교내 합창대회는 참여에 더 의미를 두기 때문에 비록 꼴찌를 하더라도 A를 참여시켜야 한다는 의견과 우리가 1등을 하려면 A를 참여시키지 말아야 한다는 의견이 팽팽히 맞서고 있다.

담임선생님 : 다음 상황을 읽고, 여러분이 아래의 '담임선생님'이라면 학생들을 어떻게 지도할 것인지 학교생활에서 직접 또는 간접 경험(졸업자 등은 졸업 후 경험 가능)을 토대로 이야기해 보고, 그렇게 지도하는 이유를 설명하시오.

출제의도

합창대회를 준비하는 과정에서 흔히 겪을 수 있는 일이 제시되었다. 우승을 위한 학급경영과 참여에 의미를 두는 학급경영은 다를 수 있다. 학급 내의 의견 조율을 하는 과정에서 민주적인 절차를 따르는 것도 중요하지만 동시에 공동체의 구성원들이 어떠한 가치를 우선적으로 추구할 것인지를 고민해야 한다. 이러한 과정들이 답변을 준비하는 과정에서 고려해야 할 것들이다.

평가 주안점

6학년 4반은 다른 반보다 한 달 먼저 합창대회 준비를 시작했다는 점에 주목하고, 이를 기준으로 답변을 구성하는 것이 자연스럽다. 그리고 A 학생의 음악적 재능이 낮은 것을 고민하면서 학급구성원으로 어떻게 끌고 갈 것인지 방안을 제시하는 것이 필요하다. A 학생이 입만 벙긋하게 한다는 등 임기응변식의 대처는 적절한 답변이 아닐 수 있다. 그러므로 준비기간이 오랫동안이란 점을 생각하면서 A 학생이 서서히 노래에 적응하게 하는 것, A 학생의 합창 연습에 도움을 줄 수 있는 팁을 제시하는 것도 하나의 방법이다. 다만 지원자의 직접 혹은 간접적인 경험을 토대로 얘기해야 하므로 연계성 있는 답변을 마련하는 것이 필수적이다.

정시 면접 문제

✏️ 면접문항

QA형 국가수준 학업성취도 평가 결과 최근 학생들의 기초학력 부진 문제가 심각하다는 지적이 있다. 학력 부진의 문제가 생기게 된 원인을 이야기해 보고, 교사와 학교가 학생들의 기초학력을 신장시키기 위한 방안을 말해 보세요.

QB형 최근 유튜브나 인터넷 개인방송을 운영하는 교사가 늘어나고 있다. 이러한 형상이 학교와 교육에 미치게 될 영향을 이야기해 보고, 유튜브나 인터넷 개인방송을 교육활동에 활용하기 위한 바람직한 방안을 말해 보세요.

QC형 최근 교육부는 학생부종합전형에서 비교과 영역에 대한 평가를 축소하기로 했다. 이에 대한 지신의 의견을 이야기해 보고, 교육대학교 입시에서 지원자의 인성과 교직 역량을 평가하기 위한 효과적인 방법을 말해 보세요.

출제의도

문항 A의 경우, 학력신장과 관련하여 지원자의 입장을 묻는 문제이다. 특히 기초학력이 부족한 학생들의 특징과 원인 그리고 해결책을 종합적으로 고려해야 한다.

　문항 B의 경우, 개인방송 교사들의 사례를 가져와 교사들의 자율권 혹은 활동 범위에 대해 지원자의 의견을 묻고 있다. 문항 C의 경우, 학생부종합전형과 같이 입시제도나 변화에 대해 지원자의 입장을 물어보는 문항이다.

평가 주안점

　문항 A에서는 학습부진아에 대한 특성 이해, 기초학력을 높이기 위해 학교 내에서 할 수 있는 방안 마련 등 평소 교육현장에서 자주 접하는 문제에 대한 관심과 예비교사로서의 역량을 평가하고 싶어 하는 문제이다.

　문항 B형에서는 미디어 시대가 도래한 가운데 유튜브 등을 통해 수익을 내거나 개인적인 활동을 하는 교사들이 늘어나면서 기존 제도나 법률에서 제시할 수 있는 활동 가이드가 부족하다고 이야기하고 있다. 이런 현실에서 어떻게 이들을 바라보고 제도적으로 지원해야 하는지를 설명해야 한다.

　문항 C형에서는 학생부종합전형을 시행하면서 학교 현장에 있는 지원자, 즉, 학생의 입장과 이를 제도적으로 바라보는 지원자의 입장을 동시에 균형 있게 제시하는 것이 필요하다.

수시 면접 문제_가형

 면접문항

 본인이 교사가 되었을 때 학교에서 꼭 실시해 보고 싶은 행사나 프로그램을 말하고, 그러한 행사나 프로그램을 기획한 이유를 설명해 보세요.

Q B형 교육대학 입시 방법으로서 학생부종합전형이 지닌 장점과 단점을 설명하고, 교육대학에 적절한 입시 방법을 말해 보세요.

Q C형 인공 지능의 발달에도 초등 교사라는 직업은 사라지지 않을 것이라는 주장에 대하여 자신의 의견을 말하고, 미래 사회의 교사에게는 어떤 역량이 필요할지 말해 보세요.

출제의도

문제 A형의 경우, 학생의 교직에 대한 관심사와 열정을 평가하려는 의도이고, 문제 B형은 현재 지원자가 속한 전형을 객관적으로 평가할 수 있는지를 판단하려고 하며, 문제 C형은 미래 사회의 교육변화를 예측하고 이에 대해 예비 교사로서의 적용과 대응방향을 알아보려는 의도이다.

평가 주안점

문제 A형에서는 기획해 보고 싶은 행사나 프로그램이 무엇인지 밝히고 그것이 필요한 이유를 학교 환경이나 학급 환경 그리고 현재 처한 학생들의 상황을 고려해야 한다. 즉, 교육 주체에 대한 고민들을 가지고 이들에게 필요한 것인지 아니면 학교 자체의 발전을 위한 것이지 등을 답변하는 것이 기획 이유가 될 수 있다.

문제 B형에서는 사회적 공감대 또는 합의와 전형 자체가 가진 장점과 단점을 고려해야 할 것이다. 최근 교사들과 관련된 사회적 문제 등을 연결하여 답변하는 것도 가능하며, 인구 절벽이나 비대면 사회가 도래하면서 필요한 교육환경에 적합한 인재를 선발하는 방식에 대해서 고민하는 것도 하나의 답변이 될 수 있다.

문제 C형에서는 인공지능이 어느 정도 발달해 있는 미래의 교육현장을 스스로 상상한 다음 이러한 교육환경에 어떤 교육이 필요하며, 이때 교사가 하는 역할은 무엇이어야 하는지를 순서대로 답변하는 것이 필요하다.

수시 면접 문제_나형

면접문항

Q A형 우리나라의 학교 교육에서 학생들의 창의적 사고를 저해하는 요인에는 어떤 것들이 있는지 말하고, 창의적 사고를 기를 수 있는 교육 방안을 말해 보세요.

Q B형 최근 우리 사회에서 발생하고 있는 교육 불평등 현상의 사례를 말하고, 교육불평등을 완화하기 위한 방안을 말해 보세요.

Q C형 교실에 CCTV를 설치함으로써 해결할 수 있는 교육적 문제가 무엇인지 말하고, CCTV를 설치하지 않고도 문제를 해결할 수 있는 방안을 말해 보세요.

문제 A형의 경우, 창의적 사고를 주제로 한 문제로써 교육현장에서 쉽게 볼 수 있는 창의성 교육에 주목하고 이것이 가지는 장점과 단점을 분석해 보며 이에 대한 해결안까지 제시할 수 있는지를 평가하고자 한다.

문제 B형의 경우, 교육 불평등의 개념과 이것이 한국사회에서 어떻게 나타나는지를 평소 언론매체나 교육현장에서 직접 또는 간접적으로 느낀 바를 바탕으로 답변을 구성할 수 있는지를 평가하고자 한다.

문제 C형의 경우, CCTV가 가진 장점과 단점을 파악하고 CCTV를 교육현장에서 쓰거나 교육적 의도로 사용할 때 나타날 수 있는 문제점까지 인식하고 있는지를 파악하고자 한다.

평가 주안점

문제 A형에서는 수렴과 발산 및 메타인지 등으로 대변되는 창의성 교육에 대해 기본적인 사항을 알고 있는지 평가하고 그 다음 이것이 이뤄지기 위한 교육적 활동이나 환경에 대해 지원자가 평소 생각하고 있는 바를 제시해야 한다.

문제 B형에서는 교육 불평등이 과거의 한국에서 나타난 것과 현재의 한국에서 나타난 것 사이에 어떤 차이가 있는지 비교 분석하여 제시하면 보다 돋보이는 답변이 될 것이다. 불평등을 해소하려는 교육적 노력이나 교육적 가치가 사회적 공정성으로 이어지도록 하는 답변이 요구된다.

수시(교직적성) 면접 문제 _오전

✏️ 면접문항

(A) 교사는 자신을 초월하는 위대한 도덕적 인간, 즉, 사회의 전도자이다. 성직자가 신의 해석자인 것과 마찬가지로 교사도 그 시대와 국가의 위대한 도덕 사상의 해석자인 것이다. 교사에게 이러한 사회의 도덕 사상에 숙달하도록 하고, 이 사상의 향기를 느끼도록 해야 한다. 그러면 이 사상이 갖고 있는 권위와 그것에 대해 교사가 느끼는 권위는, 교사의 모든 행동으로 표출되고 아동에게 반드시 전달되고야 말 것이다.

뒤르껨(E. Durkheim)의 『교육과 사회학』 중에서

(B) 제6조(교육의 중립성) 1 교육은 교육 본래의 목적에 따라 그 기능을 다하도록 운영되어야 하며, 정치적·파당적 또는 개인적 편견을 전파하기 위한 방편으로 이용되어서는 아니 된다.

「교육기본법」 중에서

Q01 (A)에서 제시된 '위대한 도덕적 인간'으로서의 교사의 특성을 추론하여 설명하시오.

(A)의 내용을 바탕으로 (B)에 제시된 법조항의 의미를 해석하시오.

출제의도

질문 1의 경우, 교사의 특성을 법률적으로 정해진 것이나 학교 현장에서 암묵적으로 이뤄진 것 등으로 다양하게 지원자의 의견을 밝히는 것이 중요하며 이를 평가하려는 의도이다.

질문 2의 경우, 정치적 당파나 개인적 편견이란 단어에 주목하고 이것이 의도하는 바를 정확하게 이해하고 교육현장에서 어떠한 방식으로 적용되어야 하는지, 지원자의 생각을 평가하기 위함이다.

평가 주안점

질문 1에서는 위대한 도덕적 인간이라는 말의 의미를 풀어내는 데 힘써야 한다. 인류의 공동적 가치나 자신이 속한 공동체의 가치에 대해 생각하고 이것이 교육 분야에 투영되었을 때 '위대한'이라는 단어로 나타날 수 있는지 고민해 보자. 그리고 교사의 특성을 교사 자체로서의 특성, 학생들을 대할 때 교사로서의 특성, 사회의 일원으로서 교사의 특성 등 다양한 영역에서 생각해 볼 수 있을 것이다.

질문 2에서는 교육기본법에 나온 내용을 헌법이나 다른 법에서 보장하고 있는 개인으로서의 교사가 가진 권리와 의무 등과 비교해 보는 것도 하나의 방법이다. 이 과정에서 어떤 권리와 의무가 우선시 되어야 하는지, 그리고 교사가 가지는 직업의 특수성이 무엇인지도 객관적으로 평가할 수 있어야 한다.

수시(교직적성) 면접 문제 _오후

🖊 면접문항

  인간은 자신이 속한 사회에서 대중의 취향과 의견의 기세를 알아내는 능력을 가지고 있다. 대부분의 사람들은 통계 조사나 인터뷰를 통해 사람들의 의견을 종합해 보기 전에 여론의 향방을 감지할 수 있다. 그런데 자신의 견해가 다수 의견에 속하면 공개적으로 표명하고, 그렇지 않으면 침묵을 지키는 경우가 많다. 이처럼 소수의 의견을 가진 사람들이 점차 줄어들어 침묵하게 되는 과정을 나선의 모양에 비유하여 설명할 수 있는데, 이를 '침묵의 나선 이론'이라고 한다.

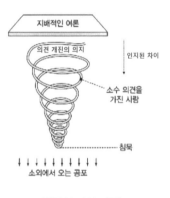

〈침묵의 나선 이론〉

Q01 침묵의 나선 이론에 비추어 볼 때, 의견 개진이나 여론 수렴 과정에서 발생할 수 있는 문제점을 제시하시오.

Q02 학교에서 침묵의 나선 이론이 적용되는 사례를 들고, 이를 해결할 수 있는 방안을 제시하시오.

출제의도

질문 1의 경우, 학급 회의나 단체의 의견 수렴 과정에서 종종 나타나는 현상을 제시한 뒤 이것에 대한 문제점 등을 지원자가 알고 있는지 그리고 그것에 대한 개선 의지가 있는지를 평가하려는 의도이다.

질문 2의 경우, 학교현장에서 교사 주도의 수업이 이뤄지는 경우 종종 나타날 수 있는 현상이다. 또는 수동적인 태도의 학생들이 모인 학급에서도 볼 수 있다. 학교현장에서의 경험을 통해 지원자가 이러한 현상을 침묵의 나선 이론으로 설명하고, 해결방안을 제시하는 적극성을 평가하는 것이다.

평가 주안점

질문 1에서는 청소년 시기에는 개인의 의견이나 개성에 집착하는 경향이 나타나기도 한다. 그리고 타인과 협력을 하거나 의견을 교환하는 행위가 훈련되지 않은 학생들은 이에 어려움을 겪기도 한다. 이렇게 청소년기의 특성과 학교에서 익히는 소통방식에 대해 자신의 경험담을 토대로 근거를 제시하면서 답변하는 것이 자연스럽다.

질문 2에서는 학교 현장에서 침묵이 일어나는 이유 중 하나는 집단주의 또는 공동체주의 문화 때문이다. 동아시아 대부분의 국가는 이런 문화의 영향으로 인해서 개인의 의견을 자유롭게 말하기보다는 다수의 의견을 수용하거나 따라가는 경향을 보인다. 이것이 실제로 교사와 학생 간 수업현장이나 학급회의 등의 모든 영역에서 발견할 수 있다. 이런 점들을 고려하여 건전하고 합리적인 소통 문화를 만들 수 있게 하는 대안을 제시해야 할 것이다. 즉 초반에는 발표자를 정해서 의도적으로 소통을 하게 만들고 이것이 학급회의에서 자리가 잡히면 소통의 문화가 퍼질 수 있다는 주장도 설득력 있을 수 있다.

✎ 면접문항

(A)

FOR A FAIR SELECTION EVERYBODY HAS TO TAKE THE SAME EXAM: PLEASE CLIMB THAT TREE

(B) 사회적 다윈주의(Social Darwinism)는 다윈(C. Darwin)의 진화론을 적용하여 사회의 모습과 변화를 해석하는 이론이다. 사회적 다윈주의에서는 열등한 자가 도태되고 생존 조건에 적합한 자만이 살아남게 되어 사회가 야만적 형태에서 문명화된 형태로 진화한다고 본다.

Q01 (A)의 그림을 설명하고, 이 그림으로부터 추론할 수 있는 문제점을 제시하시오.

Q02 [질문 1]에서 언급한 문제점을 바탕으로 (B)에서 제시된 사회적 다윈주의를 비판하시오.

사회적 다원주의의 개념을 정확하게 이해하고 이를 제시문의 그림에 나온 상황에 적용할 수 있는지를 평가하려는 의도이다. 이때 질문 1의 경우, 서로 다른 능력을 가진 동물에게 나무에 오를 것을 요구한 후 이를 평가한다는 상황을 고려해야 한다. '경쟁'의 상황이란 점을 생각해볼 때 이런 시험이 반복되거나 중요한 시험일 경우 나무 오르기에 부적합한 동물은 어떻게 평가될지 지원자의 의견을 묻고자 한다.

질문 2의 경우, 시험으로 평가할 때 고려해야 하는 요소들이 무엇인지, 그리고 그림과 같은 상황의 시험이 평가 가능한 것인지 등 평가에 대한 지원자의 생각과 가치관을 들어보고 사회적 다원주의가 우리 교육현장에 적용되었을 때의 문제점에 대해 답변할 수 있는지 평가하고자 한다.

평가 주안점

질문 1에서는 사회적 다원주의의 관점에서 서로 다른 역량을 가진 동물들을 하나의 평가 기준으로 평가하는 것에 대해 자신의 의견을 말해야 하며, 이 과정에서 평가의 효율성과 공정성이란 문제, 더 나아가 평가가 현실성이 있느냐의 문제까지 고려하여 답변을 구성해야 할 것이다.

질문 2에서는 교육이 사회를 발전시키려는 의도만을 가진 채 특정 분야의 인재만을 선발하는 것이 타당한지, 그리고 나머지 다른 능력을 가진 사람들에게는 어떠한 평가 방식이 필요한지 등을 논리적으로 구성하여 답변하는 것이 필요하다.

🔺 면접문항

(A)

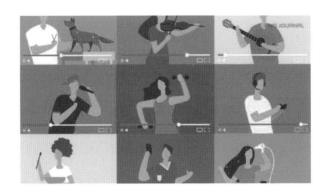

(B) 미디어 리터러시는 일반적으로 다양한 형태의 매체에 접근하여 내포된 메시지를 이해, 분석, 평가할 뿐만 아니라 새로운 메시지를 만들고 소통할 수 있는 능력을 의미한다. 미디어 리터러시가 풍부한 사람은 누가, 누구를 대상으로, 어떤 매체와 기술을 이용하여, 어떤 메시지를 전달하고자 하는지를 비판적으로 분석할 수 있으며, 가치 있는 미디어 메시지를 생산할 수 있다.

Q01 (A)와 (B)의 내용을 바탕으로 1인 미디어 시대의 긍정적인 측면과 부정적인 측면을 각각 설명하시오.

Q02 1인 미디어 시대의 부정적인 측면을 개선하기 위한 제도적 방안을 제안하시오.

질문 1의 경우, 1인 미디어 시대에 나타난 변화를 생각해 보고 이 과정에서 학생들에게 필요한 미디어 역량은 무엇인지 고민해 본다. 이렇게 미디어의 변화와 그에 따른 사용자들의 특성과 대응을 종합적으로 제시할 수 있는지 판단하는 문항이다.

질문 2의 경우, 1인 미디어 시대에 나타날 수 있는 문제점을 제시하고 이를 윤리, 제도, 문화와 같은 다양한 측면에서 답변을 할 수 있는지를 평가하는 문항이다.

평가 주안점

질문 1에서는 제시된 (A)그림을 보고 다양한 삶의 영역이 미디어에 투영될 수 있으며 미디어의 주체가 각 개인이 될 수 있다는 것을 알 수 있다. 한편으로는 미디어를 상업적 홍보를 위한 수단으로 이용하거나 인기를 얻기 위해 과도한 일탈 행위를 하는 모습을 노출했을 때 문제가 될 수 있다. (B)에서는 개인의 올바른 판단과 비판능력이 미디어 영역에서도 발휘될 수 있도록 교육해야 한다는 내용을 담고 있다. 이런 점들을 잘 정리해서 답변해야 한다.

질문 2에서는 1인 미디어를 지나친 상업적 목적이나 비윤리적 행위 등의 통로로 사용하는 경우가 있다는 것을 생각해 볼 수 있다. 세금을 부여하거나 영상 내용에 대한 가이드를 제공하여 미디어를 관리하는 방법을 떠올려 보자. 지원자가 생각한 내용에 따라 현실성 있는 제도적 방안을 제시하는 것이 중요하다.

수시(사향인재) **면접 문제 _오전**

✏️ 면접문항

Q01 대학 생활 동안 가장 도전해 보고 싶은 것이 무엇인지 제시하고, 그 이유를 말하시오.

Q02 자신이 가장 부족하다고 생각하는 점을 들고, 이를 보완하기 위하여 어떤 노력을 기울일지 말하시오.

Q03 공동체 사회에서 개인이 갖추어야 할 가장 중요한 덕목이 무엇인지 설명하고, 이와 관련된 자신의 경험을 말하시오.

Q04 초등교사가 된 이후 세계 시민으로서 본인이 할 수 있는 일이 무엇인지 말하시오.

출제의도

질문 1의 경우, 지원자의 도전정신과 중요시하는 가치관을 알아보는 문항이다.

질문 2의 경우, 자신을 객관화하고 이 과정에서 단점을 극복하려는 자기계발 의지를 평가하려는 문항이다.

질문 3의 경우, 공동체에서 우선하는 가치에 대해 고민하고 이를 실현할 수 있는 의지를 평가하는 문항이다.

질문 4의 경우, 글로벌 시대에 발맞추어 초등 예비교사에게 요구되는 자질을 묻는 문항이다.

평가 주안점

질문 1에서는 평소에 지원자가 해보고 싶은 일과 사회적으로 의미를 가질 수 있는 일들을 함께 고려하여 제시하는 것이 필요하다.

질문 2에서는 자신의 단점을 제시할 때 교육과 관련된 사항으로 선정하고 이를 개선할 수 있는 방안과 이제까지 노력한 점을 함께 말하면 자연스럽다.

질문 3에서는 공동체를 위한 개인의 덕목에는 신뢰, 헌신, 국가애 등 다양하게 나타날 수 있으니, 지원자가 중요하다고 판단하는 덕목을 선정한 뒤 이것을 선정하게 된 이유를 함께 제시해야 한다.

질문 4에서는 세계 시민에게 요구되는 연대의식, 인종과 환경에 대한 관심 등을 자신의 경험이나 교과에서 배운 내용을 바탕으로 설득력 있게 제시하면 좋다.

수시(사향인재) 면접 문제 _오후

 면접문항

[과제]

일상생활 속에서 궁금한 점을 탐구 주제로 정하고 정보를 수집하여 분석한 후, 그 결과를 통계 자료가 포함된 '통계 포스터'로 만들려고 한다. 아래의 〈과제 수행 지침〉에 따라 통계 포스터를 가상으로 제작하여 발표하시오.

[과제 수행 지침]

1. 주어진 필기구와 용지를 사용하여 자유롭게 제작하되, 다음 내용을 반드시 포함해야 한다.

〈구성 내용〉

- 제목 : 탐구 주제를 잘 보여줄 수 있는 제목으로 한다.
- 탐구 동기 : 탐구 문제를 정하게 된 이유를 기술한다.
- 탐구 방법 : 탐구 내용과 자료 수집 및 처리 방법 등을 기술한다.
- 예상 결과 : 탐구 결과를 예상하여 반드시 통계자료(표, 그래프, 이미지 등)로 제시한다.
- 활용 방안 : 탐구 결과를 실제로 활용할 수 있는 방안을 기술한다.

2. '탐구 방법'에서 수집할 자료는 직접 조사하여 얻거나 기존 자료를 활용하여 얻는 경우가 모두 가능하다고 가정한다.

3. '예상 결과'에서 제시하는 통계 자료는 가상의 자료이나, 가능한 현실성 있는 자료여야 한다.

4. 발표 방법은 제한이 없으며, 5분 발표 / 5분 질의응답 시간을 갖는다.

출제의도

제한된 조건과 시간 내에 과제를 수행할 수 있는 역량을 평가하는 시험이다.

평가 주안점

통계자료는 교육과 관련된 주제면 좋다. 예를 들어 학교폭력, 학업중단율과 같이 교육 문제로 생각해볼 수 있는 것을 주제로 선정하여 해결방안과 함께 제시하는 것이 중요하다.

정시(교직교양) **면접 문제 _오전**

 면접문항

최근 국회 본회의에서 데이터 3법(개인정보보호법·정보통신망법·신용정보법 개정안)이 통과되었다. 이 법의 주요 내용은 개인정보에서 성명 등 일부 정보들을 삭제 혹은 암호화함으로써 특정 개인을 식별할 수 없도록 처리된 가명정보를 도입하는 것이며, 이 가명 정보에 대해서는 본인 동의가 없어도 통계 작성이나 산업적 연구 등의 목적으로 활용할 수 있게 하는 것이다.

〈가명 정보 예시〉

구분	이름	생년월일	핸드폰	직장전화	자택전화	주소	직업	가족	예금잔액	대출액
개인정보	홍길동	80년 1월 1일	010-9999-3333	02-3475-2100	02-2345-6789	서울특별시 서초구 서초중앙로96	교사	배우자 아들1 딸1	500만원	1억원
가명정보	- *삭제	- *삭제	ajeejkc93 *암호화	- *삭제	- *삭제	서울특별시 서초구 *범주화	- *삭제	배우자 아들1 딸1	500만원	1억원

이 법은 개인정보 등과 관련된 빅데이터를 개인과 기업에서 좀 더 자유롭게 활용할 수 있도록 규제를 완화한 법으로, 산업계는 크게 환영을 하고 있는 반면, 시민단체들은 20대 국회 최악의 입법 중 하나로 기록될 것이라고 비판하고 있다. 정부는 이러한 의견들을 수렴하여 시행령 및 시행규칙을 마련할 예정이다.

Q 01 위 자료를 바탕으로, 데이터 3법 통과에 대하여 산업계가 환영하는 이유와 시민 단체가 반대하는 이유가 무엇인지 사례를 들어 설명하시오.

Q 02 향후 데이터 3법 시행령 및 시행규칙을 만들 때, 어떤 내용들을 담아야 할지 근거를 들어 설명하시오.

출제의도

4차 산업혁명 시대를 맞아 핵심 자원인 데이터의 이용 활성화에 대한 논쟁이 뜨겁다. 이러한 최근의 이슈를 제대로 파악하고 있는지, 이와 관련하여 어떤 논쟁이 있다는 것을 알고 있는지를 진단하기 위한 문항이다.

평가 주안점

앞으로 교육계에서는 4차 산업혁명을 주도할 핵심적인 인재를 훈련하고 양성하는 것이 가장 중요한 과제가 될 것이다. 질문 1에서는 4차 산업혁명으로 맞이하게 될 사회적 변화를 정확히 파악하고 있음을 보여주어야 한다. 산업계와 시민단체의 입장을 골고루 이야기하면서 '빅블러' 등 관련 용어를 사용한다면 좋은 평가를 받을 수 있다.

질문 2에서는 문제에 대한 균형감각을 보여주어야 한다. 데이터 산업 활성화는 곧 도래할 미래이기 때문에 무조건 반대하기보다는 우려되는 지점들을 해소할 수 있는 대안책을 마련해야 한다. 관련하여 해외 사례를 참고할 수도 있다.

정시(교직교양) **면접 문제 _오후**

면접문항

(A)
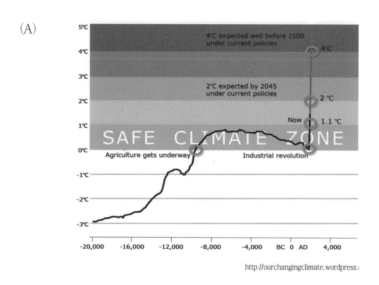

http://ourchangingclimate.wordpress.c

(B) 최근 도널드 트럼프 미국 행정부는 파리기후변화협약 탈퇴를 유엔에 공식 통보했다. 전 세계적으로 중지를 모아 도출한 온실가스 감축 합의에 미국이 발을 빼면서 국제 사회의 우려도 커지고 있다. 현재, 폴란드와 같이 석탄에 대한 의존도가 높은 나라는 이산화탄소 배출량에 대한

엄격한 규제 도입을 거부하고 있고, 세계 최대의 화석연료 수출국인 러시아도 감축 이행을 꺼려하고 있다.

Q 01 (A)가 보여주는 내용과 시사점을 '붉은색 동그라미' 부분 중심으로 설명하시오.

Q 02 (B)에 나타난 국가들의 입장을 설명하고, 이 문제의 해결방안을 제시하시오.

출제의도

다양한 환경 문제가 제기하는 윤리적 고려 사항을 인식하여 환경 문제를 바람직하고 합리적으로 해결하고자 하는 태도를 가졌는지를 평가하기 위한 문항이다. 환경문제를 해결할 수 있는 현실적인 노력들을 제시함으로써 자신의 견해를 논리적으로 전개하는 사고력과 표현능력을 평가할 수 있다.

평가 주안점

질문 1에서는 환경파괴로 인해 어려움을 겪고 있는 오늘의 현실에서 '개발'과 '보존'이라는 갈등관계는 늘 첨예하다는 것을 시사한다. 이러한 내용을 자료 해석과 덧붙여 답한다.

질문 2에서 국가들의 입장을 설명할 때는 환경개발로 인한 경제적 효용, 사회적 편익의 증가 등 구체적인 사례를 제시하면 좋다. 이를 위한 방안으로는 '지속가능한 발전'을 통해 현 세대의 필요와 미래 세대의 필요를 조화시키는 방식을 말할 수 있다. 구체적으로 '저탄소 녹색생활', '친환경적 발전', '윤리적 소비' 등을 예시로 들 수 있다.

정시(교직적성) 면접 문제 _오전

면접문항

(A) 아래 그래프는 성인 40명을 대상으로 어린 시절 부모로부터의 언어학대 정도와 뇌에서 청각을 담당하는 '상측두이랑 회백질'(gray matter in superior temporal gyrus) 부피와의 관계를 연구한 자료이다(Tomoda 외, 2011).

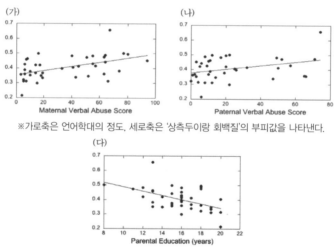

※가로축은 언어학대의 정도, 세로축은 '상측두이랑 회백질'의 부피값을 나타낸다.

※가로축은 부모의 교육 정도, 세로축은 '상측두이랑 회백질'의 부피값을 나타낸다.

(B) 인간은 창조적으로 이룩된 그의 윤리적 실체를 지껄임이나 큰소리, 그리고 빈말이나 군은 말을 통해서 상실해 버리게 된다. 이와 같은

말의 변질된 형태들 속에서 인간은 그의 실존을 잃어버리게 되고, 자기 자신을 구름과 같은 흐름 속에 놓쳐 버리게 된다. 이렇게 자기 자신을 놓쳐 버리는 과정에서 참다운 삶의 현실도 잃어버리게 된다. 이러한 위험의 가능성은 크다. 말의 변질을 회피하는 길은, 전인적인 결단으로서의 말을 찾고, 말을 한다는 것이 창조적인 긴장과 고통을 동반한다는 것을 깨닫는 것이다.

- 이규호, 『말의 힘』 -

Q01 (A)의 (가), (나), (다)의 결과와 그로부터 추론할 수 있는 내용을 말하시오.

Q02 (A)와 (B)에 기초하여, 가정과 학교에서 언어폭력을 예방할 수 있는 효과적인 방안을 근거를 들어 말하시오.

출제의도

언어생활에 따른 뇌의 변화를 알아보는 실험을 통해서 뇌과학의 관점에서 교육을 바라보고 있다. 도표를 해석하는 과정에서 언어학대와 상두측이랑 회백질이 나타나는 관계를 설명하기를 요구하는 문제이다. 질문 1의 경우 도표해석 능력을, 질문 2의 경우 뇌과학적 결과 자료와 이를 현실에 적용하여 문제를 해결하는 능력을 알아보는 문제이다.

평가 주안점

질문 1에서는 도표해석을 쉽게 할 수 있도록 도표 중간에 선이 그어져 있다. 이를 토대로 본다면 전체적인 경향성을 말해야 한다. 세부적인 경향을 본다면 점들이 찍힌 위치를 볼 때 단순히 언어학대가 적은 경우에도 상두측이랑 회백질 분포가 넓게 퍼져 있는 것을 살펴볼 수 있다. 즉, 단순하게 비례 또는 반비례라고 단정하기는 어려운 점이 있다. 이렇게 전체 분포와 세부 분포라는 두 가지 기준을 가지고 도표를 해석해 보자.

질문 2에서는 제시문 (B)에서 언어학대에 대한 새로운 관점을 읽어낼 수 있는지 묻고 있다. 단순히 욕을 하거나 강압적인 표현이 언어학대가 아니라 무관심한 답변이나 기계적인 답변 역시도 언어학대일 수 있다. 즉 언어라는 것이 맥락에 따라서 다양하게 해석될 수 있음을 생각해야 한다. '큰소리, 빈말, 굳은말'이란 표현에서 숨겨진 의미를 찾아내야 한다.

정시(교직적성) 면접 문제 _오후

 면접문항

(A) 감각의 대상으로부터 사고의 대상으로 갑자기 비약하지는 말자. 감각적인 것을 통합함으로써 우리는 지적인 것에 도달하게 된다. 그러니 언제나 감각만이 이성을 인도해 가도록 하고 싶다. 이 세상 외에는 어떤 책도 주어서는 안 되고, 사실 외에는 어떤 것도 가르치면 안 된다. 책을 읽는 아이는 사고하지 않는다. 단지 읽을 뿐이다. 그래서 그는 지식은 생기지 않고 말만 익힌다. .... 실물! 실물! 이 실물이라는 말은, 내가 아무리 되풀이해서 말해도 결코 충분하지 않다. 우리의 수다스러운 교육에 의해서, 우리는 수다쟁이들을 만들어 내고 있음에 지나지 않는다.

루소, 『에밀』

(B)

　위 그림은 뿔 달린 영양처럼 보이기도 하고, 또한 긴 부리를 가진 펠리컨처럼 보이기도 한다. 우리가 사물을 본다는 것은 곧 그것을 '해석'한다는 것이다. 이 경우 우리는 눈에 들어오는 것을 다른 방식으로 해석하는 것이다. 우리는 '똑같은 것'을 보고, 그런 다음 그것을 다르게 해석하는 것이 아니라, 사물을 볼 때 이미 그러한 해석에 입각하여 보는 것이며, 그리하여 '다른 것'을 보는 것이다. (…) 우리의 해석은 우리가 가지고 있는 신념이나 생각 또는 이론에 기초한다.

한슨, 『발견의 패턴』

Q01 (A)에서 루소가 주장하는 아동교육의 모습을 구체적인 사례를 들어 설명하시오.

Q02 (B)의 관점에서 (A)의 문제점을 사례를 들어 지적하고 그 해결방안을 제시하시오.

질문 1의 경우, 루소가 생각하는 아동교육의 의미를 정확하게 이해했는지를 판단하기 위해 출제한 것이다. 그리고 사례를 드는 과정에서 이해의 수준을 가늠할 수 있다.

질문 2의 경우, 감정과 체험 중심의 교육이 가지는 장점과 단점을 말할 수 있는지 평가하고 이를 (B)에 나타난 이중성 또는 교육주체에 따라 이해가 다를 수 있다는 점을 말할 수 있는지를 평가한다.

평가 주안점

질문 1에서는 루소가 말하는 자연주의 교육을 이해하고 감각 중심의 통합교육이 가능한지를 지원자 스스로 질문해 보고 이와 연관된 예시를 드는 것이 중요하다. 발도로프 교육처럼 자연환경에서 학생들이 스스로 느끼는 감정과 이해를 중시하는 것이 하나의 사례가 될 수 있다.

질문 2에서는 자연주의 교육 혹은 감각 중심 교육이 가지는 문제점을 상대성이라는 혹은 이중성이라는 키워드를 가지고 비판해 보고 대안을 제시해야 한다. 이때 고려해야 할 점은 발달론적 시각에서 보면 감각에서 이성이나 사고를 중시하게 되는 연령대가 있고 이는 인간의 공통적인 발달과정이라는 점이다.

🏫 이화여대

평가 항목별 면접 질문 예시

평가 항목	질문 예시
학업 기초역량의 우수성	• 이수 교과목 중, 지원학과에서 강점이 될 수 있다고 생각되는 부분은 무엇인가? • 고등학교와 대학에서의 공부 간의 공통점, 차이점은 무엇이라 생각하는가? • 수업시간에 한 가장 좋은 질문/ 가장 좋은 답변 사례는 무엇인가? • 고2 OO교과목 시간에 한 발표 주제에 대해 보충 설명해 보시오.
지원동기 및 전공잠재역량	• 이화여대, OO학과 지원 동기는 무엇인가? • 지원학과에 대해 관심을 가지게 된 학교 활동을 소개해 보시오. • [동아리활동] OO동아리를 꾸준히 했는데, 동아리에서 주로 어떤 역할을 했는가? • [자율활동/리더십활동] 동료학생들과 협력을 해야 할 때, 본인은 주로 어떤 역할을 선호하는가? • 가장 뛰어난 성취를 거둔 활동은 무엇이고, 성공요인이 무엇이라고 생각하는가?
자기주도성 및 발전가능성	• 대학진학에 유리한 활동과 본인이 좋아하는 활동 중 갈등한 사례가 있는가? • 자신감이 떨어질 때 어떻게 대처하는가? • 대학에 입학해서도 꾸준히 이어가고 싶은 활동은 무엇인가? • 과제수행 시, 본인의 문제해결 과정을 간략히 설명해 보시오.
의사소통능력 및 인성	• 전공 분야 관련 사회적 이슈(예시)에 대한 본인의 생각은 어떠한가? • 집단 활동에서 친구끼리 마음이 맞지 않을 때 어떻게 해결해 나갔는가? • 본인의 학교생활을 비유적으로 표현해 보시오.

전주교대

정시(교직) **면접 문제 _A형**

 면접문항

[교양]

Q01 교육부는 대학입시에서 정시 수능위주전형을 2023년까지 40% 이상으로 확대하기로 했다. 수능위주전형 확대에 대한 찬반 입장을 밝히고, 그 이유를 말하시오.

Q02 일제 강점기 이후 남아 있는 바람직하지 않은 학교 문화를 2가지 이상 말하고, 이를 개선할 수 있는 방안을 말하시오.

Q03 현재 국정으로 발행되는 초등학교 3~6학년 사회, 수학, 과학 교과서가 2022년부터 점차 검정으로 전환된다. 이에 대한 찬반 입장을 밝히고, 그 이유를 말하시오

출제의도

교양 1의 경우, 현재 대입전형에 대한 지원자들의 생각을 묻는 문제이

다. 이를 통해서 단순히 입시가 사회적 지위를 얻는 수단적 가치뿐만 아니라 교육적 기대와 효과를 지니고 있는 것으로 이해하고 있는지를 파악하려고 한다.

교양 2의 경우, 교육현장에서의 부정적인 관행을 찾아내고 이를 개선하려는 의지가 있는지를 확인하는 문제이다.

교양 3의 경우, 검정교과서와 자유발행제를 기본적으로 구분할 줄 아는지 그리고 검정인 교과서의 주요한 특징을 이해하고 있는지를 평가하는 문제이다.

평가 주안점

교양 1에서는 수능을 40% 이상 늘리겠다고 발표한 것에 대해서 배경, 기대효과 등을 생각하여 논리적으로 잘 구성된 답변을 하는 것이 요구된다.

교양 2에서는 교육현장의 부정적인 관행을 교사와 학생 간에 발생하는 문제 또는 교사와 학부모 간에 발생하는 문제 등으로 먼저 교사의 입장에서 생각해 보고 답변의 준비 범위를 넓혀가는 것이 자연스럽다.

교양 3에서는 검정교과서의 경우 국가인증기관에서 심의를 통과해야 하는데 이를 감시라고 보는 견해도 있지만, 지나치게 편향되거나 교육에 부정적인 영향을 끼칠 수 있는 내용을 필터링한다는 장점도 있다. 이런 점들을 정리해서 답변하는 것이 필요하다.

정시(교직) 면접 문제 _B형

면접문항

[교직]

Q 01   2024학년도 대학입시부터는 정규교육과정 이외의 수상경력, 봉사실적, 동아리활동, 독서활동 등 모든 비교과활동과 자기소개서가 폐지된다. 이러한 대입정책 변화에 대한 찬반 입장을 밝히고, 그 이유를 말하시오.

Q 02   수업시간에 학생들이 자는 이유를 2가지 이상 말하고, 이를 개선할 수 있는 방안을 말하시오.

Q 03   최근 언론보도에 의하면 초등학교에서 학교폭력의 피해 사례가 고등학교의 약 7배에 달한다고 한다. 초등학교에서 학교폭력 발생률이 높은 이유와 개선 방안을 말하시오.

출제의도

교직 1의 경우, 수시전형에서 비교과 및 서류제출 부분의 변경사항에 대해서 지원자의 의견을 묻고 이런 제도가 시행된 후의 학교 변화 등을 고려하여 답변하는지를 평가하는 문항이다.

교직 2의 경우, 수업시간에 자는 학생들이 나타나는 이유와 해결방안에 대해서 답변을 요구하는 문제이다. 자신의 경험을 바탕으로 하는 답변과 또 다른 상황을 고려하여 답변을 하는 것이 가능한지를 평가하는 문제이다.

교직 3의 경우, 초등학교에서 발생하는 학교 폭력의 실태와 유형에 대해 평소에 관심을 가지고 보면 답변하는 데 수월할 수 있다. 이는 생활지도 영역에서 주요 사항이자 평가 항목이 된다.

평가 주안점

교직 1에서는 수시전형의 변화가 나타나게 된 배경으로 공정성 문제, 절차상의 간소화 등을 생각해 볼 수 있고 이를 사회적 이슈와 연결하여 설득력 있는 답변을 구성하는 것이 필요하다.

교직 2에서는 수업시간에 자는 학생들의 문제를 다루고 있다. 특정 교과목 시간에 자는 학생들이 많은지, 아니면 그러한 학습 분위기의 학교인지를 고려하여 상황에 맞는 답변을 준비하는 것이 필요하다.

교직 3에서는 학교 폭력이 초등학교 현장에 많이 나타나는 이유를 묻고 있다. 보통 한 선생님이 수업과 담임을 모두 맡기에 교사와 학생 간의 관계를 생각해 보아야 한다. 그리고 방과 후나 쉬는 시간에 이뤄지는 폭력행위를 고민해 보고 이를 해결할 수 있는 방안을 제시해야 할 것이다.

면접문항

Q01 다음 글과 그림은 닉 수재니스(N. Sousanis)의 책 (『언플래트닝: 생각의 형태』, 원제: Unflattening, 하버드대학교 출판부)의 일부를 발췌한 것이다. 다음 글과 그림(총 6쪽)에 묘사된 '전통적인 학교의 기능'을 비판하시오.

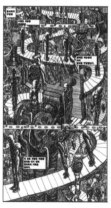

Q02 앞서 제시한 글과 그림에 묘사된 상태에서 벗어나려면, 학교의 기능이 어떻게 변화되면 좋을지 말해 보시오.

출제의도

문제 1의 경우, 현대사회에서의 인간을 수동적이고 이익을 창출하는 도구로 묘사하고 있으며, 자기 비판 기능을 상실하고 대자본이나 기득권층의 압력에 휘둘린다고 보고 있다. 이를 보면서 그림이 가지는 은유적인 의미를 파악해 내고 개선방향을 고려하면서 답변하는지를 평가하는 문제이다.

구상형 후속 문항의 경우, 학교 기능의 변화를 위한 현실적인 요건도 함께 고려하면서 답변을 준비하는지를 평가하게 된다. 구상형 문제에서는 지원자가 합리적인 상상력을 동원하게 설계하는 내용을 담아내면 된다.

평가 주안점

문제 1에서는 전통적인 학교의 기능을 최소 3가지 이상 열거하고, 이에 대한 장단점 비교 후에 비판과 개선안을 제시하는 것이 자연스럽다. 그리고 현재 한국의 교육 현실을 고려하여 이를 발전시킬 수 있는 방향과 연결된 답변을 하는 것이 좋은 평가를 받을 수 있다.

구상형 후속 문항에서는 한국의 교육현실을 바탕으로 교육정책, 경제적 여건, 사회적 합의 등의 요소를 활용하여 답변을 구상한다.

수시(학생부종합) 일반교양 면접 문제

 면접문항

Q01 지구 온난화로 인한 기후변화 문제에 대응할 수 있는 실천 방법을 개인 차원과 국가 차원에서 말하시오.

출제의도

글로벌 환경문제에 관심이 있는지 그리고 이에 대한 학생차원에서의 실천적 노력과 사회적 차원의 실천적 노력을 할 수 있는 준비가 되어 있는지를 평가하는 문항이다.

평가 주안점

지구온난화 문제의 경우 학교에서 환경교육시간에 가이드를 얻고 환경 글쓰기를 해본 경험이 있다면 이런 경험들을 바탕으로 하여 답변을 구성하면 자연스럽다. 1학년 때 배우는 사회 교과에도 환경을 주제로 한 내용들이 나오므로 교과 내용에 나오는 '지속가능성', '후세대 고려' 등의 내용을 제시해 볼 수 있다.

수시(학생부종합) **교직 면접 문제**

🖊 **면접문항**

Q01　최근 교육부는 학생이 자기 주도적으로 과목을 선택하여 이수하는 고교학점제 시행을 발표하였다. 이러한 고교학점제의 장단점을 말하시오.

　출제의도

　교육과정 변화와 같은 교육 이슈에 대해서 평소 관심을 가지고 교육적 관점에서 살펴보는 태도를 평가하고자 한다.

　평가 주안점

　고교학점제의 경우 학교현장의 준비, 학생들의 다양한 진로선택 의지 등이 복합적인 요소로 작용한다. 따라서 지원자가 처한 교육환경뿐만 아니라 충분히 현실적으로 일어날만한 가능성을 염두에 두고 다양한 시각에서 답변을 제시하는 것이 필요하다.

수시(학생부교과) **일반교양 면접 문제**

🖊 **면접문항**

Q01　최근 들어 "기사 포함 렌터카 대여 서비스('타다')"를 이용하는 사람들이 증가하고 있다. '타다' 서비스의 긍정적인 측면과 부정적인 측면을 말하시오.

Q 02 정부와 지자체는 미세먼지 저감 대책의 일환으로 노후 경유차 폐차 지원금 제도를 시행하고 있다. 이 제도의 장단점에 대해서 말하시오.

Q 03 최근 할로윈 축제에 대한 젊은 세대의 관심이 증가하고 있다. 이러한 현상의 긍정적인 측면과 부정적인 측면을 말하시오.

Q 04 우리나라에서 반려동물과 함께 생활하는 가구가 증가하고 있다. 이러한 현상의 긍정적인 측면과 부정적인 측면을 말하시오.

출제의도

문제 1의 경우, 타다 서비스가 사회적으로 끼치는 영향을 두 가지 측면에서 균형 있게 제시하는 것을 보면서 논리적 및 비판적 사고력을 측정하려는 문제이다.

문제 2의 경우, 폐차 지원금 제도를 통해서 환경문제와 교통문제 등을 복합적으로 고려하여 논리적인 답변을 할 능력이 있는지를 평가하는 문제이다.

문제 3의 경우, 전통적인 축제와 달리 해외교류로 생겨난 할로윈 축제와 같은 문화현상과, 이를 받아들일 청소년 세대의 특징을 종합적으로 고려하여 답변할 수 있는지 평가하는 문제이다.

문제 4의 경우, 반려동물로 인해 사람과 동물 간의 상호작용에 대한 사회적 관심이 높아지고 있는데, 이 과정에서 발생할 수 있는 긍정적인 면과 부정적인 면을 균형 있게 답변하는지를 평가하는 문제이다.

평가 주안점

문제 1에서는 타다 서비스가 기존의 택시 서비스와 충돌하는 등 다양한 사회 이슈를 불러 왔는데, 이런 현상을 어떻게 바라보면 좋을지, 그리고 긍정적인 측면과 부정적인 측면을 경제적 관점과 제도적 관점으로 어떻게 이해할 수 있는지 답변하는 것이 필요하다.

문제 2에서는 폐차 지원금 제도를 시행하면서 겪게 되는 문제를 고려해야 한다. 노후차를 폐차하면서 생기는 문제점을 생각하고 신차 구입에 대한 지원대책과 전체 차량 중 노후차의 비율과 같은 것들을 따져보면서, 현실적으로 저감 대책이 실효성이 있는지를 고민해 볼 수 있다.

문제 3에서는 할로윈 축제를 하면서 전통적인 축제관을 가지고 있는 사람들과의 대립, 할로윈 축제가 가지는 의미와 한국사회에서의 해석 문제, 상업적 의도에 따른 할로윈 축제의 활성화 같은 다양한 시각에서 이 문제를 살펴보는 것이 중요하다.

문제 4에서는 반려동물의 수가 많아지면서 양육, 건강 등 보살핌의 문제, 반려동물이 일으키는 소음 문제 등 다양한 상황과 그에 맞는 키워드를 떠올려본 뒤 긍정적인 측면과 부정적인 측면에 대해서 각각 3가지 이상 제시하는 것이 좋다.

수시(학생부교과) **교직 면접 문제**

✏️ 면접문항

Q01 어느 초등학교가 학교 건물을 신축하게 되자, 아파트 주민 중 일부가 조망권을 침해받는다고 주장하고 있다. 학교 건물 신축에 대한 찬반 입장을 밝히고, 그 이유를 말하시오.

Q02 최근에 새로운 형태의 학교 폭력인 사이버 괴롭힘이 학생들 사이에 만연하고 있다. 이러한 현상의 원인과 그 해결 방안을 말하시오.

Q03 최근 교육부는 2025년까지 자사고, 외국어고, 국제고를 일반고로 일괄 전환한다고 발표하였다. 이에 대한 찬반 입장을 밝히고, 그 이유를 말하시오.

Q04 최근 30명 미만의 극소규모 학교가 증가하여, 불가피하게 초등학교와 중학교를 통합하여 운영하는 사례가 있다. 이러한 통합 운영에 대한 장단점을 말하시오.

출제의도

문제 1의 경우, 공동체 생활에서 나타나는 불편함 중 공공의 이익을 위해서 이뤄지는 활동을 다루고 있다. 여기서 개인과 공동의 이익 중 어느 것을 우선시해야 하는지 지원자의 논리적인 답변을 평가한다.

문제 2의 경우, SNS가 보편화되면서 학교 폭력 중 사이버 폭력이 학생들 사이에서 발생하고 있는 문제를 시사한다. 이러한 사이버 폭력의 현황과 심각성 그리고 대안을 종합적으로 고민하고 지원자의 생각을 정리하여 답변하는 것을 평가하는 문제이다.

문제 3의 경우, 교육의 수월성과 평등성으로 대변되는 두 가지 가치관에 대해 평가하는 문제이다.

문제 4의 경우, 통합 운영의 사례와 이에 대한 장단점을 동시에 고려하고, 이를 통해서 우리 교육이 지향하는 바를 실현하는 데 적절한지를 판단하는 문제이다.

평가 주안점

문제 1에서는 공동체와 개인 간의 갈등에서 어떤 기준을 가지고 이를 해결하는 것이 바람직한지를 제시해야 한다. 학교 건물을 신축하는 기간 중 일정 시간은 주민들이 피해를 감수해야 한다는 주장도 있지만 개인의 자유를 침해하는 것이 일상화된다면 이것도 문제라는 입장을 생각해 볼 수 있다.

문제 2에서는 학교 폭력 중 사이버 폭력을 다루고 있으며 이에 대한 피해자들의 사례와 해결안 등을 지원자의 교육환경이나 현실에서 유사한 사례를 근거로 제시하고 가해자뿐만 아니라 피해자의 문제점이나 고려해야 할 점 등을 종합적으로 제시하는 것이 중요하다.

문제 3에서는 특목자사고인 고교들이 가진 기능과 이것이 실제로 어떻게 구현되고 있는지를 살펴보면서 부정적으로 운영되는 경우와 긍정적인 기능을 가지는 경우로 구분하여 정리한 뒤 답변하는 것이 요구된다.

문제 4에서는 통합운영이 불가피하게 이뤄지는 경우와 교육적 효과를 기대하고 통합운영하는 경우를 비교하여 먼저 생각해 본 뒤, 문제에서 제시된 상황에 맞는 답변을 준비하는 것이 필요하다.

 진주교대

정시 면접 문제

 면접문항

[제시문]

　[A] 뉴질랜드 오클랜드대학교의 교육학 교수인 존 해티는 학생 성취도에 영향을 주는 요소들을 다룬 전 세계의 연구들을 비교하였다. 그가 이런 요소들 140개를 정리해 놓은 리스트에 따르면, 그 중 최상위 요소는 '학생의 스스로에 대한 기대'이며, 가장 중요한 요소 중에는 '학생들에 대한 교사의 기대'도 들어있다.

　[B] '교육'은 살아 있는 과정으로서 '농업'에 가장 적절하게 비유된다. '농부'들은 자신들이 식물을 자라게 해주는 것이 아님을 안다. 식물은 스스로 자란다. 농부가 할 일은 식물이 스스로 자랄 최적의 환경을 만

들어주는 것이다. '훌륭한 농부'는 그런 환경을 만들어주지만, 서툰 농부는 그러지 못한다. 가르치는 일도 마찬가지다. '훌륭한 교사'는 학습 환경을 만들어주지만, 서툰 교사는 그러지 못한다. 또한 훌륭한 교사는 이런 학습 환경이 항상 통제 가능한 것이 아니라는 사실도 알고 있다.

〈Ken Robinson, Creative Schools〉

Q01 제시문 [A], [B]를 참고하여 앞으로 자신이 추구하고자 하는 교사의 모습에 대하여 자신의 경험을 바탕으로 자유롭게 제시하고, 그 이유를 말해 보시오.

출제의도

교육을 바라보는 관점 중 '교사' 중심의 관점에서 문제를 해결하는 주문을 하고 있다. 제시문 [A]에서는 교사가 바라는 방향대로 학생들의 성장이 이뤄질 수 있다는 입장이 교육현장에 반영될 수 있다는 것이다. 이에 비해 제시문 [B]는 온전히 학생들이 타고난 자질이나 성향을 발전시키는 것이 교사의 역할이라고 보고 있다. 이 두 관점을 참고하고, 자신의 경험담을 제시하라고 했으므로 질문자의 의도에 맞게 답변하는 것이 중요하다.

평가 주안점

교육에 대한 학생의 가치관과 실천 사례를 알고 싶은 의도를 알아차려야 한다. 이 과정에서 먼저 제시문 [A]와 제시문 [B]의 관점을 이해한 뒤, 이 관점의 장점과 단점을 고려한 뒤에 나의 경험담이 어느 관점에

속하는지 판단하여 답변하는 것이 필요하다. 동시에 제시문 [A]와 제시문 [B]에 해당하는 각각의 사례 즉, 두 가지 자신의 경험을 말해도 좋다. 또는 하나의 사례인데, 그 사례가 제시문 [A]와 제시문 [B]의 두 관점이 모두 반영될 수 있는 사례를 제시하는 것도 하나의 방법이다. 이 경우에는 시간상으로 오랫동안 진행된 일이거나 처음의 의도와 다르게 흘러갔던 일인 경우에 적합한 스토리가 나올 것이다.

수시 면접 문제

 면접문항

1) 독일 정치교육의 원칙으로 인정되는 보이텔스바흐(Beutelsbacher) 합의의 세 원칙 중에 논쟁성 유지의 원칙이 있다. 이는 수업시간에 쟁점을 도입하는 것이 부담스럽다는 이유로 논쟁을 배제해서는 안 된다는 것이다. 학문 세계와 정치 영역에서 다루는 쟁점은 가급적 수업에서도 논쟁으로 재현되어야 한다는 의미이다.

2) 학교에서는 특정 시기에 사회적 쟁점을 다루는 이른바 계기교육을 실시하고 있는데, 최근 우리 사회에서 논쟁이 되고 있는 해당 사안(세월호, 촛불집회)을 활용하여 계기수업을 하려고 하는 일부 교사와 그것을 사회 혼란의 주범으로 간주하거나, 편향된 교육으로 간주하고 징계하려는 교육 당국 간의 마찰이 계속되고 있다.(조선일보, 2017.4.7.)

3) 최근 한국 사회는 각종 정책이나 사안에 대해 보수–진보 진영 간 대립이 심각하다. 서로 다른 이념을 가진 집단 간의 경쟁이나 대립은 민주주의 사회에서 당연하고 바람직하다. 문제는 다른 입장을 가진 사람들을 아예 배제해 버리거나 다른 생각에 대해 아예 들어보지도 않으려고 하는 모습도 나타난다는 점이다.

※ 위의 제시문을 읽고, 아래의 문제에 답하시오.

Q01 1)의 논쟁성 원칙과 2)의 교육 당국의 입장 중에서 자신이 동의하는 것을 이유를 들어 밝히시오.

Q02 민주주의 사회의 발전과 3)의 문제를 해결하기 위해서, 수업시간에 할 수 있는 교사의 역할에 대해 말해 보시오.

출제의도

사회적 쟁점을 다루는 것에 대해 교사의 역할을 묻는 문제이다. 그리고 민주시민 교육에 있어서 민주시민성 함양의 역량은 비판적 사고력, 민주적 질서에 대한 인식, 대화와 타협 등이다. 평소 지원자들이 학급 운영 등에 참여할 때 느낀 점을 바탕으로 이를 제시문에서 밝힌 문제를 풀이하는 과정과 태도를 보려고 이 문제를 출제하였다.

평가 주안점

답변을 할 때 먼저 고려해야 할 것은 교육의 주체 문제이다. 즉, 교사,

학생, 학부모 등이 교육의 주체라고 할 때 이들의 성향이나 나이대를 고려해야 한다. 예를 들어, 초등학교 고학년과 저학년의 구분이 필요하고, 해당 지역의 사회적 쟁점에 대한 인식이나 문화적 반응 등을 고려해야 한다. 특히 문화적 반응은 학부모들이 자녀들이 학교에서 배운 교육내용에 대해 관심을 가졌을 경우에 주의해야 한다. 따라서 이렇게 교육의 주체 입장을 먼저 고려한 다음 답변을 구성해야 할 것이다.

 청주교대

수시(배움나눔인재) **면접 문제**

 면접문항

다음은 인공지능(AI)이 예술과 교육에 미치는 영향을 비교하여 설명한 「자료」이다. 「자료」를 읽고, [문제 1]과 [문제 2]에 대해 각각 답하시오.

Q01 인공지능의 도전에 직면하여 예술가와 교사가 대처하는 방식에 어떤 차이점과 유사점이 있는지 비교하여 설명하시오.

Q02 예술과는 달리 교육의 경우는 인공지능이 교사의 역할을 대체할 수 있다는 우려가 「자료」에 나타나 있다. 그럼에도 불구하고 예술가가 인공지능의 도전에 대처하는 것처럼 교사가 대응할 수 있는 방안에 대해 근거를 들어 말해 보시오.

[자료]

　인공지능(AI)이 발전을 거듭하면서 인간의 고유한 영역이라고 믿어왔던 예술과 교육 분야에서도 영향을 미치고 있다.

　인공지능이 문학작품을 쓰고 그림을 그리며 작곡을 하고 연주를 한다. 질적인 수준도 인간의 작품과 비교해서 큰 차이가 없다는 평가도 있다. 그러나 인간이 작품에 불어넣는 창의적인 발상과 심미적인 영감은 이미 있는 기존의 데이터를 기반으로 작품을 만드는 인공지능이 따라오지 못한다는 반론도 있다. 예술에는 인공지능이 수행할 수 없는 인간적 능력이 있으며, 이것이 더 중요하다는 것이다.

　예술가의 천재적인 창작 못지않게 감상자의 다양한 취향도 예술의 발전에 영향을 미친다. 소수 특권층이 향유하던 예술이 대중도 참여해 즐기는 것으로 탈바꿈할 때, 예술의 붕괴를 걱정하는 사람들이 많았지만, 대중의 취향은 대중예술을 낳았다. 그리고 대중예술은 기존의 예술과 경쟁하거나 협력하면서 서로 발전하고 있다. 예술가와 인공지능도 비슷한 경로를 밟을 수 있다.

　예술 감상자는 인공지능이 만든 작품을 통해서 기존의 예술작품이 주던 것과는 다른 것을 체험하고 향유할 수 있다. 이로 인해 감상자의 취향에 변화가 생기고, 인공지능이 주도하는 새로운 예술 장르가 등장한다. 이에 자극을 받은 예술가는 인공지능이 내놓은 작품의 소재나 주제, 또는 모델을 가지고 새로운 작품을 다시 창작해 보여줌으로써 인공지능의 작품과 차별화된 예술가의 작품이 무엇인지 드러낼 수 있다. 또는 예술가가 자신만이 할 수 있는 것을 찾아 새로운 실험과 도전에 나서는 가운데 인공지능이 구현한 예술과는 구분되는 새로운 예술의 지평을 열 수도 있다.

국가가 주도하는 공교육 체제의 출현과 함께 교육이 대중화되었다. 산업 발전에 따른 인력 양성과 보급이라는 사회적 필요도 급속히 커졌다. 이로 인해 교육의 성격에 변화가 생겼다. 이전 시대에 교육은 개인의 인간다운 성장을 돌보는 일로서 이를 이끄는 스승이 교육의 과정을 주도했다. 그러나 이제 교육은 사회적으로는 국가 발전과 경쟁력 제고, 개인적으로는 취업과 경제 활동에 필요한 능력 습득을 목적으로 하는 일로 변모하고 있다.

현대는 수요자 중심 교육의 시대이다. 교사는 수요자인 학생들이 필요로 하는 지식과 기술을 효과적이고 효율적으로 제공해야 하는 공급자다. 그러나 교사는 능력과 소질이 다른 학생들이 뒤섞여 있는 다인수학급에서 국가가 정한 내용을 동일한 방법으로 가르치고 있다. 이로 인해 수요자의 필요에 적절히 대응하지 못하고, 기계적인 전달과 주입에 그친다는 비판을 받고 있다.

인공지능은 교사의 단순 업무를 보조하던 역할에서부터 학생 개개인의 수준과 반응을 살피면서 질문하고 대답하는 역할까지 수행하고 있다. 이는 교사에게 위협이 될 수 있다. 물론 인공지능이 지식과 기술의 전달을 대신한다고 해도, 교사가 학생들의 덕성(인성, 사회성)을 길러주는 일을 담당하면, 인공지능에 밀려나지 않을 것이라는 주장도 있다. 그러나 수요자인 학습자의 입장에서 보면, 필요한 지식과 기술을 자신의 수준과 이해 속도에 맞추어 제공한다면, 누가 가르치는 일을 담당하느냐는 중요하지 않다. 덕성(인성, 사회성)도 사회적 삶을 통해 함양되는 것인 만큼, 교사를 통하지 않아도, 더 효과적으로 기를 수도 있다.

인공지능의 도전을 받고 있다는 점에서는 같지만, 예술은 창작자와 감상자 가운데 어느 한 쪽이 일방적으로 주도하지 않으면서 발전하기 때문에 교육과 사정이 다르다. 교사라는 직(職)은 학생이 있어야 존속할 수 있다. 반면 학습은 반드시 교사를 전제하지 않는다. 이제는 혼자서도 다양한 것들을 활용해 충분히 학습할 수 있는 시대이다. 이 점에서 현대 교육의 주도권을 교사가 아닌 수요자(학습자)가 쥐게 되었으며, 인공지능의 도입은 이러한 흐름을 더욱 부채질할 수도 있다.

출제의도

이 문항은 인공지능의 도전에 직면한다는 점에서는 유사한 형편에 있지만, 이에 대처하는 방식에서는 차이를 보이는 예술계와 교육계를 비교한다. 아울러 미래 사회 교육의 성격과 교사의 역할에 초래될 현실적인 변화의 요구는 무엇인지 파악하고, 교육자의 새로운 위상과 소임은 무엇인지 추론하는 능력을 평가하기 위한 것이다.

이 문항은 고등학교 [사회과] 교육과정 중 '현대의 사회 변동'과 [도덕과] 교육과정 중 '과학과 윤리', '평화와 공존의 윤리'에 관한 내용을 주요 내용 요소로 포함하고 있으며, 해당교과에 대해 충실하게 학습한 수험생이라면 어렵지 않게 문제를 인식하고 과제를 해결할 수 있을 것으로 판단되며 본 문항의 출제의도와 부합한다.

평가 주안점

문제 1에서는 차이점과 유사점을 밝혀야 한다. 이러한 문제는 기준을 잡는 것이 중요한데, 예술가와 교사가 동시에 적용될 수 있는 기준을 파악한다. 예를 들어 예술가의 경우 감상하는 이들이 전제되고, 교사의 경우 학습자(학생)가 전제된다. 한편 인공지능 예술시대에 있어서 감상자와 학생의 역할이 변화할 수 있다는 점에 주목하고 이러한 것들을 정리하여 제시하는 것이 포인트이다.

문제 2에서는 비유라는 것을 풀어서 설명하는 것이 중요하다. 예술가가 인공지능에 대처하는 것과 교사가 인공지능에 대처하는 것을 비유적으로 제시한 뒤 이를 해결하는 지원자의 능력을 평가하는데, 이 과정에서 지원자들은 비유 대상의 구조를 먼저 파악해야 한다.

예술가의 작품을 감상하는 감상자와 수업을 듣는 학생들은 서로 다른 대상들이다. 그 대상들이 추구하는 목표와 가치도 다르다. 학생의 경우, 지식의 이해와 활동이라는 목표를 가짐과 동시에 그것을 올바르게 개인과 사회 발전을 위해 활용하는 것도 배워야 한다. 이 과정에서 인공지능과 같은 기계가 줄 수 없는 것 중 하나가 바로 '가치'의 문제이다. 인종차별, 사회적 배려대상자에 대한 관심과 지원 등은 인공지능이 사실로서 알려줄 수 있지만 실천적 지식(=가치를 이렇게 표현하는 학자도 있음)이나 또는 가치를 설명하기에는 역부족이다. 따라서 이러한 실천적 지식 또는 가치의 문제를 교사가 학생들을 이끌어 나갈 수 있는 하나의 영역이 될 것이다.

수시(교직적성 (가)) **면접 문제 _교직적성**(가)

✏️ 면접문항

다음은 '초등학생을 대상으로 하는 경쟁 대회'에 관한 기사의 주요 내용이다.

○○교육청이 30여 년간 운영했던 초등학생 대상 경쟁 대회 3개가 올해를 끝으로 사라지게 됐다. ○○교육청은 교육감 배 수영대회를 비롯해, 학생탐구발표대회와 청소년과학탐구대회 등 참가자가 많은 대회도 초등 부문을 없애기로 했다.

○○교육청 관계자는 "아직 어린 초등학생들에게 지나친 경쟁을 조장하는 것은 바람직하지 않다. 그래서 경쟁을 위주로 하는 몇몇 대회들을 폐지하기로 했다. 수영대회나 과학경진대회도 등수를 매기므로 교육적이지 않다."라고 말했다.

이에 대해 한 교육 관계자는 "단순히 등수를 매긴다는 이유로 부정적인 시각으로만 바라보아서는 안 된다. 대회를 준비하는 과정에서 학생들에게 동기를 유발하는 것과 같은 교육적 효과도 있다. 사소한 부작용들은 보완하고 개선하면 된다."라고 말했다.

Q 01 초등학생 대상 경쟁 대회의 순기능과 역기능을 각각 2가지 이상 제시
해 보세요.

Q 02 경쟁 대회의 역기능을 최소화하거나 보완할 수 있는 방법을 구체적으
로 설명해 보세요.

출제의도

문항 1을 살펴보자. 학교 안팎에서는 학생들을 대상으로 하는 각종
경쟁 대회들이 개최된다. 이러한 경쟁 대회는 학생들의 삶에 다양한 방
식으로 영향을 미친다. 교육적 측면에서 볼 때 경쟁 대회에는 순기능과
역기능이 동시에 있다. 따라서 지원자가 이러한 상황에 대해 문제의식을
갖고 해결 방안을 구체적으로 설명할 수 있는지를 평가하고자 한다.

문항 2의 경우, 초등학생을 대상으로 하는 경쟁 대회에 대해 순기능의
측면을 생각해볼 수 있게 한다.

평가 주안점

문항 1에서는 초등학생 대상 경쟁 대회의 순기능과 역기능을 종합적으
로 파악하여 각각 2가지 이상 제시할 수 있는지 평가한다.

문항 2에서는 경쟁 대회의 역기능을 최소화하거나 보완할 수 있는 방
법을 논리적으로 설명할 수 있는지 평가한다.

수시(교직적성 (다)) **면접 문제 _교직적성**(다)

📐 **면접문항**

다음은 교실 청소에 대해 A 교사가 고민하고 있는 내용이다.

A 교사는 정규 수업이 끝난 후 학생들이 자기 교실을 직접 청소하도록 지도하고 있다. 교실 청소를 하면서 얻게 되는 교육적 순기능이 크다고 생각하기 때문이다. 그러나 일부 학부모들은 학생들이 정규 수업이 끝나면 바로 학원을 가야 하기 때문에 교실 청소를 시키지 말아 달라고 건의하였다. 올해부터 A 교사가 근무하는 학교는 담임교사가 원하면 교실 청소를 외부 용역 업체에 맡길 수 있도록 예산을 지원해 주기로 하였다. 따라서 A 교사는 기존처럼 교실을 학생들에게 직접 청소하게 할 것인지, 교실 청소를 외부 용역 업체에 맡길 것인지, 또 다른 방법은 없는지 고민에 빠져 있다.

Q 01 학생들이 직접 자기 교실을 청소하는 방식의 순기능과 역기능을 각각 2가지 이상 제시해 보세요.

Q 02 만일 지원자가 A 교사라면 어떻게 할 것인지를 말하고, 그 이유를 설명해 보세요.

최근 학생들이 자기 교실을 직접 청소하는 경향이 점점 사라지고 있다. 학생이 직접 자기 교실을 청소하는 것에 대해서는 찬반 의견이 여전히 분분하다. 따라서 지원자가 교실 청소의 순기능과 역기능을 파악하고 자신의 의견을 설득력 있게 설명할 수 있는지 평가하고자 한다.

이 문제는 교실 청소를 누가, 어떻게 할 것인지에 관한 교사의 고민을 담고 있다. 문항 1의 경우, 교실 청소를 학생이 직접 하는 방식의 순기능과 역기능을 지원자가 종합적으로 파악할 수 있는지 묻는 문항이며, 문항 2의 경우, 지원자가 자신의 생각을 설득력 있게 설명할 수 있는지 묻는 문항이다.

평가 주안점

문항 1에서는 교실 청소를 학생이 직접 하는 방식의 순기능과 역기능을 종합적으로 파악하여 각각 2가지 이상 제시할 수 있는지를 평가한다.

문항 2에서는 지원자가 A 교사라면 어떻게 할 것인지 이유를 들어 설득력 있게 설명할 수 있는가를 평가한다.

수시(교직인성 (가),(나)) **면접 문제 _교직인성**

 면접문항

[교직 인성문제 (가)]

[공통문항]

지원자는 본인이 어떠한 면에서 교사로서의 인성을 갖추었다고 생각하는지 말하고, 그것이 가장 잘 드러난 사례를 구체적으로 소개해 보세요.

[선택문항]

학생부종합전형 서류평가에 근거하여 면접위원들이 선택한 교직인성 문제

[교직 인성문제 (나)]

[공통문항]

자신이 가장 닮고 싶은 교육자를 소개하고, 그와 비교했을 때 지원자 본인이 더 노력해야 할 점이 무엇인지 말하시오.

[선택문항]

학생부종합전형 서류평가에 근거하여 면접위원들이 선택한 교직인성 문제

출제의도

면접 질문별 응답 내용을 통해 수험생이 바람직한 교직 인성(책임/성실, 배려/존중, 협동/참여)을 갖추었는지, 그리고 수험생이 자신의 경험을 진정성 있게 표현하고 있는지를 평가한다.

평가 주안점

인성 관련 평가 요소(책임/성실, 배려/존중, 협동/참여)가 깊이 있게 행동 사례에 반영되어 있는지를 판단하여 평가한다.

정시 면접 문제 _교직적성 (가)

 면접문항

다음은 최근 중·고등학교에서의 평가 방식 변화에 관한 글이다.

최근 중·고등학교의 평가방식이 변화하고 있다. 예를 들어, 경기도 중학교에서는 2017년부터 1학년 1년간 지필 고사의 폐지를 추진해 오고 있다. 또한 서울시 중학교에서는 2020년부터 5개 교과목(국어, 영어, 수학, 사회, 과학) 중 최소 1과목 이상에서 지필고사의 객관식 선다형 문항을 폐지하고, 중·고등학교에서는 정기 고사 중 서술형·논술형 문항 비율을 확대할 방침이다. 교육계 안팎에는 이러한 평가 방식의 변화에 대해 찬성하는 목소리와 우려하는 목소리가 공존하고 있다.

Q 01 '지필 고사의 객관식 선다형 문항 폐지 및 서술형·논술형 평가 확대'의 순기능과 역기능을 각각 2가지 이상 제시해 보세요.

Q 02 '지필 고사의 객관식 선다형 문항 폐지 및 서술형·논술형 평가 확대'의

역기능을 보완하거나 최소화하기 위해 교사가 할 수 있는 일을 제시해 보세요.

출제의도

최근 중·고등학교에서는 지필 고사의 객관식 선다형 문항을 점차적으로 축소하고 서술형·논술형 평가를 확대하는 추세에 있다. 이러한 평가 방식의 변화는 순기능과 더불어 역기능을 지니고 있다. 이 문제는 지원자가 평가 방식 변화의 순기능과 역기능을 파악하고, 역기능을 보완하거나 최소화하기 위해 교사가 할 수 있는 일을 구체적으로 제시할 수 있는지 평가하고자 하였다.

이 문제는 지필 고사의 객관식 선다형 문항 폐지 및 서술형·논술형 평가 확대에 관한 것이다. 문항 1의 경우, 이러한 평가 방식의 순기능과 역기능을 제시할 수 있는지 묻는 문항이고, 문항 2의 경우, 역기능을 보완하거나 최소화하기 위해 교사가 할 수 있는 일을 구체적으로 제시할 수 있는지 묻는 문항이다.

평가 주안점

문항 1에서는 지필 고사의 객관식 선다형 문항 폐지 및 서술형·논술형 평가 확대의 순기능과 역기능을 각각 2가지 이상 제시할 수 있는지 평가한다.

문항 2에서는 역기능을 보완하거나 최소화하기 위해 교사가 할 수 있는 일을 구체적으로 제시할 수 있는지 평가한다.

정시 면접 문제 −교직적성 (나)

면접문항

다음은 '인터넷 댓글 실명제' 도입에 관한 글이다.

인터넷 실명제는 2007년 정보통신망법에 의해 시행되었다가 2012년 헌법재판소의 위헌 결정으로 효력이 상실되었다. 그런데 최근 악성 댓글로 인해 연예인들이 스스로 목숨을 끊은 사건이나 악성 댓글로 여론을 조작하는 사태가 잇따라 발생하면서, '댓글'에 대해서 만큼은 실명제를 다시 실시해야 한다는 논의가 이어지고 있다. 국내 주요 포털 사이트에서는 회원 가입 후 로그인을 한 사용자만 댓글을 남길 수 있는 '준 인터넷 실명제'를 이미 실시하고 있으며, 일부 포털 사이트에서는 연예 기사에 대한 댓글 서비스를 최근 중단하기도 하였다. 또한 국회에서는 악성 댓글에 대한 감시와 처벌을 강화하는 법안을 발의할 예정이다.

Q 01 '인터넷 댓글 실명제' 도입의 순기능과 역기능을 각각 2가지 이상 제시해 보세요.

Q 02 바람직한 인터넷 댓글 문화 정착을 위해 초등학교에서 실행할 수 있는 교육 방안을 제시해 보세요.

인터넷 실명제는 2007년 정보통신망법에 의해 시행되었다가 2012년 위헌 결정이 내려져 효력이 없어졌지만, 최근 악성 댓글이 사회적 문제로 부각되면서 '댓글'만큼은 실명제를 실시해야 한다는 논의가 다시 활발히 이루어지고 있다. 이 문제는 지원자가 이러한 사회적 쟁점을 파악하고, 이에 대한 교육적 대처 방안을 적절히 제시할 수 있는지 평가하고자 하였다.

이 문제는 인터넷 댓글 실명제에 관한 것이다. 문항 1의 경우, 인터넷 댓글 실명제 도입의 순기능과 역기능을 적절히 파악하여 제시할 수 있는지 묻는 문항이고, 문항 2의 경우, 바람직한 인터넷 댓글 문화 정착을 위해 초등학교에서 실행할 수 있는 교육 방안을 적절히 제시할 수 있는지 묻는 문항이다.

평가 주안점

문항 1에서는 인터넷 댓글 실명제 도입의 순기능과 역기능을 각각 2가지 이상 파악하여 제시할 수 있는지 평가한다.

문항 2에서는 바람직한 인터넷 댓글 문화 정착을 위해 초등학교에서 실행할 수 있는 교육 방안을 적절히 제시할 수 있는지 평가한다.

정시 면접 문제 – 교직인성 (가), (나)

✍ **면접문항**

[교직 인성문제]

Q(가) 타인과 협동을 통해 문제를 해결해 본 경험을 말해 보고, 그 경험이 자신에게 어떤 영향을 미쳤는지 설명해 보세요.

Q(나) 어려움에 처한 타인을 도왔던 경험을 말해 보고, 그 경험이 자신에게 어떤 영향을 미쳤는지 설명해 보세요.

출제의도

면접 질문별 응답 내용을 통해 수험생이 바람직한 교직 인성(책임/성실, 배려/존중, 협동/참여)을 갖추었는지, 그리고 수험생이 자신의 경험을 진정성 있게 표현하고 있는지를 평가한다.

평가 주안점

인성 관련 평가 요소(책임/성실, 배려/존중, 협동/참여)가 깊이 있게 행동 사례에 반영되어 있는지를 판단하여 평가한다.

🏫 한국교원대

수시 면접 문제_오전

📐 면접문항

(문제 상황) 학생들에게 수십 개의 다양한 물체를 줍니다. 각각의 물체는 모양과 크기가 서로 다릅니다. 직육면체, 원기둥 같은 일반적인 모양은 물론, 말로 설명하기 어려울 정도로 특이한 모습을 한 물체도 있습니다. 그리고 다음과 같은 상황에서 학생들의 창의성을 살펴보았습니다.

(1반) "앞에 있는 물체 중 각자 마음에 드는 것 5개를 골라 새로운 걸 만들어 보세요."라고 말합니다.

(2반) "마음에 드는 물체를 5개씩 고르세요."라고 말하고, 학생들이 물체를 다 고르고 난 뒤 "여러분이 고른 5개의 물체를 가지고 새로운 걸 만들어 보세요."라고 말합니다.

(3반) "어떤 새로운 물건을 만들고 싶으세요?"라고 질문을 한 후, 앞 반에서 사용했던 것과 똑같은 물체들을 건넵니다. 그리고 "눈앞에 있는 물체 중 5개를 골라 아까 만들고 싶었던 물건을 만들어보세요."라고 말합니다. (출처 : △△신문)

Q01 학생들의 수준을 고려할 때, 가장 창의적인 결과물을 많이 만든 반은 어느 반이며, 그렇게 생각한 이유는 무엇인지를 설명해 보자.

Q02 질문 1번에서 설명한 이유 외에 교육 현장에서 창의성을 키우기 위해 고려해야 할 요소가 있다면, 무엇인지 사례를 들어 설명해 보자.

출제의도

학교에서는 창의적 인재를 키우고자 노력하고, 기업은 창의적 인재를 선발하려 한다. 여러 창의성 검사를 만들어 창의성을 평가하기도 한다. 그런데 최근 연구를 살펴보면 '창의적 인재'가 있다기보다는 '사람을 창의적으로 만드는 상황이 있다'는 쪽으로 연구의 흐름이 바뀌고 있다. 이 실험 결과는 창의성 자체보다, 창의성을 발휘할 수 있는 상황이 더 중요하다는 걸 보여 준다. 또 목표 달성을 위한 방법과 같은 현실적인 여건부터 고민하게 되면 창의적 결과물이 나오기 어렵다는 것을 보여 주고 있다. 면접 대상 학생이 실험 상황을 어떻게 이해하고 있는지 그리고 창의적인 인재를 양성하기 위해 교육이 어떻게 변화해야 하는지에 대해 확인해 보고자 한다.

평가 주안점

실제로 실험 결과는 3반, 2반, 1반 순으로 더 창의적인 결과물을 보였다. 그 이유는 수단(물체 5개)과 목표(새로운 것 만들기)가 분리될수록 창의성이 더 발현되는 것으로 설명했다. 그렇지만 실험 결과에 관계없이 예비 교사의 입장에서 논리적이며 설득력 있게 자신의 생각을 제시하는지를 평가한다. 교육 현실을 고려하여 창의성을 발달시킬 수 있는 방안을 추가로 다양하게 제시할 수 있는지를 평가한다.

수시 면접 문제_오후

 면접문항

학교에서 가르치는 내용은 시대와 상황에 따라 계속 변화하고 있다. 국가관과 민족애가 필요했던 시기에는 이러한 것이 중요한 교육 내용이 되었고, 과학과 기술의 발달이 국가 발전에 크게 이바지한다고 생각했던 시기에는 이러한 교육 내용이 주요 학습 내용으로 인식되었다. 또한 세계화를 외치며 외국어 학습을 강조하던 시기도 있었고, 최근에는 컴퓨팅과 관련하여 프로그래밍과 코딩 교육을 강조하기도 한다. 전체적으로 살펴보면 과거나 현재 교육에서 중시하는 교육 내용은 다분히 사회적인 변화나 분위기와 관련하여 변화하고 있음을 인식할 수 있다.

이러한 변화를 인정한다면, 과연 교육 자체가 중시해야 하는 본질적인 교육 내용은 존재하는지, 존재한다면 그것은 무엇인지 궁금해진다. 시대나 상황과 관계없이 강조되어야 하는, 교육의 본질이라고 할 수 있는 교육 내용이 존재한다면 위에서 살펴본 교육 내용의 변화는 무엇을 의미하는 것일까, 만약 시대나 상황에 따라 새로운 교육 내용이 등장해야만 한다면 교육의 본질이라는 것은 과연 존재한다고 할 수 있을까?

Q01 시대나 상황의 변화에 따라 중시하는 교육 내용은 변화해야 하는지, 아니면 교육의 본질이라는 측면에서 변화가 없어야 하는지에 대해 한쪽의 입장을 선택하고, 그와 관련한 구체적인 근거를 들어 그런 입장을 선택한 이유를 설명해 보자.

Q02 현재 우리 사회에서 강조해야 할 교육 내용은 무엇이며, 앞에서 주장한 자신의 생각과 이러한 교육 내용은 어떤 관련이 있는지 설명해 보자.

출제의도

이 문항은 교육 내용의 시대적 변화와 관련하여 교육의 본질을 어떻게 판단하는가를 평가한다. 실제로 시대의 변화에 따라 교육 내용은 끊임없이 바뀌고 있는데 그것이 교육의 본질과 어떤 관련이 있는 것인가에 대해 지원자의 생각을 확인해 볼 수 있을 것이다. 또한 현재 우리 교육에서 중시하는 내용을 자신의 관점에서 어떻게 평가하고 있는지, 그리고 일관성 있게 교육 내용의 문제에 대해 판단하고 있는지를 확인할 수 있다.

평가 주안점

지원자가 어떤 의견을 제시하는가 하는 그 자체는 평가의 중요 내용이 아니다. 그 의견을 뒷받침하는 충분한 근거가 제시되고, 그 근거가 논리적이고 합리적인가 하는 것을 확인하여 평가한다.

면접문항

  김 교사는 새로운 학년이 시작되면 담임을 맡게 된다. 새롭게 담임을 맡으면 꼭 해보고 싶은 것 중의 하나가 한 명을 학급 반장으로 선발하여 한 학기나 일 년 동안 반장 역할을 맡기지 않고 모든 학생들이 돌아가면서 짧은 기간이라도 반장을 하게 하여 책임감과 리더십, 동료 학생들과의 소통 능력을 키워 주는 것이다. 물론 학급의 학생들이 선출한 반장과 오랜 기간 동안 호흡을 맞춰 가며 담임교사의 역할을 수행하는 게 수월하겠지만 학생들의 미래를 위해서는 학급 반장을 해보는 기회를 모두에게 제공하는 게 교육적으로 좋겠다는 생각을 한 것이다.

  새로운 학년이 시작되어 김 교사는 학급 전체 학생들에게 일 년 동안 한 번은 학급 반장 역할을 하게 될 것이라고 설명하고 번호 순서대로 반장을 맡는 것에 대해 어떻게 생각하는지를 물었다. 그런데 공부하는 데에 방해가 된다며 반장 역할을 맡는 것 자체를 싫어하는 학생, 본인은 남 앞에 서면 목소리도 작아지고 많이 떨려서 반장을 하기 어렵다는 학생, 자신이 싫어하는 친구가 반장이 되는 모습은 떠올리기조차 싫다는 학생, 그냥 선거를 통해 반장을 선발하자는 학생 등이 있음을 알게 되었다. 김 교사는 자신이 애초에 생각한 방식을 고수해서 밀고 나가야 할지, 반장을 선거로 선출하는 기존의 방식을 따라야 할지, 반장 역할 맡는 것을 원하는 학생을 먼저 뽑고 나서 그 학생들이 돌아가면서 반장을 맡는 것으로 할지, 또 다른 방식을 적용할지를 고민하느라 머리가 아파

오기 시작했다.

Q01 김 교사가 학급의 모든 학생에게 반장 역할을 맡게 하겠다는 생각에 대해, 교육적 관점에서 비판해 보자.

Q02 면접 대상 학생이 김 교사가 되었다고 생각하고 학생들의 다양한 의견을 고려하여 반장을 어떻게 뽑아 학급을 운영할지에 대해 설명해 보자.

출제의도

교사는 자신의 교육관에 따라 학생들을 지도하거나 학급을 운영하는 방식을 다양하게 적용할 수 있다. 그런데 어떤 방식은 교육자로서 소신 있는 것이라 볼 수 있는 반면, 어떤 방식은 교육자가 고수하기에는 바람직하지 못하다고 볼 수도 있다. 교사가 평상시 가지고 있는 생각과 교육 현장의 현실이 잘 조화를 이루기 위해서는 어떤 생각을 가지고 어떻게 행동해야 하는지에 대해서 다양하고 구체적인 견해를 제시할 수 있어야 하며, 이를 파악하는 데 평가의 목적이 있다.

평가 주안점

문항 1에서는 김 교사의 생각을 지지한다면 그에 대한 이유나 근거를 잘 제시하고 있는지, 만약 반대하거나 우려하는 면에 대해서 조언을 한다면 객관적인 관점에서 비판받을 부분을 잘 지적하고 있는지를 평가한다. 예를 들어, 김 교사의 생각에 대해서는 '리더십은 단기간 내에 길러지지 않는다', '리더십은 꼭 반장을 해야만 길러지는 것이 아니다', '리더십은 반장이 아니라 모둠장이 되어서도 길러질 수 있다', '책임감은 청소 당번을 제대로 하는 것으로도 길러질 수 있다' 등 다양한 비판이 가능하다.

문항 2에서는 학생들의 의견을 어느 정도 수용하면서도 교사가 애초에 가지고 있는 생각을 소신 있게 실천하여 조화를 이루는 방안에 대해 다방면으로 제시하고 있는지를 평가한다. 예를 들어 모든 학생들에게 반장을 하게 한다면 반장 역할을 하는 데 어려움을 느끼는 부분은 미리 해결해 준다, 반장을 하고자 하는 학생들부터 반장 역할을 먼저 수행하게 하여 나머지 학생들이 반장 역할에 대해 두려워하는 생각을 없애고 나서 최종적으로는 모든 학생들에게 반장을 맡긴다는 등의 여러 방안을 제시할 수 있는지를 평가한다.

정시 면접 문제_오후

🖊️ 면접문항

폐쇄회로 텔레비전인 시시 티브이(CCTV)는 범죄 예방 및 범죄자 검거에 기여하는 등 매우 유용한 용도로 일상생활에서 광범위하게 쓰이고 있다. 그런데 시시 티브이가 이해 당사자들 사이에 갈등을 일으키는 경우도 있다. 예를 들어 어린이집에 다니는 아이들이 제대로 보호를 받으면서 안전하게 교육받고 있는지를 확인하고 싶은 부모 입장에서는 어린이집 곳곳에 시시 티브이를 설치하는 것을 찬성하는 반면, 자신들의 행동이 감시당하는 느낌을 받고 잠재적인 아동학대범 취급을 받는다고 우려하는 어린이집 교사들은 설치를 반대하기도 한다. 이런 갈등은 영유아보육법에서 아동학대 방지 등 영유아의 안전을 위해 시시 티브이를 의무적으로 설치하게 함으로써 어느 정도 해결이 되었다고 할 수 있다. 그런데 최근에는 유치원에서도 아동 안전을 위해 시시 티브이를 설치하자는 의견이 있다. 또한 초·중·고등학교에서 학교 폭력이 심해지고 있어서 이를 방지하거나 학교 폭력 가해자를 처벌할 때 근거 자료로 활용할 용도 등으로 교실이나 복도 등에 시시 티브이를 설치하자는 의견도 있다.

Q 01 면접 대상 학생의 입장에서 유치원, 초·중·고등학교에 시시 티브이를 설치하는 것에 찬성하는 입장과 반대하는 입장, 절충하는 입장 등에 대한 자신의 생각을 설명해 보자.

Q 02 만약 시시 티브이를 설치하는 것에 사회적 합의가 도출된다면 유치원이나 학교의 어느 장소에서, 어떤 시간에, 어떤 방식으로(예: 녹음 허용 등) 촬영하는 것을 허용할지에 대한 자신의 생각을 설명해 보자.

출제의도

학교는 학생, 학부모, 교사 등이 화합할 수도 있고 갈등을 일으킬 수도 있는 공간이다. 학생들이 어떤 환경에서 어떤 내용을 배우고 있는지를 보고 싶은 학부모 입장에서는 시시 티브이 설치에 대해 찬성할 수 있고 자신이 감시당하는 느낌을 받거나 교육 행위가 위축되고 예비 범죄자 취급을 받는다고 느끼는 교사들은 반대할 수도 있다. 예비 교사의 입장에서 시시 티브이 설치에 대해 어떤 관점을 가지고 있는지를 잘 피력하는지, 그리고 시시 티브이 설치로 인한 갈등을 최소화하기 위해서는 설치 시 어떤 점을 고려해야 하는지를 적절히 분석하여 조리 있게 제시하는지를 평가한다.

평가 주안점

지원자가 자신의 학교생활에서의 경험, 평상시 생각, 교육적 관점 등을 바탕으로 하여 찬성과 반대, 절충 등의 이유나 근거를 충분히 제시하는지, 그리고 자신과 다른 생각을 가진 사람의 의견에 대하여 잘 이해하고 그들을 설득할 수 있는 근거를 잘 제시하고 있는지를 평가한다. 예를 들어 유치원에 설치하는 것은 찬성하지만 초등학교 이상 학교에 설치하는 것은 반대한다는 입장을 밝히고 나서 유치원생은 교사의 부당한 대우나 학교 폭력 피해 등에 대해 정확한 진술을 하는 게 미숙하기 때문이라는 등의 근거를 제시하면 좋다.

시시 티브이 설치의 부작용을 최소화하고 장점을 극대화하기 위해 다양하고 구체적인 방안을 제시하는지를 평가한다. 예를 들어 복도 등 교실 이외의 장소에서는 24시간 촬영하되 교실은 휴식 시간에만 촬영 허용, 학교 폭력이 많이 일어나는 장소를 조사해 특정 장소에만 설치 등 다양한 방안을 제시하는지를 평가한다.

PART
4

교사론

교사론

ⓠ 교사의 자질

교사는 교육자에게 필요한 학생관과 교육에 대한 사명감을 지녀야 한다. 교사는 학생을 하나의 인간으로서 존중하고 그의 주체적 학습 능력에 대한 확신을 지녀야 한다. 즉, 학생은 나름대로의 적극적 학습 능력을 지니고 있으며, 교사는 이를 촉진하는 조력자 또는 안내자 역할을 수행한다는 관점을 지녀야 한다. 또한 교사는 교직에 대한 신념과 사명감을 지녀야 한다.

교직을 생계유지 수단으로만 보지 말고, 미래 주체에 대한 교육을 미래 사회를 창조하고 변화시키는 최고의 수단으로 인식하여야 한다. 이러한 확신 또는 사명감은 평생 동안 지속해야 하는 것인바, 때로는 자신감이 떨어지고 회의가 생길 수도 있다. 그럴 때마다 교사는 관련된 인문과학 서적을 탐구하거나 동료 교육자들과 적극적으로 교류함으로써, 자신의 확신과 사명감을 굳게 유지하여야 한다.

교사는 학생에 대한 이해와 애정을 지녀야 한다. 교사는 학생의 지적·정의적·신체적 발달에 대하여 상식이나 개인적 경험에 입각한 지식을 넘어서는 전문적 지식과 이해를 지녀야 한다. 아동 개인을 이해하기 위해서는 그 학생이 속한 사회의 특성과 변화 방향에 대한 수준 높은 식견을 가져야 함은 물론이다.

또한 아동의 성장 발달을 기대하고 그것을 위하여 적극적으로 조력하려는 의지, 즉 아동에 대한 헌신적 애정을 지니고 있어야 한다. 이러한 애정을 지니고 있는 교사는 아동의 부정적 측면을 강조하기보다는 긍정적 측면과 능력을 강조하고 신장시키는 노력을 전개하게 된다. 그 결과 교사와 아동의 상호작용이 더욱 원활하게 되어 최대한의 교육적 효과를 거둘 수 있다.

교사는 교육내용에 대한 이해와 교수 능력, 그리고 탐구 능력을 지녀야 한다. 교사는 평소에 가르치고자 하는 내용에 대한 연구를 꾸준히 해야 하며, 이는 초등학교 교사에게도 예외가 되지 않는다. 교사의 교육 내용에 대한 이해가 피상적 수준에 머무르게 되면, 그 교사는 아동들에게 핵심적이고 필수적인 내용 요소와 주변적인 내용 요소를 구분하여 제시하지 못하게 된다. 본래 강조를 두어 가르쳐야 할 개념이나 원리 등에 대해서는 피상적 제시에 그치고, 중요하지 않은 주변 활동에 지나치게 많은 교수-학습 시간을 소모하게 된다.

또한, 교사는 교육 내용을 아동들에게 효과적으로 제시하고 효과적인 학습을 도와주는 기법을 내면화하고 있어야 한다. 같은 교육내용이라도 아동의 특성에 따라, 교수-학습 여건에 따라 다른 교수법을 필요로 할 수 있다. 다양한 교수법을 상황에 적절하게 제시하는 교사의 능력이야말로 기능이 아니라 예술의 영역에 속하는 것이다. 그뿐만 아니라, 교사는 다방면에 대한 탐구 의지와 탐구 능력을 지녀야 한다. 교사의 탐구 능력은 스스로의 성취도를 높일 수 있을 뿐 아니라, 교사로부터 행동의 모델을 찾는 아동들의 탐구 능력을 향상하는 데 중요한 요소가 된다.

교사는 적극적인 행동 의지와 항상 노력하는 자세를 지녀야 한다. 교사는 대체로 매우 다양한 역할과 과다한 업무를 수행해야 하는 형편에 있다. 과다한 업무에 시달리다 보면, 자칫 모든 업무에 소극적으로 되고 최소한의 노력만을 전개할 수 있다. 무엇보다도 교사 본연의 업무인 교재 연구와 아동 이해를 위한 연구, 교수-학습 자료 수집 등을 소홀히 하게 될 가능성이 있다.

교사 역할의 중요성에 비추어 볼 때, 교사들은 교육 환경의 어려움에 매몰되지 않고 오히려 적극적으로 그 어려움을 극복해야 한다. 여러 번 언급했다시피, 교사들의 이러한 삶의 자세와 행동 양식은 아동들의 행동과 인생관에 귀감이 되기도 한다. 따라서 교사는 평소에 축적해 온 삶의 자세와 아동관에 일관된 행동을 적극적으로 실천하고 그러한 노력을 지속적으로 전개해야 한다.

교사는 학부모와 지역사회 인사, 선후배 교사들과 효과적으로 상호작용할 수 있는 의사소통 능력과 인격적 감화력을 지녀야 한다. 교사는 필요에 따라 학부모와 아동에 대한 면담을 수행한다. 때로는 다른 기관과 접촉하여 청소년 선도를 위하여 협의하고 공동 노력을 전개하기도 한다. 그리고 교사는 공식적인 학교 조직의 일원으로서 선후배 교사들과 교재 연구, 또는 학교 환경 개선을 위한 다각적인 협의를 하게 된다. 교사는 이러한 다양한 상호작용의 상황에서 설득력 있는 의사소통을 전개해야 한다.

그럼으로써 주어진 문제에 대하여 여러 사람이 짧은 시간 내에 최선의 결론을 도출할 수 있다. 특히 현대 사회에서 개인적 경쟁이 심화되고 물질숭배 의식이 높아질수록, 아동들과 더불어 순수한 삶을 살며 자신을 갈고 닦는 노력을 전개하고 있는 교사들에 대한 기대와 존경이 더욱 높아지게 된다. 이러한 점을 고려하여, 교사는 평소에 다른 사람들과의 상호작용에서 교육자로서의 품위를 견지해야 한다.

🔍 초등교사의 역할

초등학교 교사는 국·공·사립 초등학교에서 어린이들을 대상으로 수업지도, 학급운영, 생활지도 등을 담당한다. 학교의 교육계획과 수업일수 등을 고려하여 각 교과목의 학습계획안을 작성하고 이에 맞는 교재연구 및 교수, 학습 자료를 준비한다. 학습 과제물을 검사하고, 시험을 출제하고 평가하는 등 학습평가를 실시한다. 학생들이 원만한 친구관계를 맺고 다른 사람과 더불어 생활하는 법과 안전사고 및 폭력 예방, 성교육, 기본 생활 습관, 급식지도, 등·하교지도 등 생활지도를 한다.

학교생활, 가정생활, 교우관계 등에 대해 부모와 학생들과 상담을 한다. 학생들의 전학, 입학, 출석사항 관리, 생활기록부 관리, 학부모에게 보내는 가정통신문 준비 등의 학사업무를 한다. 학교 교육과정의 편성 및 운영에 참여하고 교직원회의에 참석하는 등 학교업무를 수행한다.

🔍 교직관

확고한 교직관을 갖고 있음을 보여주어야 한다. 교직관은 '교사를 어떻게 바라보는가' 하는 것이다. 교직관은 교육관과 밀접한 관련을 갖는다. 교육을 어떻게 이해하느냐에 따라 그것을 담당할 교사의 자질과 역할에 대한 견해가 달라진다.

① 성직관 : 가르치고 기르는 일을 성스럽게 여기는 관점이다.

② 노동직관 : 교육을 일종의 노동으로 여기는 관점이다.

③ 전문직관 : 성직관과 노동직관을 통합해 전문직으로 보는 관점이다.
　현재 가장 광범위하게 받아들여지고 있다.

　교사로서의 자질이 뛰어남을 보여주어야 한다. 교사는 학생의 지적·정의적·신체적 측면의 전인적 발달을 촉진하고, 투철한 소명 의식과 겸허하고 사랑이 넘치며 헌신적인 태도를 지니고 있으며, 전문적 자질도 아울러 갖추고 있어야 한다.

① 전통적 교육관에 따른 교사의 자질 : 인격적 감화자, 문화유산의 전달자, 사회적 통제자, 권위를 존중하는 자

② 진보주의적 교육관에 다른 교사의 자질 : 학생의 흥미를 충족시켜주는 자, 학생의 자율적 학습을 도와주는 조력자, 학생의 자유를 최대한 보장해 주는 자, 다방면에 많은 지식과 기술을 터득하고 있는 자, 교과·심리학·사회학에 대한 지식을 갖춘 자, 융통성 있고 학생과 더불어 공동 계획을 세울 수 있는 자, 학생의 개인차를 존중해 주는 자

③ 인간 중심의 교육관에 따른 교사의 자질 : 진실한 자, 한 개인으로서 아동을 존중하는 자, 공감적 이해를 가진 자

교육현장론

◎ 개괄

1) 초등교육의 목적

학교 교육은 체계상 초등교육·중등교육·고등교육으로 구분되며, 각기 그 교육목적이 다르다. 진학을 위한 준비교육이 있고 전문지식·기술 등을 목적으로 하는 교육도 있다. 그러나 초등교육은 어떠한 장래 진로를 위한 준비교육이거나 전문적·기술적 교육이 아니며, 일반교육·기초교육·보통교육을 목적으로 한다.

중등교육 이상에서는 각기 그 목적의 특이성이 있으나 초등교육은 공통된 기초에 목표를 두고 교육하게 된다. 또한 도시·농어촌·도서·벽지 어느 곳에서나 차이가 없으며, 기초교육이고 일반교육이라는 공통성을 갖는다. 초등교육은 민주국가 국민으로서 누구나 받아야 할 기초교육이며, 인간의 성장계열에서 반드시 이수해야 하는 의무교육인 것이다.

한국의 교육법에서는 이를 '초등학교는 국민생활에 필요한 기초적인 초등보통교육을 하는 것을 목적으로 한다(93조)'고 규정하여 그 교육의 목적을 명시하였다. 초등교육은 기초교육이기 때문에 아동이 하나의 완전한 민주시민으로서 갖추어야 할 최소한의 기초교육이고 공통교육이다.

따라서 아동의 원만한 성장을 위하여 가장 필요한 내용과 민주시민

으로서의 올바른 생활능력을 갖추게 하는 교육이다. 초등교육은 어떠한
편중교육(偏重敎育)이나 준비교육(準備敎育)이 아니라, 아동의 원만한 전인
성장(全人成長)을 위하여 신체적·정신적·사회적·정서적 또 지적으로 균
형된 성장·발달을 기할 수 있는 기초교육이라야 한다.

2) 초등교육의 내용

초등수준과 일반 기초소양을 내용으로 해야 하며, 완성교육이 되어
야 한다. 이 교육은 누구나가 받을 수 있고 또 받아야 할 보편적인 내용
으로서 문자 그대로 일반적 보통교육을 내용으로 해야 한다. 아동이 성
장·발달해가기 위한 가장 절실한 내용이 되어야 하므로 지적발달은 물
론 신체적·사회적·정서적·정신적인 제반 영역에 걸쳐 광범위한 내용이

취급되어야 한다.

이러한 점에서 초등교육의 주요내용은 다음과 같다.

① 아동의 학습에 필요한 능력을 사용하거나 또는 그 기능을 발전시켜 나아갈 수 있는 내용으로서 말하기·듣기·읽기·쓰기를 비롯하여 관찰과 가르치는 능력, 계산능력, 문제를 분석하는 능력, 추리능력, 물건을 만드는 능력 등을 길러주는 내용

② 집단생활에서 일어나는 여러 문제를 해결할 수 있는 능력을 길러주는 내용

③ 아동으로 하여금 인간생활의 물질적·자연적 환경에 관한 이해를 깊이 할 수 있는 내용

④ 아동이 창조적 표현을 할 수 있는 내용

⑤ 아동의 건강생활에 관한 내용 등으로 되어 있다.

현재 초등교육에서 교과활동·특별활동·생활지도 등으로 전개하고 지도하는 내용은 모두 그와 같은 배경에서 나온 것이다. 그러한 교육내용의 기본영역을 토대로 한 실제 교과 설정의 예를 보면, 미국의 초등학교 교육과정에서는 언어과·수학과·과학과·사회생활과·음악과·미술과·보건위생과 등 7개 교과가 기본으로 설정되어 있다. 일본은 국어·산수·이과(理科)·음악·사회·체육·가정·도화공작(圖畫工作) 등 8개 교과가 설정되어 있다.

한국은 초등학교 교육과정령에 도덕·국어·수학·사회·자연·체육·음악·미술·실과 등 9개 교과가 설정되어 있다. 그러나 초등교육의 목적달

성은 교과학습만으로 충족될 수는 없다. 교과학습은 물론, 아동생활 전반에 걸쳐서 학습할 수 있는 내용이 되어야 하므로 특별활동을 비롯하여 생활지도·과외활동에 이르기까지 기초적 제반 경험이 교육 내용에 포함되어야 한다.

@ Case By Case

1) 다문화 가정

　1990년대 이후로 꾸준히 국제결혼이 이어지면서 한국 사회는 다문화 가정 사회로 접어들었다. 주로 아시아 여성들이 한국인 남성과 결혼하여 한국사회에 편입되는 형태로 다문화 가정이 형성되고 있다.

　통계청의 2010년 인구조사자료에 의하면 다문화 가정은 38만 6,977 가구로 나타났으며, 아시아 지역에서 일어나고 있는 '이주의 여성화(feminization of migration)'는 한국 사회에도 영향을 미쳐 다문화 가정은 대부분 한국 남성과 외국 여성의 결혼으로 구성되어 있는 것으로 나타났다.

　결혼 이민자는 대한민국 국민과 혼인한 적이 있거나 혼인관계에 있는 재한 외국인을 지칭한다(재한외국민 처우 기본법 제2조 3항). 최근 통계에 따르면 한국인 여성과 결혼한 외국인 남성은 결혼 이민자 중 대략 25%를 차지하고, 한국인 남성과 결혼한 외국인 여성은 75%를 차지하는 것으로 나타났다(2008~2011년 통계청 자료). 이처럼 여성 결혼 이주자가 더 많아서 이들의 한국 사회 적응에 대한 다각적인 관심이 대두되고 있다.

　실제 학교에서 다문화교육 교육과정을 개발할 때 적용할 수 있는 방법으로는 대표적으로 Banks(2008)가 제시한 이론을 들 수 있는데, 이는 기

[다문화 가정]

• 의사소통장애
• 언어 장벽에 대한 노력
• 양육문화의 부적응
• 자녀 미래에 대한 걱정
• 아이의 외모에 대한 걱정

• 양육 책임의 떠맡음
• 가족이 도와주지 않음
• 고국 가족에 대한 그리움
• 전화 통화로 그리움을 달램

외모의 차이
가족사회적 차별
불완전한 양육

다문화 이해부족
의사소통 단절
종속관계
신뢰감 부족

사회적 편견
배타적인 가족 분위기
경제적 어려움
공존하는 이질문화

[자녀]

• 외톨이
• 문제행동
• 언어발달의 장애
• 학습능력의 부족
• 한국 음식 만들기 미숙함
• 자녀의 영양부족을 걱정함

양육 참여 부족
놀아주지 않음
엄마만 찾음

[가족]

• 수치감
• 열등감
• 양육 기피
• 양육의 무관심
• 믿음 없는 부부

[사회]
• 한국인으로 성장하기, 자녀의 행복바라기
• 경제적인 안정 찾기, 지지 자원 활용

존의 교육과정에 다른 다문화교육을 통합함으로써 기존의 교육과정을 개혁하는 데 초점을 두고 있다.

우선, 기여적 접근을 들 수 있는데, 기존의 교육과정에 다양한 문화 가치를 지닌 영웅, 명절 등 개별적 문화 요소를 첨가하는 방법이다. 다문화 축제나 행사를 통해서 다른 나라의 문화를 소개하고 체험해 보도록 하는 것이 대표적인 예라고 할 수 있다.

부가적 접근은 교육과정의 기본 구조를 변화시키지 않고 문화적 주제, 내용, 관점을 교육과정에 추가하는 접근이다. 예를 들면, 교사가 소수집단의 문화와 관련된 단원을 교육과정 속에 부가하는 방식이다. 여기에는 교과서 보완자료나 다문화 학생 학습지도 자료를 제작하고 보급하는 것이 밀접하게 관련되어 있다.

변환적 접근은 교육과정의 구조를 변환시켜서 학생들이 다양한 문화적 집단의 관점에서 어떤 주제나 사건을 바라볼 수 있게 하고자 하는 접근이다.

예를 들어, 어떤 현상을 다룬다고 할 때, 우리나라의 관점에서만 바라보는 것이 아닌 다른 나라의 관점에서 어떻게 볼 수 있는지에 대해 생각해볼 수 있도록 교육과정을 변환시키는 것을 의미한다.

사회 행동 접근은 학생이 중요한 사회적 문제나 개념들에 의사결정을 하고 그것을 해결하기 위해 행동을 취하도록 하는 데 초점을 두는 방식이다. 이는 다문화교육에서 지식적 측면뿐만 아니라 실천적 측면의 중요성을 강조하는 접근법이라고 할 수 있다.

결론적으로 기여적 접근법을 제1수준으로 본다면 부가적 접근법을 제2수준, 변환적 접근법을 제3수준, 사회적 행동 접근법을 제4수준으로 순차적 단계를 적용시켜 나갈 수 있다. 이와 같은 접근법은 이론을 근거로 하고 있지만 상황에 따라서는 상황에 따라 달리 적용될 수 있는 것도 필요할 것이다.(김성식, "다문화교육과 학교 교육" 참조)

기출문제

다음 글을 읽고 물음에 답하시오.

> (가) 세상의 어느 민족이든 모든 관습 중에서 가장 훌륭한 것을 선택하라고 하면
> 일일이 검토한 뒤 자신들의 관습을 선택할 것이다. 그만큼 모든 민족은 자신
> 들의 관습이 가장 훌륭하다고 믿는다. (…중략…) 예컨대 다레이오스가 왕이
> 되었을 때, 자신의 궁전에 와 있던 헬라스인들을 불러놓고 돈을 얼마나 주면
> 그들의 죽은 아버지의 시신을 먹을 용의가 있느냐고 물었다.
> 　그러자 헬라스인들은 돈을 아무리 많이 주어도 그런 짓은 하지 않겠다고 대
> 답했다. 다음에 다레이오스는 부모의 시신을 먹는 칼라티아이족이라는 인디
> 아 부족을 불러놓고, …돈을 얼마나 주면 부모의 시신을 화장하도록 허락하
> 겠느냐고 물었다. 그들은 비명을 지르며 그런 불경한 말씀은 제발 삼가해 달
> 라고 말했다. 관습이란 그런 것이며, 나는 '관습이야말로 만물의 왕'이라고 한
> 핀타로스의 말이 옳다고 생각한다.
> (나) 인도에서는 남편이 죽으면 부인도 따라죽는 '샤티'라는 풍습이 있다. 또한 대
> 다수의 이슬람 국가에서는 아내가 외간 남자와 가깝게 지냈거나 간통을 했다
> 는 혐의를 받으면 남편은 자신의 명예를 지키기 위해 아내를 살해할 수 있는
> '명예살인'이 허용된다. 아프리카 및 중동의 일부 지역에서는 여성의 성적 쾌
> 감을 줄여 정숙한 여성을 만든다는 생각으로 '여성할례'가 자행되고 있다. 여
> 성할례는 여성의 외부 생식기를 잘라내는 풍습이며, 할례 중 위생적인 문제
> 로 인해 생명을 잃는 경우도 발생한다.

Q 01 제시문 (가)의 관점이 지니고 있는 의미에 대해 구체적 사례를 통해 설
명하시오.

　문화상대주의적 관점이다. 여성억압의 상징인 부르카 착용, 소수민족

의 종교와 언어 존중 등의 예를 생각해 볼 수 있다.

Q02 제시문 (가)의 관점을 참고하여 제시문 (나)가 정당화될 수 있는지(혹은 비판되어야 하는지) 적절한 논거를 통해 설명하시오.

표면적인 (가)의 관점에서는 (나)의 사례들이 정당화될 여지가 있다. 문화 상대주의가 적용되면 모든 문화는 그 자체로서 존중받아야 하기 때문이다. 하지만 보편적 인권이나 최소한의 존엄을 침해하는 문화는 예외가 된다. 여성할례와 명예살인은 양성평등은 물론 여성의 최소한의 존엄성과 배치된다고 볼 수도 있다.

Q03 우리나라는 이주 노동자와 다문화 가정이 증가하고 있으며, 이와 함께 서서히 다문화 사회로 진입하고 있다. 우리나라에서 다양한 문화가 함께 공존할 수 있는 구체적이고 실질적인 방안에 대해 두 가지 이상 이야기해 보시오.

막연한 다문화교육 강화보다는 구체적인 예를 드는 게 좋다. 가령 본인이 받았던 다문화교육의 한계를 지적하고, 그 보완책을 말하는 게 보다 쉽고, 효과적이다.

2) 사이버 윤리

중·고등학생들만의 문제였던 불법 다운로드와 인터넷 따돌림이 최근에는 초등학교까지 확산되고 있다. 특히 악성 댓글과 각종 허위·과장 게시글의 상당수가 초등학생들이 작성한 것으로 밝혀져 사회문제로 대두된 것. 따라서 초등학교 저학년부터 사이버 윤리의 교육 필요성이 절실해졌다.

피아제의 인지발달이론(認知發達理論, Theory of cognitive development)은 인간의 인지발달을 유기체와 환경의 상호작용으로 파악한 피아제의 이론이며, 심리학의 인지이론에 있어 가장 영향력 있는 이론이다. 피아제의 이론뿐 아니라 비고츠키의 이론 등 다양한 인지적 발달 이론들을 일반적으로 통칭하기도 한다.

피아제는 인간의 인지발달은 네 단계를 통하게 되며, 질적으로 다른 이 단계들은 정해진 순서대로 진행되고 단계가 높아질수록 복잡성이 증가한다고 한다. 발달 단계는 감각운동기(0~2세), 전조작기(2~7세), 구체적 조작기(7~11세), 형식적 조작기(11세 이후)의 네 단계로 구분한다.

감각운동기에는 감각적 반사운동을 하며 주위에 대해 강한 호기심을 보인다. 또한 숨겨진 대상을 찾고, 보이지 않는 위치 이동을 이해할 수 있는 대상영속성의 개념을 이해하게 된다. 전조작기에는 상징을 사용하고, 사물의 크기·모양·색 등과 같은 지각적 특성에 의존하는 직관적 사고를 보이며, 자기중심적 태도를 보인다. 구체적 조작기에는 사물 간의 관계를 관찰하고 사물들을 순서화하는 능력이 생기며, 자아중심적 사고에서 벗어나 자신의 관점과 상대방의 관점을 이해하기 시작한다. 형식적 조작기는 논리적인 추론을 하고, 자유·정의·사랑과 같은 추상적인 원리와 이상들을 이해할 수 있게 되는 시기다.

Q01 초등학교 3학년 학생을 대상으로 1시간 동안 사이버 윤리에 관해서 가르친다고 가정해 보자. 어떤 내용을 어떻게 가르칠 것인가? 단 피아제의 인지발달단계 이론을 토대로 정리해 보자.

초등학교 3학년, 10세 아동들은 구체적 조작기에서 형식적 조작기로 넘어가는 과정에 있다. 이때부터 자기중심적 사고에서 벗어나서 타인의 관점을 이해하기 시작하기 때문에 교육과정에서도 이러한 특성들이 반영된다. 사회과 영역에서 지역사회에 대해서 배우기 시작하며 공동체에 대한 학습이 시작되기 때문에, 사이버 윤리를 인터넷상에서의 공동체 윤리로 풀어나가면 된다.

피아제의 인지발달 단계를 알고 있다면 비슷한 유형의 다른 문제에 적용가능하다.

초등학교 O학년 대상의 OO과목에 대한 프로그램 무한 적용가능

참고기사 : http://news.naver.com/main/read.nhn?mode=LSD&mid=sec
&sid1=105&oid=031&aid=0000045345

http://economy.donga.com/3/all/20140418/62849666/3

3) 학교폭력

학교 폭력(學敎暴力)이란 학생 간에 일어나는 폭행, 상해, 감금, 위협, 약취, 유인, 모욕, 공갈, 강요, 강제적인 심부름, 명예훼손, 따돌림, 성폭력, 언어폭력 등 폭력을 이용하여 학생의 정신적 및 신체적 피해를 주는 폭력 행위이다. 과거 우리나라에서는 학원폭력이라는 용어로 사용되었다.

기출문제

A정당에서는 이번에 학교폭력 처벌 강화를 목적으로 한, 법 개정을 추진하고 있다. 법안의 내용을 살펴보면 다음과 같다.

1. 학교폭력 예방 대책법 이전에는 학교장이 자치위원회로부터 전학 조치를 요청 받더라도 가해 학생이 불복하여 시도 학생 징계 조정위원회 등에 재심을 청구 하거나 행정 소송을 제기할 경우에는 결과가 나올 때까지 그 학생에게 어떤 조 치도 취할 수 없었다. 하지만 개정안은 학교장이 학내 학교폭력대책자치위원회 로부터 가해 학생에 대한 전학 조치를 요청받을 경우 즉시 전학 조치를 취할 수 있다.
2. 가해 학생이 다른 학생에게 학교 폭력을 가했다가 학교 측으로부터 받은 처분 내용을 가해 학생의 생활기록부에 기재할 수 있도록 하였다.
3. 현행소년법에서 19세 미만의 소년에 대해 구속영장을 함부로 발부하지 못하도 록 제한해 온 '구속영장 제한' 조항을 삭제하도록 하였다.
4. 촉법소년의 연령대를 10~14세에서 10~12세로 연령을 하향조정하였다. 이러 한 조치를 하는 이유는 가해자들에게 보다 단호한 처벌을 내려 학교폭력의 재 발을 방지하고, 피해 학생을 보호하고자 하는 조치이다.

〈출처 : 학교폭력처벌 강화 개정안〉

Q01 근래 학생들 사이의 학교 폭력이 사회적으로 문제가 되고 있다. 학교 폭력은 과거에 비해 그 정도가 더욱 심해지고 있으며, 발생하는 연령대도 점점 낮아져 중·고등학교는 물론 초등학교에서도 적지 않게 일어나고 있다. 이와 관 련하여 법질서 확립과 폭력 예방 차원에서 가해학생을 퇴학시키거나 강제로 전 학시키는 등 엄중하고 단호한 처벌이 필요하다는 주장과, 가해학생이라도 장래 와 인권을 고려하여 학교 내에서 교육을 통해 선도해야 한다는 주장이 대립하 고 있다. 이에 대해 자신의 입장을 밝히고 토론하시오.

어느 쪽이든 절충과 종합은 피하자. 즉 '1차적으로 교내 선도를 시도하 고, 2차적으로 전학과 퇴학을 고려해야 한다'는 모범 답안이 되기 어렵다. 두 가지는 장단점이 있고, 이 가운데 한쪽을 선택해서 합리화하는 과정을 보려는 게 면접이다. 본인이 결정을 하고, 장점은 최대화하는 반면 단점은 최소화하는 구성을 고민해 보자.

Q 02 최근 언론 보도에 따르면 청소년들이 일상적인 대화에서 욕설을 빈번하게 사용하는 것으로 나타났다. 과거에는 주로 특정 집단만 사용하던 욕설이 대중 매체를 통해 확산되어 초등학생들조차 험한 욕설을 사용하는 등 청소년들의 욕설 사용이 심각한 사회 문제로 떠오르고 있다. 이에 교육과학기술부는 욕설을 많이 사용하는 학생들에 대해 학교 생활기록부 비교과 영역에 그 사실을 기록하여 상급 학교 진학 시 불이익을 주는 등 제도적 규제를 검토하고 있다. 이에 대해 자신의 입장을 밝히고 토론하시오.

문제를 해결하는 방법에는 당근과 채찍이 있다. 당근은 잘할 때 칭찬을, 채찍은 못 할 때 벌을 주는 것이다. 본 문제의 방법은 채찍, 즉 네거티브 방식이다. 역으로 포지티브 방식, 즉 바르고 고운말을 쓰는 학생들에게 표창이나 가산점을 주는 방식과 비교해 보고, 결론을 내리는 접근도 고려해 볼 만하다.

Q 03 최근 집단 따돌림과 가혹행위를 당한 학생들이 잇따라 스스로 목숨을 끊고 있다. 내가 담당하고 있는 학급에서 집단 따돌림과 가혹행위 같은 일이 발생하였을 때 어떻게 대응하겠는가?

집단 따돌림과 가혹행위 피해자에게 가장 중요한 것은 정서적 안정이고, 교사로서의 첫 번째 과제는 피해학생이 교사를 믿고 의지할 수 있도록 신뢰를 쌓고, 공감대를 형성하는 것이다. 어떻게 하면 피해학생에게

서 신뢰와 공감을 얻을 수 있을지 고민해 보자.

◎ 연습문제

※ 다음 자료를 1분 정도 읽고 면접관의 질문에 답하시오.

> "야단났네. 오늘은 절대 늦으면 안 되는데……!" 나는 시계를 보며 허겁지겁 문을 나섰다. 그런데 우리 집 앞에 작은 아이가 서 있는 게 보였다. 처음 보는 아이였다. 다섯 살 정도 되어 보이는 그 아이는 두 손으로 얼굴을 가리고 울고 있었다. 뭐가 그리 슬픈지 몸을 부들부들 떨며, 흐느끼고 있었다. "얘, 왜 그러니?" 하고 물었지만 아이는 대답 없이 울기만 했다. 나는 다시 시계를 보았다. 그리고 주위를 둘러보았다. 나 말고는 아무도 보이지 않았다. 그 아이의 부모나 이웃, 또는 친구일 법한 사람은 어디에도 없었다. 마침 우리 집에도 지금은 아이를 대신 맡아줄 사람이 아무도 없었다.

Q 01 자신이 자료의 '나'의 입장에 처했다면 자신이 택할 행동을 말해 보고 그 이유를 설명해 보시오.

정답은 없다. 왜 그러한 선택을 했는지 이유가 중요하다. 끝까지 아이를 본인이 책임져야 한다는 강박관념에서 벗어나 누구에게 어떻게 맡길지, 왜 그게 최선인지 접근해 보자.

※ 다음 자료를 5분 정도 읽고 물음에 답하시오.

[자료 1]

순우곤이 말하였다. "남자와 여자가 물건을 주고받을 때 손을 잡지 않는 것은 예(禮)인가?" 그러자 맹자가 말하였다. "그것은 예(禮)이다." 순우곤이 다시 말하였다. "형수가 물에 빠지면 손으로 건져주지 않는가?" 맹자가 다시 말하였다. "형수가 물에 빠졌을 때 건져주지 않는다면 그 사람은 이리나 다름없다. 남자와 여자가 물건을 주고받을 때 손을 잡지 않는 것은 예(禮)이며, 형수가 물에 빠졌을 때 손으로 건져주는 것은 권(權)이다."

[자료 2]

상 민 : (한참 국어 수업이 진행되고 있는데, 매우 지루한 표정을 짓고 있다가)선생님. 잠깐만 화장실 좀 다녀올게요.

선생님 : 화장실은 쉬는 시간에 다녀왔어야지. 쉬는 시간까지 조금만 참아.

(시간이 조금 흐른 뒤에)

길 동 : (갑자기 식은땀을 흘리며)
　　　선생님! 갑자기 배가 아파요. 화장실 좀 다녀와야 될 것 같은데….

선생님 : 어떻게 아픈데? 어서 가.
　　　화장실 가서도 가라앉지 않으면 양호실 들르고….

상 민 : (선생님 말씀이 끝나자마자)
　　　선생님. 왜 길동이는 가도 되고 저는 안돼요?

Q02 [자료 2]에서 선생님이 상민과 길동에게 서로 다른 태도를 취한 이유를 [자료 1]에서의 '예'와 '권'의 의미와 관련지어 설명해 보시오.

　예는 피할 수 있는 한 피해야 하는 것인 반면, 권은 불가피한 방편에 해당된다. 상민은 쉬는 시간에 화장실에 갈 수 있었는데 가지 않은 것이고, 길동은 급작스러운 복통으로 피할 수 없는 경우라 다르다.

Q 03 위에서 예시된 것 이외에 우리 삶에서 '권'에 해당하는 사례를 한 가지 들고, 그것이 '자기합리화'와 어떻게 다른지 설명해 보시오.

길을 가는데 갑자기 오토바이가 인도를 덮쳐 이를 피하려다가 옆을 지나던 사람과 부딪혀 넘어뜨렸다. 긴급피난으로서 '권'에 해당한다. 하지만 교대 면접이라면 이러한 일반적인 경우보다는 교육 현장에서의 사례를 구상하는 게 좋다. 가령 교실에서 도난사건이 벌어졌을 때, 아이의 자수를 유도하기 위해서 "선생님은 누가 범인인지 알고 있다. 하지만 자수하면 용서해 주고, 아무에게도 알리지 않겠다"는 선의의 거짓말 등이 여기에 해당할 것이다.

Q 04 학교에서 체벌이 필요한 이유 세 가지와 필요하지 않은 이유 세 가지를 말하시오. 그리고 체벌에 대한 자신의 견해를 밝히시오.

익숙한 주제이다. 이때 필요한 이유와 불필요한 이유를 제각각 나열하지 말고, 동일 쟁점에 대해서 찬성과 반대 의견이 어떻게 다른지 분석하는 게 보다 체계적이다. 예를 들어 수단의 적절성(대안의 유무), 교육 효과(당사자에게 미치는 교육적 효과), 부수 효과(다른 학생과 학급 분위기 등)로 구분하면 조금 더 선명해질 것이다.

Q 05 2011년 5월 미국 중부 일대에 내린 기록적인 폭우로 미시시피 강 수위가 급격히 높아졌다. 이로 인하여 200만 명 이상의 인구가 거주하고 있고 미국 정유 시설의 12%가 밀집해 있는 대도시인 배턴루즈와 뉴올리언스가 치명적인

피해를 입을 위험에 처하게 되었다. 이 피해를 방지하기 위해서 루이지애나 주 정부는 물길을 돌려 인근 소도시와 농경지를 침수시키기로 결정하였다. 결국 모건시티와 후마 등 인구가 적은 소도시(모두 2만 5천 명)와 경작지 1만 2천km²가 피해를 입게 되었다. 이에 대하여 주 정부의 결정이 피해를 최소화하기 위한 불가피한 선택이었다고 지지하는 입장과 대도시와 산업 시설을 보호하기 위해 소도시와 농경지를 희생양으로 삼았다고 비판하는 입장이 있다. 이 결정에 대한 자신의 견해를 밝히고 토론하시오.

규범(norm)적으로 접근할지, 효율성(efficiency) 차원에서 바라볼지 결정해야 한다. 규범적으로라면 물길을 그대로 두어야 하지만, 효율성 차원에서는 주 정부 입장을 지지할 수 있을 것이다. 역시 이때 중요한 것은 결론이 아니라 왜 그 결론이 타당한지에 대한 이유와 많은 인구를 적은 인구보다 보호하는 게, 산업시설을 농경지보다 우선하는 게 왜 합리화되는지 설명하는 게 우선이다.

※ 다음 자료를 5분 정도 읽고 물음에 답하시오.

> (가) '사랑 학교(가칭)'는 정신 지체나 정서 장애를 겪는 학생들을 가르치는 장애인 학교다. 사랑 학교의 개교식장에서 교사와 학생, 학부모들은 너나없이 감격의 눈물을 흘렸다. 학교의 신축 공사가 시작된 이후, 인근 주민들이 너무나 격렬하게 반대했기 때문이다. 현재 장애인 학교는 물론 국가 안보를 맡고 있는 군부대마저 혐오 시설로 취급되고 있는 실정이다. 쓰레기 소각장, 납골당, 장례식장, 쓰레기 매립장 등은 말할 나위도 없다.

(나) 부산시가 해운대구의 명물 '달맞이고개' 중 아직 훼손되지 않은 달맞이길 아래 녹지를 보존하기 위해 건축 허가 제한 조치를 취하자 사유지 지주들이 이에 반발해 논란이 끊이지 않고 있다. 문제는 이 지역 땅의 80%가 사유지라는 것이다. 지주들은 이미 각종 음식점과 아파트 등 건물이 빽빽이 들어선 달맞이길 상부와의 형평성을 들이대면서 사유 재산권 행사를 주장하며 잇따라 법정 소송에 들어가 있는 상태이다.

Q 06 윗글에 공통적으로 나타나는 '갈등'의 주요 원인이 무엇인지 설명하시오.

공익 때문에 사익이 침해받기 때문이다. (가)의 장애인학교는 사회적으로 꼭 필요하지만, 인근 주민으로서는 부동산 가격이 떨어지기 때문에 달갑지 않다. (나)의 녹지개발제한 역시 공동체 입장에서는 중요하지만, 사유지 소유자 입장에서는 재산권의 침해로 생각할 수밖에 없다.

Q 07 이러한 갈등을 해결하기 위한 구체적인 방안에 대해 설명하시오.

감성과 이성 차원의 방안이 병행돼야 한다. 먼저 감성적으로 충분한 대화와 소통을 통해 공동체의 이익을 위해서 개인의 피해가 불가피함을 이해시켜야 한다. 의사결정과정에는 감성적 요소가 개입하기 때문에 일단 개인의 감정이 상하지 않도록 공동체의 세심한 의사소통이 우선이다. 다음으로 현실적으로 가능한 최대한의 경제적 보상이 이뤄져야 한다. 공동체 입장에서는 예산 제약이 따르겠지만, 장기적으로 개인의 양보나 희생이 큰 손해가 아니라는 공감대 형성을 위해서라도 상당한 보상을 해주는 게 바람직하다.

Q08 개인과 공동체의 올바른 관계에 대해 설명하시오.

상호의존의 관계이다. 공동체는 그 자체가 존재 목적이 아니라 개인의 안전과 번영을 위해서 개인들이 모여 만든 것이다. 만일 그 공동체가 개인을 억압한다면 주객전도가 된다. 또 개인은 공동체가 존속할 때 최대한의 자유와 권리를 향유할 수 있다. 공동체라는 울타리가 없다면 개인과 개인 사이에는 약육강식의 전쟁이 벌어지거나 또 다른 공동체의 제물이 될 것이기 때문이다.

Q09 정부는 전통적 건물이나 주요 문화재가 많은 지역을 '역사문화환경 지구'로 지정하여 관리하고 있다. 이는 문화유산의 원형을 잘 보존할 수 있을 뿐 아니라, 관련 문화상품을 개발할 수 있는 방법으로 평가된다. 그러나 지구 내의 도로 확장이나 건물의 증축 혹은 개축이 제한되며 실내에 현대식 편의 시설을 설치하거나 개량하기도 어려우므로, 그곳에 살고 있는 주민들은 재산권을 행사하는 데 많은 제약을 받는다. 이에 대해 자신의 입장을 밝히고 토론하시오.

상위 문제의 연장선상에 있다. 첫째, 해당 주민들에게 증축이나 개축 제한이 왜 필요하고, 그들의 희생과 양보가 어떤 가치가 있는지 충분히 이해시켜야 한다. 둘째, 이에 대한 적절한 보상을 제공하는 한편 이 건물과 유산을 토대로 수입을 올릴 수 있는 방안과 지원책을 시행해야 할 것이다.

아동발달론

ⓠ 발달(development)의 개념

어원적으로는 '잠재하고 있는 본질(가능성)'이 차츰 그 모습을 드러내는 현상을 의미한다. 심리학에서는 인간이 태어나서 죽을 때까지 변화하는 모든 것을 발달이라고 한다. 즉 발달은 인간의 전 생애를 통해서, 그리고 인간의 각 특성에 걸쳐 지속적으로 이루어지는 양적·질적인 모든 변화이다. 이것은 인간이 살아가는 동안 내내 생래적 유연성( )이 있기 때문에 일어나는 것이다. 이 변화는 계획된 순서대로 체계적으로 일어나므로 예측할 수도 있다. 발달은 키, 몸무게, 습득한 단어의 수 등과 같이 양적인 변화만 뜻하는 것이 아니라 감성적인 능력, 인지 특성과 같은 질적 변화도 포함하고 있다.

1) 발달영역 간의 상호작용

상호작용이란 발달의 역동성을 의미한다. 즉 특정 기능의 변화는 다른 기능의 변화를 가져오게 하므로 발달은 상호작용적이라는 것이다. 아동의 생물학적·인지적 그리고 사회, 정서적 발달은 서로 맞물려 있다.

예를 들어, 키가 큰 아동은 친구와 놀 때 집단을 이끌어가는 기회가 많고 교사들은 그들에게 보다 많은 책임감 있는 역할을 하도록 요청한다. 이러한 사회적 역할을 실행할 기회가 많아지고 축적되면 키가 큰 아동은 사회·정서적 발달이 키가 작은 아동보다 많아지고 촉진될 것이다.

2) 발달에서의 아동의 역할

아동은 자신의 성장과 발달에 능동적 역할을 한다. 예를 들어, 개인의 성향 또는 성별에 따라 활동의 범위도 다르며, 동물, 음악, 스포츠에 갖는 흥미 정도가 다르다. 즉 아동은 주변 세계의 수동적 수혜자가 아니라 사회적 세계에 능동적으로 참여하여 자신의 능력에 따라 그들에게 일어나는 사건들을 수정한다. 이것은 그들의 발달에 능동적 역할을 한다는 것을 의미하는 것이다.

3) 사회문화적 맥락이 발달에 미치는 영향

아동이 속한 사회의 가치는 그들의 신체, 사회성, 정서, 인지발달의 과정에 중요한 영향을 미친다. 사회는 부모의 양육 행동을 규정하고 아동이 받아야 하는 교육수준, 신체적 보호 정도, 그리고 자존감의 부여나 정서표현방식 등을 결정하는 데 영향을 준다.

◎ 아동발달의 쟁점

아동의 심리적 기능과 신체적 기능의 변화를 의미하는 것에 대해서는 학자마다 의견이 일치하지 않는다.

1) 유전과 환경

발달에 대한 끊임없는 논쟁의 하나가 유전과 환경 문제 즉 발달의 근원이 태어날 때 물려받은 특질에 의한 것이냐 아니면 백지상태(tabula rasa)로 출생한 후 학습된 것이냐의 대립하는 관점이 존재한다.

① 유전적 관점 : 발달의 원인을 자연, 성숙, 생득이라는 것으로 본다. 즉 정해진 순서에 따라서 발달해 간다는 입장이다. 예를 들어, 기고 서고 걷는 것은 그런 순서로 배운 것이 아니라 자연스럽게 나타나는 것이다.

② 환경적 관점 : 양육, 학습, 경험이라는 측면에서 발달의 원인을 설명한다. 즉 서로 다른 환경에서 자란 아동은 다른 발달과정을 거치게 된다. 예를 들어, 어촌에서 태어난 아동은 그러한 환경과 관련된 활동에 익숙할 것이다.

③ 상호작용론적 관점 : 유전적으로 계획된 발달이라 할지라도 극단적인 환경적 결핍에서는 특정 발달 모습이 나타나기 어렵고 또 유기체의 성숙이 어느 정도는 이루어져야 풍부한 환경적 자극도 의미가 있을 수 있다는 것이다.

④ 상응작용적 관점 : 상호작용적 관점과 달리 발달의 과정에서 유전적 특성과 환경적 특성이 동시에 서로 영향을 미쳐 변화를 가져온다는 것이다.

2) 연속성과 비연속성

이것은 한 개인이 지금과 같은 인간으로 성장하기까지 그 발달이 서서히 점차 이루어졌는가(발달의 연속성), 아니면 특정 시기에 급격한 변화를 통해 성장해 왔는가(비연속성)에 대한 쟁점이다.

① 유기체적 관점 : 발달의 질적 측면을 강조한다. 발달 변화에 대한 유기체의 능동적 개입을 인정하며 각 발달 단계는 그 단계마다 특징적인 유형의 사고나 행동을 하게 되고, 단계가 바뀌면 또 다른 특징의 유형을 나타내며, 발달은 비연속적으로 질적인 변화를 보이게 된다는 것이다.

② 기계적 관점 : 발달의 양적인 측면과 연속성 강조한다. 인간을 수동적 존재로 외부환경을 발달의 근원으로 보고 있다. 아동의 언어·사고·행동의 발달은 꾸준히 점차적으로 이루어진다고 보는 학자는 아동이 기는 것부터 시작하여 걷는 것으로 나아가면서 근육의 힘이 생기고 신경계의 상호작용으로 운동능력이 이루어진다고 보는 것이다.

3) 결정적 시기(critical period)에 대한 논쟁

결정적 시기란, 인간이 경험하는 내적·외적 환경들이 발달에 최대의 영향을 미치는 가장 민감한 시기를 말한다. 인간에게 있어 이와 같은 결정적인 시기를 보여주는 예로써 언어습득을 들 수 있다. 어떤 이유에서든 6~7세 이전에 언어를 접해 보지 않은 아동은 평생 언어를 습득하지 못하는 것으로 나타났다.

교직적성

초등교육학의 기본

1. 구성주의 교육관

1) 구성주의란 무엇인가?

구성주의(Constructivism)는 원래 인식의 대상은 무엇이고 '인식은 어떻게 성립하는가?'란 물음에 대하여 설명하려는 존재론과 인식론에 근거를 둔 사상이라 할 수 있다.

여기서 지식의 구성은 학습자의 마음속에 존재하고, 학습자는 그의 경험에 바탕을 두어 실제를 구성하며, 각 개인의 경험이 다르듯이 구성된 실제의 모습이나 의미도 다르게 형성된다. 이러한 맥락에서 지식은 학습자들의 새로운 경험을 통하여 구성되거나, 이미 알고 있는 지식의 새로운 개념으로 변화되거나, 확장함으로써 습득된다고 보는 것이다.

2) 구성주의 학습이론이란 무엇인가?

구성주의 학습이론이란 피아제(Piaget) 이론에 근거하는 것으로 지식과 기능은 교사에 의해 전달될 수 있는 것이 아니라, 학습자 개개인이 스스로 의미를 파악하고 구성하는 것이며, 학생이 자극과 상호작용을 하며 동화와 조절을 통해 지식을 구성해 나가는 것을 의미한다.

3) 구성주의 학습이론 모형에는 어떤 것이 있는가?

구성주의에 근거한 학습모형과 이론으로는 인지적 유연성 이론(cognitive flexibility), 상황학습 이론(situated learning), 문제중심 학습모형(problem based learning), 인지적 도제 이론(cognitive apprenticeship) 등이 있다.

- 인지적 유연성 이론(cognitive flexibility)이란, 단순화된 지식 습득을 지향하고 복잡성과 비규칙성을 포함한 과제와 학습환경을 제공하여 고차원적인 단계까지 학습을 통해 인지적 유연성을 기르도록 하는 것이다. 즉 지식은 단순한 일차원적 개념으로 표현될 수 있는 것이 아니고 복잡하고 다원적 개념으로 형성되어 있으며, 이런 복잡하고 다원적 개념의 지식을 제대로 재현할 수 있도록 하기 위해서는 상황 의존적인 스키마(지식구조)의 연합체를 형성해야 한다는 것이다.
- 상황학습(situated learning)이란 일종의 지식 획득에 관한 이론이다. 상황학습 이론에서 볼 때 지식이라는 것은 상황적이고 그 지식이 사용될 행동과 문화 안에서 생성되는 것이지 결코 독립되어 존재하는 것이 아니며, 지식을 개발하고 전개하는 행동은 학습과 인지의 필수적인 부분이다. 즉 지식이란, 독립적으로 존재하기보다는 현실에서 활용될 수 있는 도구, 즉 능동적 지식일 때 진정한 지식으로 평가된다는 것이다.
- 문제중심 학습(problem based learning)은 실제적인 내용을 가지고 문제를 구성하여 그 문제를 해결해 가는 과정 중에 학습이 일어나는 학

습활동을 의미한다. 문제중심학습의 핵심적 특징은 다음의 세 가지가 주로 언급된다.

첫째, 문제로부터 학습을 시작한다.

둘째, 비구조화된 문제를 사용한다.

셋째, 자기주도 학습을 강조한다.

- 인지 도제 학습(cognitive apprenticeship)은 학습자가 학습 공동체의 한 구성원이 되기 위해 초보자가 전문가로부터 일정한 지식과 기술을 전수받는 과정을 담은 학습모형이다. 인지적 도제 방법은 현실과 유사한 상황에서의 학습, 실제의 과제수행 경험, 교사와 학생의 밀접한 상호작용, 토론을 통한 역동적 학습을 중시한다.

학습자의 양성과정은 전문가의 시범을 본 후 따라해 보고 그 후 혼자 해결하는 과정을 거쳐 한 사람의 전문가를 낸다.

4) 구성주의 학습이론의 의미는?

• 구성주의적 교수

학습 환경에서 학생은 환경뿐만 아니라 지식과도 상호작용이 가능하며, 이렇게 함으로써 학생 스스로가 지식을 구성하는 것이다.

학생은 자신의 기존 지식에 기초하여 새로운 지식을 구성하기 때문에 학습은 사전 지식이나 경험, 능력 등을 어떻게 학습에 투입하는가에 따라 달라질 수 있다. 따라서 구성주의적 교수, 학습 환경에서는 수동적인 학습자가 아니라 창의적, 자율적인 학습자를 요구한다.

2. 홀리스틱 교육관

1) 홀리스틱이란 무엇인가?

'홀리스틱(holistic)'이라는 용어는 원래 '홀리즘적'이라는 뜻이다.

홀리즘이라는 용어는 1926년 남아프리카의 J.C.스머츠(Smuts)라는 철학자가 『홀리즘과 진화(Holism and Evolution)』라는 책에서 처음으로 사용했다. 스머츠는 "어느 부분을 아무리 쌓아가더라도 결코 전체에 도달할 수 없다. 왜냐하면 전체는 부분의 총화보다 훨씬 큰 것이기 때문이다"라고 하였다.

전체는 부분으로 분할할 수 없으며 만약 분할한다고 해도 모종의 것을 잃어버리게 된다. 그 '모종의 것'이라는 것은 전체를 실로 그 전체로 할 수 있는 중요한 그 무엇이다. 그러므로 분석적인 방법으로는 그 전체를 이해할 수가 없다.

2) 홀리스틱 교육이란 무엇인가?

홀리스틱 교육은 '관계성'에 초점을 둔 교육이다. 즉 논리적 사고와 직관과의 연계, 마음과 몸과의 연계, 지식의 다양한 분야 영역의 연계, 개인과 공동체와의 연계, 자아와 자기와의 연계를 자각하는 교육이다. 학습자로 하여금 이러한 연계의 의미를 깊이 자각하고 각성하게 하는 교육이 홀리스틱 교육이 추구하는 것이다.

3) 홀리스틱 교육은 어떻게 구성되는가?

홀리스틱 교육은 어느 한 가지 이론, 혹은 개념에만 국한하지 않고 균형, 통합, 연계라는 비유와 틀로 설명될 수 있다.

① 균형

현재 거의 모든 분야에서 분석적이며 이분법적인 사고방식에 요구되는 것이 바로 균형의 개념이다. 균형이 필요한 몇 가지의 이분법적 사고를 다음과 같은 예로 들고 있다.

예) 남성/여성, 독립/상호의존, 양/질, 외부/내부, 이성/직관, 경제/환경, 위계/망 조직, 기술/지각, 물질/신성, 국가/지구/지역

홀리스틱 교육에서 양극적인 특성의 조화를 유지하고자 하는 것과 같이, 아동의 지적발달은 그들의 감성, 육체, 심미적, 영적발달과 적절한 관계 속에서 이루어지는 것이다.

② 통합

홀리즘 속에 통합을 자리매김하기 위해 전달(Transmision), 교류 (Transaction), 변용(Transformation)이라는 다양한 형태의 교육적인 입장을 활용한다. 전달은 원자론적, 혹은 논리 실증주의적이며, 교수와 수업을 전통적인 앎과 행동의 모방과 반복으로서 본다.

따로 놓고 볼 때 이것은 문제가 되지만, 학습에 있어서 중요한 요소가 된다. 여기서 전달은 이야기하기와 노래 부르기로 대표된다.

교류는 실험과 문제해결에 기초한 과학과 학문적인 것을 말하며, 지식을 상호 교환할 수 있으며 조작할 수 있는 것으로 본다. 또한 교류는 문

제해결을 위해 사고 기능을 이용하는 교사와 학생 간의 대화 속에서 나타난다. 이것은 마치 열린 교육에서 주장하는 교사와 학습자의 관계와 맥을 같이한다고 본다.

변용적 입장은 모든 앎의 방법에 대한 통합이라는 신념을 나타낸다. 이러한 입장은 지식을 교사와 학습자 모두에 의해 구성되는 것으로 본다. 교사는 학생들을 학습경쟁과 사고기술의 결합체로 보는 것이 아니라 전 인격체로 본다. 이러한 변용적 개념은 전달과 교류적 개념을 포함한다.

③ 연계

홀리스틱적 시각의 세 번째 은유는 상호연계(interconnectedness)이다.

사물 간의 관계를 연계하고 발견하는 일은 근대사회에 의해 야기된 개인적·사회적 분절성(fragmentation)을 통합할 수 있는 데에 중요하다. 예컨대 몇 가지 영역을 들면 다음과 같다.

즉, 창의적인 글쓰기(creativewriting), 선형적 사고와 그림 그리기와 은유를 활용한 직관의 연계, 운동과 춤을 통한 마음과 몸의 관계 개발, 창의적인 문제해결과 통합교육과정의 활용을 통한 학문 간의 관계 드러내기, 봉사를 통한 자아·교실·공동체 간의 연계를 나타내고 창조하기 등이 여기에 속한다.

4) 홀리스틱 교육의 의미는?

홀리스틱 교육은 성장, 발견, 그리고 삶의 이해와 의미, 탐구를 강조한다. 그것을 위해 세계와 관련되어 있음에 대한, 인식 지평 확장을 도모

한다. 학생들에게 지구 전체적 관점, 지구상의 삶, 세계 공동체의 등장을 소개함으로써, 학생들로 하여금 삶에 의미를 부여하고 형성하는 다양한 맥락을 이해하고 인지할 수 있게 해준다.

3. 다중지능이론

1) 다중지능이란 무엇인가?

1983년 미국 하버드대학교의 가드너(Howard Gardner) 교수는 그의 저서인 『마음의 틀(Frame of Mind : The Theory of Multiple Intelligences, 1983)』을 통해 "지능은 한 문화권 혹은 여러 문화권에서 가치 있게 인정되는 문제를 해결하거나 산물을 창조해 내는 능력"이라 정의하며 지능에 대한 새로운 이론을 제시하였다.

다중지능이론(Multiple Intelligences : MI)에 따르면, 지능은 단일 능력으로 구성된 것이 아니라, 다수의 능력(언어적 지능, 논리−수학적 지능, 음악적 지능, 공간적 지능, 신체−운동적 지능, 대인관계 지능, 자기이해 지능, 자연 탐구적 지능, 실존 지능)으로 구성되었으며, 각 능력들의 중요성은 상대적으로 동일하다고 보았다.

2) 다중지능이론의 원리는 무엇인가?

가드너(Gardner)가 주장하는 다중지능이론은 다음 세 가지의 기본적인 원리에 바탕을 두고 있다.

첫째, 지능은 단일 또는 다수의 능력 요인으로 구성된 하나의 지능이 아닌 서로 별개로 구분되는 다수의 지능으로 구성된다. 다중지능 이론의 기본적인 주장은 모든 사람이 아홉 가지 지능들을 향상시킬 수 있는 잠재력을 지니고 있다는 것이다. 따라서 모든 사람은 각각의 지능영역을 어느 정도로 개발할 수는 있으나, 모두가 다 같은 지능의 프로파일을 갖고 있지는 않다는 것이다. 또한 한 개인이 속한 문화에 따라 서로 다른 지능의 형태를 가진다고 가정하였다.

둘째, 지능은 서로 독립적이다. 지능을 서로 별개로 구분되는 다수의 지능으로 구성된다고 가정할 때, 각 지능을 하나의 독립된 체제로 보며, 이를 구성하는 능력 역시 각각 별개이다. 따라서 인간은 여러 가지 다양한 종류의 내용을 다룰 수 있는 능력은 갖고 있지만, 한 내용에 대한 능력은 다른 내용에 대한 능력과는 상관이 없다.

셋째, 지능은 상호작용한다. 각각의 지능들이 서로 독립적이라 하여 함께 상호작용을 할 수 없다는 것은 아니다.

예를 들어 음악분야의 활동에서는 기본적으로 음악적 지능이 요구된다. 그러나 그 중에서도 바이올린 연주자에게는 음악적 지능 이외에도 훌륭한 연주를 위한 신체-운동적 지능이 필요하며, 지휘자에게는 청중과 연주자 사이에서의 원활한 소통을 위한 대인관계 지능이 추가로 요구된다.

3) 다중지능이론의 아홉 가지 영역은 무엇인가?

가드너(Gardner)가 1983년 처음 제시한 지능의 영역들은 언어적 지능, 논리-수학적 지능, 음악적 지능, 공간적 지능, 신체-운동적 지능, 대인관계 지능, 자기이해 지능 총 일곱 가지였으나, 1997년 여덟 번째 지능인 자연 탐구적 지능이 추가되고 이후 아홉 번째 지능인 실존 지능을 새롭게 추가했다.

　다중지능을 영역별로 자세히 살펴보면 다음과 같다.

① **언어적 지능**(Linguistic Intelligence)

　언어적 지능이란, 언의의 복잡한 상징체계인 음운, 어문, 어미 등에 관련된 문제를 해결, 재창조할 수 있는 능력을 말한다.

　관련 학습영역으로 먼저 읽기는 아직 경험하지 않은 사물, 장소, 절차, 개념 등에 대해 이해할 수 있게 하며, 다음으로 쓰기는 타인과의 의사소통을 가능하게 해준다. 이러한 말하기, 쓰기 등의 언어적 지능을 통해서 인간은 기억, 분석, 문제해결, 계획, 창조 등을 할 수 있다.

② **논리-수학적 지능**(Logical-Mathematical Intelligence)

　논리-수학적 지능은 연역적, 귀납적 추리사고가 뛰어난 능력을 말한다. 이 지능이 뛰어난 학습자는 문제를 인식하고 해결하는 능력과 사유기술이 우수하고, 사건 또는 사물의 해석을 위해 필요한 과학적 사고인 논리와 추론의 과정을 잘 이해하고 따른다.

　관련 학습영역으로는 복잡한 수리적 계산, 논리력, 문제 해결력, 추리력, 통찰력 등이 포함된다.

③ **음악적 지능**(Musical Intelligence)

　음악적 지능은 음이 갖고 있는 다양한 높낮이, 리듬, 울림 등과 같은 음악적 상징체계에 매우 민감하게 반응하고, 자신의 감정을 음악적으로 잘 표현하는 능력을 말한다.

음악적 지능이 뛰어난 학습자들은 다양한 음의 차이를 정확하게 인식하고, 남들이 잘 의식하지 못하는 주변의 소리에도 아주 예민하게 반응한다. 또한 음악의 형태와 유형을 잘 구별할 뿐만 아니라 다른 음악의 형태로 재창조하기도 한다.

④ 공간적 지능(Spatial Intelligence)

공간적 지능은 시·공간적 세계를 정확하게 인지하고, 이러한 지각을 통해 어떠한 사물이나 현상을 변형시킬 수 있는 능력을 말한다. 이 지능에는 색깔, 선, 모양, 형태, 공간 등 이러한 요소들 사이의 관계에 대한 민감성(Sensitivity)이 포함된다. 공간적 지능이 뛰어난 학습자들은 시각적으로 표현하는 그리기, 만들기, 디자인을 좋아하며, 어떠한 정보에 대해 그림 또는 이미지, 공간적 배열을 통해 변경하는 데 관심이 많다.

⑤ 신체-운동적 지능(Bodily-Kinesthetic Intelligence)

신체-운동적 지능은 자신의 신체를 통하여 외부의 자극, 정보, 문제를 인식하고 이해하는 능력을 말한다. 신체-운동지능이 높은 학습자는 자신의 생각이나 느낌을 몸으로 표현하는 것이 글이나 그림으로 표현하는 것보다 훨씬 뛰어나며, 무용이나 춤 동작을 쉽게 따라하고, 몸의 균형 감각과 촉각이 타인에 비해 많이 발달하였다.

⑥ 대인관계 지능(Interpersonal Intelligence)

대인관계 지능은 타인의 감정과 느낌을 잘 이해하고 해석함으로써 그들과의 사이에서 효율적으로 대처하는 자세와 능력을 말한다.

대인관계 지능을 구성하는 여러 능력을 살펴보면, 우선 여러 사람 속에서 각 개인들 간의 차이점을 이해하는 능력, 다른 사람들의 심리상태를 추론하는 능력, 타인과의 관계를 형성하고 유지하는 능력, 조직 속에서 구성원 또는 지도자와 같은 다양한 역할을 맡는 능력 등이 포함되어 있다.

⑦ 자기이해 지능(Intrapersonal Intelligence)

자기이해 지능은 자기 자신에 대해 보다 객관적이고 심층적으로 이해할 수 있는 능력을 말한다. 즉, 자신의 성격, 감정상태 및 변화, 행동의 목적과 의도에 대해 이해하고, 스스로 자기반성과 평가를 내릴 수 있다. 자기이해 지능이 높은 학습자들은 자기 존중감이 높고, 감정을 잘 통제할 수 있으며, 독립적으로 문제를 해결하고자 하는 경향이 강하다.

⑧ 자연 탐구적 지능(Naturalist Intelligence)

자연 탐구적 지능은 주변 사물을 구별하고 분류하는 능력과 자연환경의 특징을 이용하는 능력을 말한다.

과거 원시시대에서는 자연 탐구적 지능에 의존하여 어떤 식물 또는 동물을 먹을 수 있는지 여부를 알아냈으며, 현대 사회에서는 기후변화 등에 대한 감수성이 자연 탐구적 능력을 잘 나타내고 있다고 할 수 있다.

⑨ 실존 지능(Existentialist Intelligence)

처음에는 영적 지능(SpiritualIntelligence)으로 불렸던 실존 지능은 인간 존재의 이유, 삶과 죽음의 문제, 희노애락, 인간의 본성과 가치 등 철학적이며, 종교적인 사고를 할 수 있는 능력을 말한다. 실존 지능은 어린 아동기에는 거의 나타나지 않으며, 종교자, 철학자들에게 많이 나타나는 능력이다. 따라서 가드너(Gardner)는 실존 지능을 기존 여덟 가지 지능과는 다르게 반쪽지능으로 간주한다.

4) 다중지능이론이 주는 의미는?

한 분야의 활동에서 하나 이상의 지능을 필요로 하듯이 한 가지 종류의 지능도 여러 분야의 지적활동에서 공통으로 소요된다. 그리고 사람들은 아홉 가지 지적능력을 모두 갖추고 있으나, 개인과 문화에 따라 특별히 어느 영역의 지능이 더 높을 수 있으며, 서로 다른 영역의 지능이 상호작용하는 방식 역시 차이가 나타날 수 있다고 하였다.

한편, 가드너(Gardner)는 앞서 제시한 '여덟 가지 지능'과 '실존 지능' 이외에도 새로운 지능의 존재 가능성을 주장하였다. 새롭게 제기될 수 있는 지능으로는 영성(Spirituality), 도덕적 감수성(MoralSensibility), 성적 관심(Sexuality), 유머, 직관, 창의성, 요리, 후각 능력, 타 지능을 분석하는 능력과 같은 것들이 있다.

4. 스팀(STEAM)교육

1) 스팀교육이란 무엇인가?

STEAM은 과학(Science), 기술(Technology), 공학(Engineering), 예술(Arts) 그리고 수학(Mathematics)의 각 첫 글자를 이용하여 만든 용어로 미국의 STEMScience, Technology, Engineering, Mathematics 교육과정에

Arts(예술)가 통합된 교육과정을 의미한다.

2) 스팀교육은 어떻게 구성되는가

과학(Science)

개념 자연세계의 특성과 원리를 발견하고
      탐구하는 학문

탐구방법
- 기초탐구(관찰, 분류, 측정, 예상, 추리)
- 통합탐구(문제인식, 가설설정, 변인통제, 자료해석, 결론도출, 일반화)

지식 구조와 영역
- 물리학(운동과 에너지)
- 화학(물질)
- 생물학(생명)
- 지구과학(지구와 우주)

수학(Mathematics)

개념 숫자와 기호를 사용하여 수량, 도형과
      구조, 공간, 변화 및 그것들의 관계를
      다루는 학문

탐구방법
- 계산, 측정, 추론, 논리와 이론화
- 문제 해결

지식 구조와 영역
- 수와 연산
- 문자와 식
- 기하와 도형
- 측정, 함수
- 확률과 통계

기술(Technology)

개념
자연 세계의 산물을 인간에게
유용하게 변환하여 만드는 데
필요한 수단과 방법 및 시스
템과 과정을 다루는 학문

탐구방법
- 원리와 과정의 탐구
- 시스템의 개선, 수단과 방법의 개선
- 기술적 문제해결, 제작과 평가

지식 구조와 영역
- 제조 기술, 건설 기술, 수송 기술
- 정보통신기술, 생물 기술

공학(Engineering)

개념
자연 세계의 산물을 인간에게 유용
하게 변화시키기 위하여 과학적 원
리와 기술적 방법을 응용하여 제품
과 공정을 설계하고 개발하는 학문

탐구방법
- 요구 조사, 설계, 모델링, 시작품 제작
- 테스트와 피드백

지식 구조와 영역
- 기계, 자동차, 조선, 항공우주 공학
- 금속, 재료공학, 컴퓨터 공학
- 전기, 전자, 정보통신 공학, 환경 에너지 공학 등

예술(Arts)

개념
미적가치를 가진 객관적인
대상을 창작하는 인간의 활
동을 다루는 학문

탐구방법
- 디자인
- 스토리텔링, 글쓰기
- 조화, 공간, 놀이, 의미
- 시, 회화, 조작, 음악, 무용

지식 구조와 영역
- 미적 체험, 표현, 감상
- 가창, 기악, 창작

3) 스팀교육의 원리는 무엇인가?

① 상황 제시

  STEAM 교육 활동을 할 때 학생들이 학습하는 내용 또는 활동내용이 자기 자신의 문제로 인식할 수 있도록 전체를 아우르는 상황을 제시해야 한다는 의미이다.

  기존 수업의 도입 장치가 학생들의 관심을 불러일으키기 위한 것이었다면, STEAM 교육에서의 상황 제시는 다른 의미가 있다.

  STEAM 교육의 상황 제시는 전체 수업을 포괄하고 관통하는 장치이며 동시에 학생들이 이 활동에서 제시되는 문제가 자기 자신의 문제여서 해결해야겠다는 필요성을 느낄 수 있도록 해야 한다.

② 창의적 설계

  수업 또는 활동에 학생의 아이디어와 생각이 반영되어야 한다는 개념이다. 지금까지의 수업은 여전히 일방적인 강의식 수업이다. 실험이나 활동 위주의 수업이라고 해도 기본적인 중심 개념에 대한 교사의 강의는 여전히 이루어지며, 실험이나 활동도 짜인 순서에 의해 한번 해보고, 배운 내용을 확인하는 것 이외의 의미를 부여하기는 어려웠다.

창의적 설계는 활동이나 수업에 학생들이 창의적으로 생각한 요소가 반영되어야 함을 의미한다. 실생활에서 주어지는 여러 문제와는 본질적으로 다르다. 실생활에서 주어지는 문제나 미래 직업 전선에서 실제로 수행하는 과업에는 기본적으로 여러 가지 제약 조건과 한계가 존재한다. 이론적인 지식만으로는 해결하는 데 한계가 있다. 창의적인 설계 과정은 학생들에게 문제를 해결하는 과정을 경험하게 함으로써 문제해결 능력을 배양하는 역할을 한다.

③ 성공의 경험(감성적 체험)

학생들이 열정을 가지고 새로운 문제에 도전하도록 하기 위한 장치이다. 주어진 문제를 자기의 문제로 인식하고, 창의적 설계과정을 통하여 문제를 해결하고 이를 통해 성공의 경험을 느끼고, 새로운 문제에 도전하도록 하는 장치를 의미한다.

감성적 체험은 학생들이 학습(활동)을 해야겠다고 느끼도록 하는 것에 그치지 않고, 실생활에 어떻게 연결되는지, 유사한 다른 상황은 어떻게 해결하는지, 더 나아가 관련된 다른 내용까지 학습하고, 다른 활동도 하고 싶다는 생각을 가질 수 있도록 독려하는 장치이다. 수업이나 활동 도입부의 동기 유발 장치는 물론이고 문제를 해결한 학생들에게 주어지는 보상체계도 감성적 체험을 위한 장치로 볼 수 있다. 감성적 체험 요소가 잘 작동하면 하나의 문제를 해결하고 또 다른 문제에 다시 도전하도록 하는 선순환적 구조가 구축된다.

4) 스팀교육의 의미는 무엇인가?

스팀교육의 원리에 따른 선순환적 구조가 완성되면 과학기술에 대한 관심과 흥미를 높이는 것과 더불어 과학기술 분야로의 진출을 유도한다는 STEAM 교육의 두 가지 목표를 달성할 수 있다.

@ 교육사회학의 기본

교육사회학의 접근이론은 사회현상에 대한 교육문제를 규명하는 것을 주목적으로 하고 있다. 오늘날 많이 거론되는 여러 이론과 모형을 종합해 보면, 크게 기능주의 이론적 관점과 갈등주의 이론적 관점, 해석학적 관점, 신교육사회학의 관점으로 집약할 수 있다. 기능주의와 갈등주의는 거시적 시각이고, 해석학과 신교육사회학은 미시적 시각이다.

1. 기능주의 이론적 관점

1) 기능주의의 개념

1950년대와 60년대 기능주의는 교육연구에 지배적인 위치를 차지하고 있었는데, 그 근간은 사회와 유기체를 비교, 추리한 유기체적 모형에 있다. 기능주의는 어떤 사회체제가 존속하는 데 필요한 기능적 요인을 중요시하여 한 사회를 유기체에 비유하고 있다. 즉, 한 사회는 유기체와 마찬가지로 각기 다른 여러 부분으로 구성되어 있으며 각기 다른 부분은 사회 전체의 존속을 위해 필요한 기능을 수행한다.

따라서 사회의 각 부분은 상호의존적이며 각기 다른 기능의 수행을 통해 상호 의존성을 지닌 부분들이며, 이들 각 사회 부분은 기능적으로 총체적 사회를 유지하며, 각 부분 간에는 우열이 있을 수 없으며 각기 수행하는 기능상의 차이가 있을 뿐이다.

계층은 기능의 차이에 바탕을 둔 차등적 보상체제의 결과일 뿐이다. 결국 기능주의 이론이 보는 사회는 각기 다른, 질적으로 우열의 차이가 없는 기능을 수행하는 수많은 개인 및 집단의 통합체로서, 안정과 질서 유지라는 합의된 목표 아래 상호 의존하여 살아가는 인간집단이다.

2) 학자들이 보는 기능주의

뒤르껨은 교육을 '사회화'와 동일시하였다. 이때 사회화의 개념은 이기적이고 비사회적인 자연 상태의 개인을 사회적으로 합당한 사회인으로 만드는 것을 의미한다. 뒤르껨은 교육의 사회화기능을 '보편적 사회화'와 '특수 사회화'의 두 가지 기능으로 구분하고 있다. '보편적 사회화'는 전체로서의 사회가 요구하는 신체적·지적·도덕적 특성의 함양이고, '특수 사회화'는 개인에 속하게 되는 특수 환경이 요구하는 신체적·지적·도덕적 특성의 함양을 가리킨다.

파슨스는 학교는 개인에게 국민윤리와 기술을 획득시켜 주는 곳이라고 하며, 그의 교육론은 아동들에게 학교에서 일정 기간의 사회화 과정을 거치면서, 사회구성원으로서의 자질과 직업세계에서 필요로 하는 생존경쟁의 기술을 전수받을 것을 전제로 하고 있다. 다시 말해서 파슨스는 학교를 사회체제 정비를 위한 사회성 계발이나 직업기술 훈련을 위한 강력한 사회기관으로 보았다. 따라서 파슨스는 아동의 경쟁적 사회진출이 학교 교육에 의해 이루어진다고 보고 있다.

드리븐은 아동들이 학교의 구조 속에서 생활하는 동안 현대 산업사회의 일원으로서 살아가는 데 필요한 독립의 규범, 성취의 규범, 보편주의의 규범, 예외의 규범이라는 네 가지의 주요 규범들을 배운다고 주장한다.

학생들이 학교에서 배우는 네 가지의 규범을 구체적으로 논의하면 다음과 같다. 독립의 규범은 아동들이 자신의 행동에 대해서 책임을 느낄 때, 그리고 다른 사람들이 행위자에게 책임을 지울 수 있는 권리를 가진다는 것을 인식하게 될 때 나타나는 학습이다. 학생들은 시험 중 부정행위나 표절 행위에 대한 처벌과 같은 일을 통해서 독립심의 규범을 배운다.

성취의 규범을 배운다는 것은 사람이란 자기의 노력이나 의향에 의해서라기보다는 성과에 따라 대우받는다는 것을 배우는 것이다. 학생들은 또한 다른 사람들의 성과와 비교하여 자신의 성과를 배운다. 이렇게 하여 학생들은 실패를 극복하는 방법을 배우고 동시에 어떤 분야에서는 다른 사람들이 훨씬 재능이 있다는 것을 인정하는 것을 배워야 한다.

보편주의의 규범과 예외의 규범은 비교의 기초가 되는 어떤 기준에 따라 대우받는다는 것이다. 예를 들어 학교에서 한 학생이 과제물을 늦게 제출했을 경우 교사는 그 학생의 개인적인 사정을 고려하지 않고 과제물 제출이 늦은 것에 대하여 조치를 한다. 이를 통해 그 학생은 보편주의의 규범을 습득하게 된다.

그러나 그 학생이 학교 대표 팀의 일원으로 경기에 출전하였기 때문에 과제 제출이 늦어졌다면 교사는 그것을 이해하게 된다. 이 경우 학생은 정당한 이유가 있으면 예외적으로 대우받을 수 있다는 예외의 규범을 습득한다. 예외의 규범은 보편주의의 규범과 밀접한 관계가 있다.

2. 갈등주의 이론적 관점

1) 갈등주의의 개념

갈등론은 1960년대의 경제적 불황과 베트남 전쟁, 빈부격차 심화 등의 원인으로 미국이나 프랑스 등에서 이러한 만성적인 사회 불안정을 비판적으로 또는 갈등론적 시각에서 연구하는 것이 교육의 본질과 그 문제의 근본적인 해결책을 찾을 수 있다고 주장하는 학자들이 많이 늘어나는 계기가 되었던 것이다. 갈등이론은 사회를 개인 간 및 집단 간의 끊임없는 경쟁과 갈등의 연속으로 보며, 세력다툼, 집단 간의 이해상충, 지배자의 압제와 피지배자의 저항 등의 끊임없는 사회의 변동이 이 이론의 속성이기에 먼저 기능론이 정설로 되어가면서 이에 대한 대항, 비판이론으로서 자리를 잡아갔다.

2) 학자들이 보는 갈등주의

마르크스는 물질적 생산수단을 소유하는 계급은 교육 제고를 지배할 수 있으며, 이 제도를 지배 계급에 유리하게 조직 운영함으로써 근로 대중의 지력과 정신력을 지배하게 되는 것으로 본다. 즉 마르크스는 자본주의 사회의 교육은 계급적 성격을 띠고 있는 것으로 보았다. 교육제도는 지배계급의 계급적 성격을 확보하기 위한 하나의 수단이기 때문에 이 계급의 이익을 위해서 교육의 성격과 범위가 결정된다. 교육제도는 지배계급에게 유리한 문화지식의 체제를 생산하고, 궁극적으로는 불평등한 정치, 경제 구조의 재생산을 목표로 하는 장치에 지나지 않는다. 부르주아들은 교육의 계급적 성격을 은폐하고, 만인을 위한 민주주의적 가치를 표면적으로 강조하는 습성이 있다고 한다.

베버는 사회학에서 관심을 갖고 있는 사회적 관계는 권력 관계라는 등식적 형태로 볼 수 있다고 주장한다. 어느 시대, 어느 사회 이건 그 안에는 명령을 주는 사람과 받는 사람이 있으며, 이러한 권력 관계에는 저항과 반대를 무릅쓰고 강제하려는 힘의 움직임이 있기 때문에 필연적으로 갈등을 자아내는 관계라고 보았다.

그리고 권력 관계를 결정하는 지위의 요소는 학벌, 종교, 인종 등이다. 이들 요소들은 문화적 집단을 형성하게 해주는 변인들이다. 형성된 문화적 집단은 소속 구성원의 이익 및 이해관계 유지를 위해 특수문화, 특수규범 등을 갖추게 마련이다. 따라서 학교에서의 사회화 과정은 지위집단의 이해관계를 대변하는 사회화 과정에 불과하다고 볼 수 있다.

부르듀에 의하면 교육제도는 지배계급의 문화적 전횡이 자행되는 전형으로 볼 수 있다. 지배계급의 문화는 다른 성격의 문화를 갖고 있는 피지배계급의 아동들에게 전횡적으로 작용하게 된다. 따라서 피지배계급의 아동들은 학교의 학습적 활동에서 위축되지 않을 수 없고, 교수되는 내용을 이해하는 데 어려움이 있으며, 결과적으로 그들의 학업성취도는 낮아질 수밖에 없다. 지배계급의 아동은 교수내용을 잘 이해하고 지적으로 탁월함을 과시할 수 있는 가능성이 많다. 어느 의미에서 지배계급의 문화는 하층계급의 아동들에게 상징적 폭력(symbolic violence)으로 나타나게 된다고 할 수 있다. 부르듀는 교사의 권위는 지배계급으로부터 부여되는 것이고, 아동을 판단하는 기준은 지배계급의 문화적 환경에서 양육되고 성장한 아동들은 학교 교육에서 유리한 위치에 서게 된다.

3. 해석주의 이론적 관점

1) 해석주의의 개념

　해석주의는 인간의 행위나 상호작용이 공유된 규칙에 의하여 지배되지 않으므로 인간의 상호작용 속에서 이루어지는 해석과 의미 부여에 관심을 두고 있다. 따라서 상호작용은 하나의 해석적 과정으로 보며, 실제로 상호작용이 일어나는 일상 세계를 구체적으로 이해할 수 있는 해석적 기술을 강조하고 있다.

　해석학적 접근으로 불릴 수 있는 이론에는 상징적 상호작용론, 현상학, 민속방법론 등이 있다.

2) 학자들이 보는 해석주의

　하그리브스는 교사와 학생의 관계에서 주도권을 가지는 것은 교사이므로, 교사가 상황을 어떻게 규정하는가를 파악하는 일이 중요하다고 지적한다. 이때, 교사들은 동질적인 존재가 아니므로 여러 형으로 구분되는데, 교사 자신의 자아 개념에 따라 맹수조련사(Liontamers)형, 연예인(Entertainers)형, 낭만가(Romantics)형으로 구분된다.

　맹수조련사(Liontamers)형은 학생들에게 필요한 지식을 가르치고 윤리적 행동을 훈련시켜 모범생으로 만드는 것이 교사의 역할이라고 생각하는 교사들이다. 그러므로 교사는 전문적 지식을 갖추고 학생을 다룰 줄 알아야 하며 학생은 교사의 지시에 충실히 따라야 한다고 생각한다.

　연예인(Entertainers)형은 학생들이 수업에 흥미를 느끼도록 교수 자료를 풍부히 하고 여러 기법을 활용하여 즐겁게 배우도록 하는 것이 교사의 역할이라고 생각하는 사람들이다. 이 교사들은 학생들을 친구처럼 대하면서 격의 없는 관계를 유지하려고 노력한다.

낭만가(Romantics)형은 학생은 누구나 학습하기를 좋아하므로 학생 스스로 선택할 수 있도록 다양한 학습 기회를 만들어주는 것이 교사의 역할이라고 생각하는 사람들이다. 수업 내용도 교사가 독단적으로 정하지 않고 학생들과 상의하여 결정하는 것을 좋아하며, 학생의 학습의지와 능력을 신뢰하는 교사들이다.

지식사회학과 신교육사회학

지식사회학은 "의식이 존재를 결정하는 것이 아니라, 존재가 의식을 결정한다"라는 마르크스의 명제에서 유래된다. 즉 인간의 의식은 그의 사회적 존재조건에 의해서 결정된다는 것이다. 만하임은 사회계층 혹은 집단들은 서로 다른 방식으로 구성된 지식을 가지고 있다고 보았다. 지식사회학자들에 의하면 모든 지식은 인간에 의해 구성된 것, 즉 인간이 만들어낸 생산물로 간주한다. 지식은 인간의 주관과는 무관하게, 그리고 역사적, 사회적 조건을 초월하여 외부에서 객관적으로 형성되고 유지되는 것이 아니라는 것이다. 진리라고 불리는 것도 마찬가지로 영구불변한 것이 아니라, 다만 인간이 진리일 것으로 인식하는 것에 불과하다. 따라서 인간이 알고 있는 진리란 곧 지식이고, 이 지식은 주어진 것이 아니고 구성된 것이며, 또한 새로운 지식에 의해 대체될 수 있는 것이다. 이들은 심지어 '합리성'이라는 것까지도 관행이나 인습에 불과하다고 생각한다. 모든 지식은 역사적·사회적으로 구성되며, 사회집단마다 현실을 다르게 인식하고 해석한다는 것이 지식사회학적 주장이다. 그리고 이 주장을 교육내용의 선택 및 조직 문제와 관련시킨 사람들이 곧 신교육사회학자들이다.

항존주의, 본질주의, 진보주의, 재건주의는 현대의 대표적인 교육철학 이론으로 오늘날의 교육에 많은 영향을 미쳤다. 진보주의는 기존의 교사 중심적인 교육에 불만을 품고 실험주의적 교육을 주장하면서 나타났다. 본질주의는 교육이란 문화유산을 다음 세대에 전하는 일이라고 정의하면서 학습의 훈련성, 교사의 주도성, 경험 및 문화유산의 계승성, 교육내용의 조직성을 주장하였다. 항존주의는 진보주의에 반발하여 인간 본성의 유일성을 주장하였다. 진보주의와 본질주의는 과학적·세속적·물질적 가치를 담고 있는데 반해, 항존주의는 반과학적·탈세속적·정신주의적 가치를 반영하였다. 시대에 따라 변하지 않는다는 뜻에서 영원주의라고도 한다. 재건주의는 진보주의와 본질주의, 항존주의를 비판하면서 현대문명의 위기를 극복하고 이상주의 사회를 건설하려는 교육철학이다.

1. 항존주의

1) 항존주의의 개념

'항존'이라는 용어는 일 년을 통해 계절마다 계속 피어나는 어떤 종류의 꽃에서 유래되었다. 이것은 영원성을 의미하는 것으로, 항존이라는 단어가 암시하듯이 영원, 불변이라는 변화의 원리를 강조하고 주장한 교육철학이 '항존주의'이다. 항존주의라는 말은 교육의 중요한 원리는 변하지 않고 주기적으로 재생하는 것이라는 주장에서 나온 말로, 교육목적이 시대에 따라 변하지 않는다는 뜻에서 영원주의(Perennialism)라고도 불린다.

2) 항존주의의 이해

항존주의의 교육 목적은 진리에 인간을 적응시키는 것이라고 보았다. 인간의 이성을 중요시하여 인문학과 문학에 초점을 맞추고 인간이 진리를 인식할 수 있는 이성과 지혜를 익히는 것이 교육의 사명이라고 하였다.

이러한 항존주의 관점에서는, 이성적 존재로서의 보편적 인간에 대한 신념을 기초로 하고 있기 때문에 교육을 통해 자신의 이성에 비추어 자기를 수련하고 본능과 환경의 제약을 이겨낼 수 있게 함으로써 학습에 흥미를 가질 수 있도록 한다. 그리고 교육은 이상적 삶에의 준비이고, 보다 나은 사회로 전진시킬 수 있는 인간을 키워내는 것이라고 보기 때문에 위에서 강조한 이성의 수련을 통해 이상적 삶을 실현할 수 있다는 자신감을 키워준다.

항존주의는 학습에 흥미를 느끼지 못하는 근본적인 이유가 무엇인지는 중요하지 않고, 인간의 본성은 본질적으로 동일하므로 모두 동일한 교육을 해야 한다고 주장한다. 이는 항존주의가 갖는 한계점으로 개인의 소질과 능력을 무시하고 누구에게나 지적인 훈련을 강조함으로써 개인의 민주주의적 가치를 위협한다.

그리고 기본적 교과의 철저한 이수를 통해 학생들에게 세계의 영원성에 익숙해지도록 하는 것을 중시함으로써 학습에 흥미를 느끼지 못하고 있는 학생에게는 학습에 흥미를 느낄 만한 자극을 주지 못한다.

2. 본질주의

1) 본질주의의 개념

본질주의 관점에서의 교육은 인류가 축적해 놓은 유산인 문화재 중에서 가장 중핵적이고, 본질적이고, 영원하고, 보편적인 지식을 간추려서 다음 세대로 전달하는 것을 사명으로 한다. 즉, 문화를 구성하는 가장 본질적인 교육을 통해 다음 세대에 계승함으로써 역사를 전진시키는 원동력을 길러내자는 하나의 교육사조이다.

2) 본질주의의 이해

본질주의가 강조하고 있는 것은 유산 의식을 제고하고 지적 엘리트를 육성하며, 이를 위해서는 역사의식을 배양하는 인문교육을 강조한다. 이때 교육에서의 주도권은 교사에게 있다. 따라서 교사가 이끄는 대로 배우는 것이 중요하다. 그리고 교사의 역할을 성인세계와 아동세계의 중개자로 본다. 한편 참된 세계는 교과 속에서 발견할 수 있다고 보기 때문에 교과 및 교재의 논리적 체계에 따라 가르쳐야 하는 것에 중점을 둔다. 그러므로 학생들은 반복학습과 암기를 중시하게 된다.

하지만 본질주의 사조에 따른 해결방안은 여러 가지 이점이 있을 수 있으나 학문적 훈련을 중시한 나머지 비교적 체계적인 자연과학이나 인문과학을 중시하여 사회과학을 경시하고 그에 따른 다양한 학문적 경험의 기회를 부여하지 못한다. 또한 체계적인 지식의 전수와 교과의 주도권을 강조하여 학생의 자발적인 참여와 능동적인 학습동기를 가볍게 여겨 독립심이나 비판적 사고, 협동정신 등을 계발하지 못한다. 물론 기본

적인 흥미가 없는 학생은 또래를 통해 학습에 흥미를 가지고 어울릴 수
는 있다.

3. 진보주의

1) 진보주의의 개념

　진보주의란 넓은 의미로는 전통주의나 보수주의에 대비되는 혁신주의
를 총칭하는 개념이다. 좁은 의미로, 즉 교육철학의 고유한 의미로 '진보
주의(progressivism)'라 할 때, 그것은 프래그머티즘에 근거한 교육개혁운동
을 지칭하는 것이며, 전통적인 형식주의 교육에 반기를 들고 민주주의적
인 교육의 이념, 아동의 창의적 활동, 생활 안의 교육의 소재, 그리고 학
교와 사회와의 밀접한 관련의 구축 등을 강조한 혁신적 교육 이념을 말
한다. 다시 말해 진보주의자들이 강조하는 교육형태는 아동의 흥미·욕
구·경험을 존중하는 교육이다.

2) 진보주의의 이해

　진보주의 교육자들이 강조하는 바람직한 교육의 형태는 아동의 흥미
와 욕구와 경험을 존중하는 교육이다. 즉, 성장하는 아동의 흥미와 욕
구를 충족시켜주는 학습과, 경험의 재구성을 통한 성장이 교육의 목적
이 되어야 한다고 본다. 그러자면 학교는 아동이 학습하기에 즐거운 곳
이 되어야 한다. 따라서 우리는 학교를, 아동들이 있고 싶어 하는 행복
하고도 매력적인 곳으로 만들어야 한다. 즉, 아동들이 가고 싶어 하는
학교를 만들어야 한다.

이런 진보주의 관점에서, 학습에 흥미가 결여된 아동들에 대한 해결책으로 내세울 수 있는 것은, 기계적 암기학습, 학과의 암송, 그리고 교재 중심 학습의 전통교육으로부터 아동을 해방시키고 전통적인 커리큘럼의 판에 박힌 교과보다는 아이들의 흥미와 직접적으로 관련이 있는 활동과 경험, 그리고 개인주의적 개별학습보다는 협동적이고 집단적인 학습활동을 통해 문제해결능력, 협동력 등을 기르게 하는 것이다.

진보주의적 관점에서의 지식은 능동적 활동을 통하여 획득하여야 하며, 경험과 결합되어 있어야만 하고, 경쟁과 개인적 이익의 성취보다는 사랑과 협동이 교육에 더 적합하다고 본다. 그러므로 교사는 아이들을 감독하고 지휘하는 역할이 아니라, 단순한 조언자의 역할을 할 뿐이다.

이처럼 학생의 흥미를 가장 중요시한다면, 학습에 흥미가 결여된 아이들에게는 가장 좋은 학습법이 될 수 있겠지만, 이에 따른 문제점들도 발생하게 된다. 아동에게 지나친 자유를 부여하고 그의 흥미를 존중한 나머지 어려운 과목을 피하고 쉬운 교과목만을 택하게 하는 결과를 초래하게 되고, 학교는 특수한 교육기관이 되어야 하는데 오히려 바람직하지 못한 현대 사회의 복사판이 되고 말 수 있다.

그리고 문제 해결 위주의 학습은 잘못하면 끊임없는 시행착오와 산만한 수업이 될 수 있으며, 현재의 삶을 중시한 나머지 어린이가 장차 살아야 할 미래에 대한 감각을 키우지 못할 수도 있다. 또, 협동을 중요시하다 보니 우수한 소수의 지도성을 과소평가하게 될 우려가 있고, 협동이 순응으로 변질될 우려도 있다.

4. 재건주의

1) 재건주의의 개념

기본적으로 진보주의를 계승하면서, 항존주의 및 본질주의의 장점을 수용하는 입장으로 교육의 혁신과 변화를 통하여 현대의 문화적 위기를 극복하려는 교육철학이다. 민주화, 과학화된 미래사회 건설을 위해 교육이 능동적으로 기여해야 한다고 강조하고 이를 위해서는 아동·학교·교육 그 자체가 사회, 문화적 힘에 의해 재구성(개조)되어야 한다고 주장한다.

2) 재건주의의 이해

재건주의의 교육목적은 '사회적 자아실현(social self-realization)'이며, 교육내용은 목표중심의 일반교육으로 고전중심에서 벗어나 지역사회활동, 집단 역할, 기술문명에 대응하는 방법 등이다. 이러한 재건주의는 교육에 있어서 특히 교사의 설득을 중시하고, 교실과 지역사회에서 정확한 의사소통과 집단역할 등을 중시한다.

재건주의의 교육방법에는 지역사회활동을 통한 아동의 흥미를 고취하는 것이 있다. 지식을 지식으로만 받아들이게 하는 것보다, 지식을 습득한 후 실생활에서 응용할 수 있는 기회를 제공한다면 아동의 학습에 대한 흥미를 높일 수 있을 것이다. 그 예로 우리 학교의 Service-Learning처럼 수업시간에 배운 내용을 사회현장에서 직접 적용해 보도록 사회적 지원을 제공한다.

또한 팀 프로젝트 등과 같은 일을 수행해야 할 상황에서 학습에 흥미가 없는 아동에게 집단에서의 특정한 지위를 부여함으로써 책임감을 느끼게 하고, 이에 따른 참여도를 높여 흥미를 유발시키고, 집단 역할에 대한 인식을 바로 잡아주어 아동에게 책임성과 흥미를 동시에 유발한다. 마지막으로 TV, 인터넷 등의 영상매체를 활용하여 아동의 시각과 청각을 자극하는 교육을 제공함으로써 아동의 학습에 대한 흥미를 유발한다.

하지만 재건주의 관점에서 교육을 행할 경우, 다음과 같은 문제점이 발생할 수도 있다. 우선 재건주의의 교육목적이 사회의 민주적 개혁과 각 개인의 사회적 자아실현이므로 이를 지나치게 강요할 경우, 사회적 요구에는 부합하나 아동 개개인의 흥미나 적성은 무시하는 우를 범할 수 있다. 이는 학습에 흥미가 없는 아동에게는 매우 치명적인 문제일 것이다.

또한 인간은 사회적인 존재이므로 인간의 자기실현이나 참다운 자유는 타인과의 협동을 통해서 오게 된다는 그들의 주장은 지나친 사회성 추구로 인하여, 결국 개개인의 자립심을 키워주는 데는 부적합할 수 있으며, 능동적으로 학습에 접근해야 하는 능력이 필요한 아동에게 오히려 타인에게 의존한 학습만을 하도록 하기 쉽다.

@ 현대 교육모델의 기본

1. 국제이해교육

1) 국제이해교육의 개념

국제이해교육을 "국가 경제를 초월하는 이슈-생태학적·문화적·경제적·정치적 그리고 기술적 체제들의 상호 연관성에 관한 학습을 의미한다. 국제이해교육은 타인의 눈과 마음과 가슴으로 사물을 보는 시각을 포함한다. 그리고 국제이해교육은 개인이나 집단들의 삶을 다른 각도에서 조망하지만 그들 역시 공통의 필요와 욕구를 가지고 있다는 것을 인식시키는 것을 의미한다"라고 규정하고 있다.

유네스코 협력기관인 유네스코아시아·태평양국제이해교육원에서는 국제이해교육을 "모든 인간이 더불어 사는 세상을 만들기 위하여, 다른 나라와 민족, 문화와 생활습관 등을 바르게 이해하며, 민주주의와 인권, 사회정의와 평등의 가치 위에서 지속가능한 발전과 평화로운 세계를 일구어내는 세계시민의 의식과 자질을 향상함을 목적으로 하는 교육"이라고 규정하고 있다.

2) 국제이해교육의 이해

초등학교에서의 교육목표는 일상생활에서 접하게 되는 다른 나라의 문화를 잘 이해하고, 평화로운 세계를 이룩하는 데 필요한 여러 상식과 가치 및 태도를 느끼며 배우게 하는 데 있다.

국제이해교육은 창의적 재량활동 과목의 하나로 독립된 교과목으로 학습할 수도 있고, 사회과 과목 등과 접합시켜 통합적으로 실시될 수도 있다. 그러나 세계적 추세와 현실적 요구를 감안하여 볼 때, 초등학교 국제이해교육의 영역별 지도내용 및 활동을 간략하게 다섯 영역으로 살펴보면 다음과 같다.

첫째, 초등학교에서의 타문화 이해는 지구촌에서는 여러 나라가 있으며 나라마다 언어와 종교, 의식주 등의 서로 다른 다양한 문화가 있음을 알도록 한다. 이러한 문화는 각기 다른 자연환경과 역사적인 배경에서 오는 것을 갖고 세계 문화와 함께하기 위한 문화 교류를 실천하도록 한다.

둘째, 세계화 교육은 세계의 모든 나라가 서로 밀접한 관계를 맺으며 교류를 통하여 살아가고 있음을 인식하고, 지구촌 사회를 살아가는 데 필요한 지식과 태도를 기를 수 있는 내용과 활동으로 구성한다.

셋째, 인권교육은 인간의 기본 권리에 대한 개념을 인식시키고 나와 다른 사람들에 대한 편견과 차별을 갖지 않도록 지도하는 내용에 중점을 둔다. 특히, 노약자나 장애인과 같은 사회적 약자도 똑같이 인간적 권리를 보장받아야 한다는 의식을 기르도록 하며, 외국인에 대한 차별의식을 갖지 않게 하는 내용을 중심으로 구성한다.

넷째, 평화교육은 평화적 가치지향성을 기초로 평화적 감수성을 기르고, 평화를 희구하는 마음을 갖도록 하는 내용으로 구성한다. 따라서 자아 존중과 타인 존중, 차이와 다름의 존중, 공감과 나눔을 배우면서 더불어 살아가는 평화적 인간을 기르도록 한다.

다섯째, 지속가능한 발전 교육은 생활 주변의 자연과 자주 접촉함으로써 자연환경에 대한 친근감과 소중함을 일깨울 수 있는 내용과 실제 상황에서 직접 경험할 수 있는 다양한 소재와 구체적인 사례, 그리고 지구적인 환경 문제를 중심으로 구성한다.

2. 지속가능한 발전교육

1) 지속가능한 발전의 개념

지속가능발전(Sustainable Development)이라는 용어는 1987년 '환경과 개발에 관한 세계 위원회(The World Commission on Environment and Development : WCED)'가 발표한 '우리 공동의 미래(Our Common Future)'를 통해 '미래 세대의 필요를 충족시키기 위한 그들의 잠재 능력을 침해하지 않는 범위 내에서 현세대의 필요를 충족시키는 발전(development that meets the needs of the present without compromising the ability of future generations to meet their own needs)'이란 구체적인 의미로 정립되었다.

2) 지속가능한 발전교육의 이해

지속가능성을 위한 교육은 창의적인 문제해결 기능과 과학적·사회적 소양과 책임 있는 개인적·협동적 행동을 하기 위한 집착력을 가진 지적이고 열성적인 시민을 양성하는 장기간의 학습과정이다. 지속가능성을 위한 교육은 교실과 사업, 학교와 지역사회 간의 더 강력한 유대관계를 맺게 하는 수단으로 쓰일 가능성이 있다.

또한 지속가능성을 위한 교육은 현세대의 삶과 미래 세대의 삶을 개선하고 유지하는 데 필요한 학습에 관한 것이다. 교육은 서로 관련된 환경적·사회적·경제적 쟁점을 이해시킬 뿐 아니라 개인, 지역사회, 집단, 기업과 정부가 지속가능하게 살고 행동하도록 준비하고 부족함이 없도록 확실하게 해준다. 21세기에 완전한 시민이 되는 데는 참여와 지속가능한 개발, 이해와 기능이 필요할 것이다.

유네스코의 설명에 의하면 지속가능한 발전이라는 것은 "인간, 동식물의 종, 생태계, 자연 자원(물, 공기, 에너지 등)을 포함하여 빈곤의 추방, 성적 평등, 인권, 모두의 공평한 생존을 위한 교육, 보건, 안보, 문화 간의 소통 등과 같은 관심을 합치는 발전을 위한 하나의 비전"이라고 설명하고 있다. 이것은 '생태계가 수용할 수 있는 능력 안에서 인간 삶의 질을 개선'하는 것을 의미한다고 할 수 있다.

참고로, 지속가능한 사회의 아홉 가지 원리를 살펴보면 아래와 같다.

첫째, 생명을 가진 공동체의 존중과 보호

둘째, 인간 삶의 질 개선

셋째, 지구의 지속력과 다양성의 보존

넷째, 재생 불가능한 자원 고갈의 최소화

다섯째, 지구 수용 용량 내에서의 활동 유지

여섯째, 인간들의 개인적 태도와 실천의 변화

일곱째, 지역 공동체로 하여금 자신들의 환경을 보호 가능하도록 하기

여덟째, 환경의 개발과 보존을 일원화시키기 위한 국가차원의 프레임워크 제공

아홉째, 세계적 규모의 연대 만들기

위와 같은 지속가능한 발전이라는 개념에는 두 가지의 핵심적인 개념이 포함되어 있다.

첫째, 욕구의 개념, 특히 가난한 사람들의 필수적인 욕구, 여기에 일차적인 우선권이 부여되어야 한다는 점이다. 인간적인 생활을 하지 못하는 지구촌의 많은 사람도 함께 생존의 욕구를 채울 수 있어야 한다.

둘째 기술과 사회조직의 상태가 현재와 미래의 욕구를 충족시킬 수 있는 환경의 능력에 미치는 한계의 개념이 그것이다.

3. 발도로프 교육

1) 발도로프 교육의 개념

발도로프 교육은 독일의 교육사상가인 루돌프 슈타이너가 성장하고 진화하는 존재로써 인간의 본성을 중시하는 그의 인지학을 바탕으로 만든 교육모델이다. 인지학이란 인간의 본질에 대한 올바른 인식을 토대로 인간과 세계를 이해하는 하나의 방식이다. 한편, 발도로프 학교가 세워진 1919년 무렵은 유럽과 북미에서 다양한 학교 형태가 시도되던 때였다. 자유학교 또는 대안학교들은 그들의 학교에서 국가적 차원을 이탈하는 목적 내지 목표를 추구함으로써 학생 개개인을 중시하였다. 대안학교들은 지역학교의 독특성과 교사의 자유 및 학생들의 자율성이 신장된 학교를 추구하였다. 자유로운 교육과정을 실험하고 아동의 삶이 지닌 창조적 깊이가 정당하게 분출되도록 하였으며, 철학과 종교 그리고 예술의 세계가 좀 더 다른 내용과 방식에서 경험되도록 하였다.

2) 발도로프 교육의 이해

① 모방과 본보기 교육

발도로프 유아교육과정에서 7세 이전의 아동은 모방을 통해 배우므로 교사나 어른의 본보기가 매우 중요하다. 언어 습득이나 신체발달 과정을 보면 모방의 중요성을 알 수 있다. 아동이 일상생활에서 자연스럽게 발음을 배우게 되는 것은 성대구조가 들리는 소리에 적당하도록 형성되기 때문이다.

가장 사랑하는 사람의 언어를 주로 모방하며, 신체와 근육 발달도 가장 사랑하는 사람을 모방함으로써 이루어지는데, 말투뿐 아니라 걸음걸이 자세 등이 부모와 자식 간에 유사하다는 것이 이런 믿음을 뒷받침한다.

발도로프 유아교육기관에서는 교사가 가르치지 않고 진지한 자세로 삶에 필요한 작업을 하고, 유아가 모방을 통해 계절과 일상생활을 체험하면서 자신의 신체형성에 충분히 몰두할 수 있게 하고 있다.

② 감각 중시 교육

슈타이너는 인간의 감각을 열두 가지로 보고 그중 네 가지 신체감각인 생명감각, 균형 및 방향감각, 촉각, 고유운동감각이 영유아기에 발달한다고 했다. 그러나 현대의 문명 발달로 인해 이 감각들이 많이 손상되어 행동불안, 행동과다증, 공격행동, 소심함, 표현부족 등의 문제를 보이는 유아가 증가한다는 것이다.

발도로프 유치원에서는 자연물로 이루어진 놀잇감(나무토막, 헝겊, 돌, 조개껍데기, 나뭇가지, 마른나무 열매)을 제공하고, 유아에게 적합한 색깔로 된 환경을 구성하며, 유아의 신체동작감각을 충분히 경험할 수 있는 라이

겐(시, 노래와 율동이 담긴 리듬적인 놀이)을 하고 있다.

③ 리듬과 반복을 중시하는 생활교육

인간에게는 호흡, 심장박동, 맥박 등과 같이 본래 리듬이 있다. 리듬은 생활에 안정감을 주고 두려움을 없애 주며, 새로운 환경에 능동적으로 적응할 수 있는 힘을 주고 조화롭게 살아가게 하며, 삶의 근원적인 힘을 체험하게 하는 중요한 요소이다.

교육자는 리듬 있는 생활을 구성하기 위해 우선 스스로가 리듬 있는 생활이 주는 힘을 느끼고, 아동을 위해 라이겐과 같은 리듬적 놀이를 하는 것도 중요하나, 무엇보다도 리듬적인 분위기를 조성해야 한다.

④ 상상력 발달을 중시하는 창의성과 감성교육

아동의 상상력을 제한하지 않기 위해 모형자동차나 눈, 코, 입이 있는 인형 등 완벽하게 만들어진 놀잇감을 주지 않는다. 대신에 나뭇가지나 나무토막 또는 단순하게 만들어진 눈, 코, 입이 없거나 점만 찍힌 인형을 제공한다. 단순한 모형일수록 상상력을 최대한 자극하기 때문이다. 동화도 가급적 그림 없이 들려준다. 그림이 이야기 내용을 이미 결정한다고 보기 때문이다. 인형극에서 사용되는 인형 또한 인물의 성격을 얼굴 생김새로 결정하지 않고 인형 옷의 색깔을 가지고 상징적으로 표현하여 아동에게 상상의 여지와 아동이 할 일을 남겨 둔다.

PART
5

학급경영

생활지도 영역

◎ 성격 유형별 학생 대하기

경쟁형 학생

[특징]

목표를 향해 열심히 노력하는 타입으로 다른 사람에게 자신을 알리고 인정받기 위해 최선을 다한다. 학습이나 목표 성취에 관련된 계획을 잘 세우고 수행한다. 하지만 목표와 다른 주변 환경의 균형을 잘 맞추지 못하는 경우가 있고, 결과에 집중하다 보니 과정에 신경을 쓰지 않는다. 그 때문에 종종 친구 관계가 얕아지고 깊은 우정을 쌓지 못하는 경우도 있다.

[대응방법]

a) 학생의 노력과 성과를 칭찬하고 긍정적으로 평가한다. 칭찬을 할 때는 중립적인 표현을 사용하여 과도한 인정과 찬사가 성취 중심 사고를 강화시키지 않도록 한다.

b) 자신의 목적만을 중요시하고 다른 것을 소홀히 여기는 점을 깨달을 수 있도록 자주 이야기하자. 결과도 중요하지만 과정도 그만큼 중요

한 일임을 강조한다.

c) 아이를 비판하기보다는 긍정적인 의도와 인정받으려는 욕구를 충분히 이해해주면서 좀 더 바라는 점을 전한다.

규칙형 학생

[특징]

옳고 그름에 대한 기준이 분명하며 도덕적이고 예의 바른 타입이다. 자신의 원칙을 반드시 고수해 나가는 뚝심이 있다. 따라서 가끔은 융통성이 없다고 느껴질 수도 있고, 자신의 원칙에 다른 사람들이 따라 주지 않으면 안절부절못하고 불만스러워 한다. 자신에 대해서도 엄격하기 때문에 작은 실수에도 실망하고, 조그만 지적에도 금방 우울해하거나 기가 죽기도 한다. 스스로의 목표를 가지고 철저히 준비하는 학습 유형을 보이지만, 지나칠 경우 사소한 것에 집착하여 큰일의 우선순위를 정하지 못하고, 완벽히 준비하지 못한 것에 대한 불안과 긴장이 높아질 수 있다.

[대응방법]

a) 긴장과 불안을 감소시킬 수 있도록 충분히 수용적인 태도를 취하고, 실수를 통해 더 많은 것을 배울 수 있음을 깨닫게 한다.

b) 아이가 노력하고 애쓴 것을 인정하고 과정을 높이 평가하는 말을 자연스럽게 전한다.

c) 사고의 경직성을 벗어나 자신이 가지지 않은 새로운 것을 접하고 수용할 수 있는 경험을 할 수 있게 유도한다.

논리형 학생

[특징]

　어떤 일에 대한 목적과 내용, 의미 등을 완전히 알아야 행동하고, 무슨 일이든 그대로 수용하기보다는 그것을 증명해줄 증거를 먼저 요구하는 타입이다. 논리적인 사고 구조를 만드는 것에 능숙하고, 자신이 정한 규칙에 따라 행동하기를 좋아한다. 타인에게 지시받거나 통제받는 것을 싫어하여 단순한 관심이나 보살핌도 부담스럽게 여긴다. 자신의 감정을 이야기하기보다 일반화된 사실을 말한다. 예를 들어, "친구들이 나랑 놀아주지 않아서 속상해"가 아니라 "친구를 따돌리는 것은 옳지 않아"라는 식으로 자신과 분리해 객관적으로 이야기하는 경향이 있다.

[대응방법]

a) 충고해야 할 일이 있을 때는 그것의 필요성, 효과, 의미 등을 간략하게 사실적으로 설명한다.

b) 무엇이 옳고 그른지 판단할 수 있고, 행동에 책임을 져야 한다는 사실을 알고 있으므로 간섭하거나 혼내기보다는 그 약속을 기억하고 지킬 수 있도록 도와주는 것이 좋다.

c) 타인의 감정을 헤아리는 것에 서툴 수 있음을 이해하고 사실을 객관적으로 설명한 후, 타인의 감정을 공유할 수 있는 경험을 제공한다.

걱정형 학생

[특징]

어떤 것에 굳건한 신뢰를 갖기 위해서 여러 번 내면의 갈등을 거치면서 스스로 많은 질문과 확인을 거듭해야 하는 성격이다. 새로운 상황에 놓였을 때 최악의 상황을 예상하며 충분한 경험과 감정을 가지기 전에 미리 방어하려고 애쓴다. 실수가 적고 꼼꼼한 반면 소심해 보이기도 하며, 걱정과 질문이 많고 때로는 우유부단하거나 타인에게 의존하는 경향이 보이기도 한다.

[대응방법]

a) 과제나 학습을 게시할 때 구체적으로 자세하게 알려주어 스스로 시행하도록 유도한다. 독립적이고 자율적인 습관이 형성될 때까지 구체적인 부분을 안내하면서 발전시킨다.

b) 학생의 걱정에 귀를 기울이고 공감해준다. 안정된 환경을 제공하고 반복적인 경험을 통해 상황에 대한 자신감을 확보하도록 한다.

c) 작은 성공 경험도 자신의 것으로 만들 수 있도록 돕고, 그 경험을 지속적으로 확대할 수 있게 유도한다.

친교형 학생

[특징]

타인에 대한 관심과 인정이 많고 다정다감한 성격이다. 양보하고 배려하며 관계 지향적이고 사교성이 많은 편이다. 혼자 공부할 때보다 누군가와 함께 할 때 능률이 오르며 집중력과 지속력이 좋아진다. 자신의 생활 습관을 잘 지키는 편이지만, 당장 친구가 자신을 필요로 한다면 주저 없이 일의 우선순위를 바꾸기도 한다. 그러나 상대에게 쏟은 애정에 기대한 만큼의 반응이 돌아오지 않으면 속상해하고 불평한다. 타인이 나를 어떻게 대하는지에 민감하고 크게 좌우된다.

[대응방법]

  a) 다른 사람과 상관없이 자신이 원하는 것이 무엇인지 자주 물어본다. 다른 사람을 배려하는 것도 중요하지만, 자신에게 집중하여 원하는 것을 하는 것도 중요하다는 것을 강조한다.
  b) 남을 도울 수 있는 상황이나 조건, 환경 등을 만들어주고, 스스로 돕고 봉사하는 것에 격려와 칭찬의 말을 아낌없이 한다.
  c) 다른 사람의 인정, 칭찬이 없이도 자신이 스스로 빛나는 존재임을 알 수 있도록 한다.

감정형 학생

[특징]

  감수성이 예민하고 자기만의 상상을 즐기는 타입이다. 주로 내성적이고 차분한 편이며, 자기만족을 추구한다. 흥미 있는 일 외에는 잘 집중하지 않으며, 자기 기분에 빠지면 규칙이나 약속 등을 잘 이행하지 못할 때가 있다. 반복되는 일상생활을 지루해하고, 주어진 규칙을 그대로 따르는 것을 싫어한다. 자신을 온전히 이해하고 받아주는 사람과 깊은 관계를 맺고 싶어하기 때문에, 의미 없는 집단에 속하거나 낯선 공간에 노출되는 것을 싫어한다.

[대응방법]

a) 아이가 우울해하거나 화가 났을 때는 잠시 가만히 내버려 두고 스스로 그 감정에서 벗어날 수 있도록 기다린다. 이유를 캐묻기보다는 그저 염려하며 언제든 도울 수 있음을 알려준다.

b) 아이의 관심과 고민이 현실과 동떨어져 있거나 일의 성취를 가로막는 것이라 할지라도 비난하거나 무시하지 말고, 실제적이고 구체적인 대처 방안에 대해 함께 대화를 나눈다.

c) 감정을 먼저 전달하고 그 다음에 사실을 이야기한 다음, 어떻게 하고 싶은지 질문한다. 예를 들어 "과제를 어디까지 해결했니?"가 아니라 "과제하느라 많이 힘들었지? 어느 부분이 가장 재미있었니?" 등으로 감정에 관심을 기울인다.

d) 충분한 자신만의 공간이나 시간을 가지는 것을 어느 정도 허용한다.

긍정형 학생

[특징]

낙천적이고 사교적이며 재미있고 활동적인 성격이다. 늘 새로운 것에 흥미를 느껴 충동적으로 일을 벌이며, 꼼꼼하게 진행하고 끝까지 마무리하는 데 어려움을 겪는다. 갈등이나 고통을 싫어해 친구들과 유머 있게 넓은 관계를 유지하나, 책임이 필요하거나 진지한 상황에서도 장난과 우스갯소리로 상황을 모면하고자 한다. 부정적인 감정에 직면하는 것을 어려워해 빨리 다른 곳으로 관심을 돌려버리려 하기 때문에 겉으로는 자신감이 넘쳐 보이지만, 내면에는 걱정이나 근심이 있을 수 있다.

[대응방법]

  a) 집중하는 시간이 짧고 흥미 있는 것들에 대한 탐색 욕구가 크므로 인내와 집중을 요구하는 공부보다는 좀 더 재밌고 다양한 방법으로 학습을 유도한다.

  b) 행동의 진위 여부를 따져 묻기보다는 행동 때문에 생긴 결과에 책임을 지도록 하는 것이 훨씬 효과적이다.

  c) 규칙을 너무 많이 제시하지 말고 반드시 지켜야 할 최소한의 한계선을 정한 다음, 나머지는 스스로 알아서 할 수 있도록 허용의 범위를 넓혀 주는 것이 좋다.

지배형 학생

[특징]

  스스로 결정하고 행동한다는 생각이 강해 일을 추진하는 과정에서 간섭과 통제를 하려 할수록 반항적으로 되기 쉽다. 자기주장이 강하면서도 마음이 여려서 쉽게 상처받으며, 한 번 친구관계를 맺으면 의리가 있고 충실하다. 하지만 자신을 비웃거나 인정하지 않는 사람들은 절대 가만두지 않는다. 또한 약자의 편에서 정의와 진실을 밝혀야 한다고 생각하기 때문에 부당하고 억울한 것을 참지 못하며, 이때 주로 힘을 사용하게 된다.

[대응방법]

   a) 혼자 해내려는 아이의 욕구를 충분히 격려하고 지적해준다.

   b) 화가 나는 상황에서 마음을 누그러뜨리고 조절할 수 있는 방법을 가르치고, 대화로 부드럽게 문제를 해결하는 것이 효과적임을 강조한다.

   c) 주의를 줄 때는 단호하게, 한계를 명확하게 정해준다. 이에 대해서는 결코 타협적이지 않겠다는 확고한 자세를 보이도록 한다.

   d) 거칠게 이야기할 때는 맞서지 말고 생각할 시간을 준 후, 감정에 공감하고 있음을 표현하며 진정시킨 후 대화한다.

◎ 문제행동 유형별 학생 대하기

- 공격적인 행동이 잦은 아이 : 교사도 함께 공격적으로 대하지 말고, 원인이 무엇인지 파악한다. 관심을 끌고 싶어 하는 애정결핍형인지, 억압된 감정이 자주 폭발하는 스트레스형인지 파악하여 원인을 해결해보자.
- 그림자 아이 : 평소 말이 한 마디도 없고, 질문이나 발표도 없는 그림자 같은 아이에게는 교사 주변 정리를 도와달라고 부탁한다. 교사 주변에 와 있을 때 먼저 자연스럽게 말을 걸어 대화를 유도할 수 있다. 다른 반으로 자주 심부름을 보내 다른 반 선생님과도 익숙해질 수 있는 기회를 만들어준다.

- 겉도는 아이 : 친구 사귀기를 유독 두려워하고 스스로 주변을 맴도는 아이에게는 교실의 식물이나 곤충을 돌보는 역할을 맡겨보자. 생명을 다루면서 자연스럽게 관계를 맺어나갈 수 있는 심리적 안정감을 줄 수 있다. 긍정적인 격려를 아끼지 말자.
- 책과는 담을 쌓은 아이 : 독서라고는 정말 한 글자도 하지 않는 아이에게는 잔소리보다 학급문고 관리를 맡긴다. 문제 행동을 보이는 아이에게 오히려 그것을 관리하는 역할을 맡기면 책임감을 가지고 행동하기도 한다.
- 무기력한 아이 : 무기력의 원인이 무엇인지 파악해보자. 요즘 아이들은 학원공부에 지쳐 학교에서 무기력한 모습을 보이기도 한다. 이런 아이들에게 몸을 이용할 수 있는 기회를 많이 주는 것이 좋다. 학습활동도 단순히 앉아서 하는 것보다 신체를 이용할 수 있게 한다.

◎ 교사와 학생 간의 소통 방법

학생들의 마음을 닫는 대화 방법 열 가지

1) 비교하기
2) 편애하기
3) 무시하기
4) 설교하기
5) 상처 싸매기
6) 짜증내기

7) 대화 도중에 말허리 자르기

8) 분노에 빠져 자신을 잃어버리기

9) 극단적인 언어 표현과 익숙하기

10) 학생들이 말을 걸어올 때 딴 일 하며 대답하기

학생에게 필요한 대화의 기술

고학년 학생이라도 자신의 의견을 이야기하고 피력하는 방법을 아는 경우는 생각보다 많지 않다. 자신의 사고가 정립되었다고 믿고 의견을 피력하고자 하지만 제대로 전달할 줄 모르는 것이 고학년 학생들이다. 더구나 담임교사와의 관계가 학생은 듣고 교사는 이야기하는 일방향의 관계로 오랫동안 이루어져 왔기 때문에, 자신의 의견을 드러내려고 하기 보다는 '선생님과는 대화가 안 돼'라며 마음을 닫는 경우가 더 많다.

교사와 학생이 진정한 소통을 이뤄내기 위해서는 교사만이 대화의 기술이 필요한 것은 아니다. 학생들에게도 자신의 의견을 제대로 전달할 수 있도록 직접적인 대화의 기술을 알려주는 것이 필요하다. 학생들에게 '~하지 말아라'는 부정의 말보다 '~게 하렴'이라는 방법을 알려주는 것이 소통의 첫 두드림이다.

[핵심]

① 몸짓으로도 말하는 것이니 생각하고 행동한다.

• 학생 : 미안해. 진심은 그게 아니었어. 내 사과를 받아줘.

• 교사 : 친구에게 뭔가 잘못했나 보군요. 지금 친구에게 자신의 마음을

담아 사과를 하는 상황이고요. 그런데 나의 마음을 친구가 과연 알 수
있을까요? 아무래도 친구가 사과를 받아들이지 않을 것 같은데요. 그
이유는 나의 몸짓이 사과하는 것처럼 보이지 않기 때문이에요. 우리는
입으로도 말을 하지만 몸으로도 말을 할 수가 있답니다. 진심을 표현
하고자 한다면, 몸의 언어에도 신경을 쓰세요. 그렇다면 나의 진심이
충분히 전해질 거예요.

② 신뢰를 얻은 후 목적을 말한다.

• 학생 : 선생님은 내 말을 듣지 않으려고 해.

• 교사 : 많이 억울하겠군요. 내가 이야기하는데, 들어주지 않는 선생님
이라니 답답할 것 같아요. 혹시 지금껏 내가 해왔던 행동이 믿음을 주
지 않았던 것은 아닐까 생각은 해보았나요? 늑대와 양치기 소년의 이
야기 알죠? 믿음을 잃어버리면 사람들은 잘 들으려고 하지 않아요. 나
의 신뢰도는 어떨까 한번 뒤돌아보세요. 내 말에 귀 기울이게 하고 싶
다면, 우선 그 사람의 신뢰부터 얻는 게 가장 좋은 방법이에요.

③ 잘못은 짧게, 칭찬은 길게 말한다.

• 학생 : 너 체육시간에 공 무척 잘 차더라. 그런데 수비할 때 조금만 더
신경을 썼더라면, 우리가 점수를 잃지는 않았을 거야. 점수만 안 잃었
으면 진짜 잘한 건데, 조금 더 신경 써서 공을 잡지 그랬어?

• 교사 : 듣고 있으니 어떤가요? 칭찬하는 것 같은가요, 아니면 질타하는
것 같은가요? 분명히 이야기 속에 칭찬도 있고, 질책도 있는 것 같은
데 어쩐지 기분이 나빠지지 않나요? 이것은 대화의 기술이 부족한 거

랍니다. 칭찬과 잘못을 둘 다 이야기해야 한다면, 되도록 잘못은 한 번만 이야기하고 끝내는 것이 중요해요. 칭찬은 많이 해도 기분이 좋지만 잘못한 점을 자꾸 이야기하면 기분이 나빠지게 되지요.

④ 억울해도 화내지 않고 말한다.

• 학생 : 선생님, 제가 잘못한 게 아니란 말이에요!

• 교사 : 감정이 너무 격해져 있네요. 이러다가는 잘못하지 않았어도 선생님에게 혼나겠어요. 우선 진정하도록 해봐요. 숨은 깊게 들이마셔요. 좀 진정이 되었나요? 다시 숨을 깊게 쉬어요. 자신의 이야기를 하고 싶으면, 아무리 화가 나더라도, 아무리 억울하더라도 차분한 상태에서 이야기하는 것이 중요해요. 큰 목소리로 이야기한다고 해서 다른 사람들이 들어주는 것은 아니랍니다. 진정으로 내 이야기에 귀 기울이게 하고 싶다면, 감정을 가라앉히고 찬찬히 말하도록 하세요.

⑤ 정확한 근거를 가지고 이야기한다.

• 학생 : 선생님, 제가 할게요. 제가 하게 해주세요.

• 교사 : 무턱대고 자신의 주장만 내세운 경험은 없나요? 아무 이유 없이 내가 하고 싶다거나, 할 수 없다고 주장하고 있지만은 않았나요? 우리는 주장과 근거에 대해 알고 있죠? 자신이 무언가를 주장하고자 한다면, 그 이유를 정확하게 이야기하는 것도 여러분의 이야기에 귀를 기울이게 하는 좋은 방법이랍니다. 다른 사람들이 여러분의 주장을 받아들이게 하려면, 논리적이고 정확한 근거를 가지고 말하세요.

교우 관계의 문제

집단 따돌림은 요즘 사회적으로 가장 심각하게 여겨지는 문제이다. 이제 초등학교 고학년 교실에서 다른 친구들과의 관계 형성에 문제가 있는 어린이를 찾기는 어렵지 않은 일이 되었다. 조금 뚱뚱한 아이, 공부를 못 하는 아이, 수줍음이 많아서 친구관계에 소극적인 아이 등 따돌림의 원인은 다양하다. 겉으로 크게 드러나지 않은 아이들까지 생각하면 성장 과정에서 한두 번은 따돌림을 경험하게 되는 것이 현실이다. 문제가 커지기 전에 관심을 갖고 지도하지 않으면 일은 점점 커지고 나중에는 해결할 방법을 찾기 힘들게 된다. 특히 소극적이고 특별한 관심을 기울일 필요가 있다. 학급 분위기에 관심을 갖고 학급 문화를 긍정적으로 바꾸는 작업은 3월부터 지속적으로 진행되어야 한다.

현대와 같은 경쟁사회에서 교실은 더 이상 사랑과 우정을 키워가는 배움의 공간이 아니라 다른 학생들과의 경쟁이 이루어지는 치열한 생존의 공간이 되었다. 그 때문에 가정이나 학교에서 받은 스트레스를 스스로 해결하지 못하고 자기보다 약한 친구에게 풀게 되는 경우가 많다. 평소에 학생들끼리 잘 어울릴 수 있도록 학급 분위기를 협동적으로 만들고 서로를 존중해야 하는 대상으로 여기도록 하는 것이 중요하다. 집단 따돌림은 예방이 최선이다.

모둠원끼리 서로 협력하고 사회적 약자가 될 수 있는 친구에 대한 배려가 왜 중요한지를 일깨워주도록 한다. 배려와 나눔의 마음이 넘치는 따뜻한 교실을 만드는 동시에 집단 따돌림의 무서운 결과를 알려주어야 한다.

1) 집단 따돌림을 당하는 아이의 특징

- 팀을 나눌 때 혼자 남는다.
- 반 친구들이 그 아이의 소지품에 닿으려고 하지 않는다.
- 무조건 비난을 받는다.
- 쉬는 시간에 혼자 일 없이 앉아 있다.
- 남의 지시에 싫어도 말하지 못하고 따른다.
- 물건을 빼앗기고도 말하지 못한다.

2) 집단 따돌림을 당하는 어린이를 발견했을 때 대처 방법

- 피해 학생에게 : 지속적인 관심을 통해 교사를 신뢰하고 편하게 느낄 수 있도록 배려해야 한다. 억지로 피해 상황을 말하라고 하지 않아도 자연스럽게 밝히고 싶은 분위기를 만들면 적어도 교사는 자기편에서 노력하고 있다는 사실에 용기를 갖게 된다.
- 가해 학생들에게 : 자신이 얼마나 비인간적이고 폭력적인 행동을 했는지 인정하지 않는 경우가 있다. 무조건 다그치거나 질책만 하면 더욱 심각한 결과를 초래할 수 있으므로 스스로 자신을 변론하는 과정을 통해 모순을 찾을 수 있도록 대화한다.
- 학급의 다른 어린이들과 임원들에게 : 교사가 모든 문제를 해결하려고 노력하기보다는 학급 임원 등 피해 학생의 편이 될 수 있는 어린이들을 통해서 지원을 받을 수도 있다.

[해결 방안]

① 학급 내에서 끊임없이 서로 어울리고 협동하는 프로그램

모둠 대항 활동, 생일잔치, 미니 올림픽 등의 활동으로 결속력 다지기

② 서로의 장점 찾기

- 벽 뚫기 : 10명 내외의 학생을 모둠으로 구성하고 한 명은 술래가 되어 원 밖에 있고 나머지는 서로 팔짱을 원 밖을 향해 서서 들어오려는 술래를 막는다. 술래가 벽을 뚫고 들어오면, 술래가 다른 친구를 술래로 정한다. 활동하는 모둠을 제외한 나머지 친구들을 관찰자의 입장에서 지켜본다. 술래가 되었을 때와 벽이 되었을 때, 관찰자의 입장에서 느낌을 발표한다.

- 서로의 장점 찾기 : 자신의 장점 4가지, 단점 4가지를 각각 종이에 적는다. 한 명씩 일어나서 남기고 싶은 장점과 없애고 싶은 단점을 발표한다. 서로의 발표를 듣고 자신이 갖고 싶은 장점을 한 가지 골라 따로 적고 받아들인 장점을 발표한다. 그리고 단점을 고치는 방법을 이야기하고 단점 종이를 찢어 버린다.

③ 수호천사(비밀친구)활동

학급의 모든 친구를 대상으로 제비뽑기를 통해 '비밀친구'를 정한다. 한 달 동안 비밀친구의 좋은 점을 관찰하고, 부족한 점을 도와주는 역할을 수행한다. 월 말에 자신이 비밀친구에게 받은 고마움을 공개적으로 감사하는 기회를 갖는다. 비밀친구를 서로 공개하여 친구관계를 강화한다.

④ 나의 대화능력 진단검사

나의 대화 능력이 얼마나 되는지 솔직하게 확인하고 문제점을 찾는다.

⑤ 사회적 기술 향상 프로그램 활용

• 눈 맞추기 : 대화하는 도중에 상대의 눈 바라보기
• 자세 : 구부정하고 외면하는 자세로 있지 않기
• 얼굴 표정 : 미소를 띠거나 부드러운 표정, 상황에 맞는 표정 짓기
• 대화의 기술 : 친구에게 말 붙이기 연습 "오늘 숙제가 무엇인지 말해 줄래?", "점심 먹었니?"
• 질문에 답하기 : 친구의 질문에 너무 짧지 않으면서 적당히 대답하기
• 대화 주제 선택하기 : 상대방이 관심을 가질 만한 주제 골라 말하기
• 친구 사귀기 : 초대하기, 도움 제공하기, 칭찬하기, 함께 하자고 말하기

⑥ 띠앗 활동

띠앗은 '형제나 자매간의 우애'를 의미하는 순우리말이다. 학급을 두 팀(남학생/여학생, 분단별)으로 나누고 같은 팀의 친구들에게만 '띠앗'이 누구인지 알려준다. 띠앗으로 선정된 학생은 정해진 선행을 반드시 해야 한다. 상대팀의 띠앗이 누구인지 찾아내기 위해서 정해진 활동을 하는 학생을 주의 깊게 관찰하고, 팀 동료들도 정해진 선행을 함께 해서 상대 팀을 헷갈리게 한다. 일정한 기간(2주일)이 지나면 상대팀의 띠앗이 누구인지 추측해본다. 띠앗 활동을 통해 배려와 봉사를 배우고 소외된 학생을 학급 활동에 참여시킬 수 있는 기회를 만든다.

⑦ 나의 마음 표현하기 연습

• 평소 내가 싫어하는 친구의 행동을 말하고 그때 나의 느낌은 어떠하였는지 이야기하기
• 솔직하게 자신의 마음 전달하는 연습하기

2) 학업 태도 문제

초등학교 어린이들의 가장 큰 고민은 공부다. 공부는 어린이들의 생활에서 중요한 의미를 가지고 있으므로 교사라면 누구나 학생들이 공부를 잘할 수 있도록 많은 지원을 해야 한다. 공부 방법을 안내한다고 해서 모든 어린이가 1등이 될 수는 없다. 그러나 낮은 성적 때문에 고민하는 어린이, 스스로 공부를 못 한다고 학업을 포기하는 어린이들의 부정적인 마음을 바로잡아 앞으로 더욱 발전할 수 있는 가능성을 열어줄 수 있다.

자신이 어떻게 공부하고 있는지 점검하고 필요한 학습 방법을 알기 위해서는 학습방법 진단 검사를 활용할 수 있다. 흔히 머리가 나빠서 공부를 못 한다고 하는 아이들에게 IQ 문제가 아니라 공부 방법이 더욱 중요하다는 것을 알려주고 효율적인 방법을 통해서 실력을 향상할 수 있음을 설명한다.

• 학생들이 생각하는 공부하는 이유

공부가 좋아서 지적 호기심을 채우기 위해, 성공하기 위해서, 공부를 못 하면 엄마에게 혼나고 남들에게 무시당하니까.

[해결 방안]

① 학습방법 진단 검사

- 자신의 공부 방법을 점검하고 자신의 강점과 약점을 스스로 정리하기
- 부족한 부분을 향상시키기 위한 방법 안내하기 : 교사의 긍정적인 기대를 통해 성공 경험 쌓기

② 학습 동기 관리하기

- 좋아하는 과목, 잘하는 과목을 통해 성공 경험 쌓기
- 목표 세우기
- 학습 진전 정도 수시로 알려주기
- 상주기

③ 기초학력 다지기

- 학습 도우미 붙이기 : 남을 배려할 줄 아는 어린이와 짝지어주기
- 연산 능력 키우기(100칸 계산법 등 활용)
- 소리 내어 책 읽기
- 방과 후에 직접 가르치기

3) ADHD 증상을 가진 어린이

수업시간에 가만히 있지 못하고 과잉행동을 계속하는 ADHD(Attention Deficit Hyperactivity Disorder, 주의력 결핍 및 과잉행동장애) 증상을 가진 학생이 있다. 현재 학교에 다니는 연령대 아동의 3~5% 정도가 이런 증상을 나타내고, 일반적으로 남학생이 여학생에 비해 3배 정도 많다고 한

다. ADHD를 가진 어린이들은 부주의, 빈약한 집중력, 과잉행동, 충동적 성향을 나타낸다. 이 때문에 수업시간에 교사의 말에 집중하지 못하고 지시에 따라 행동하는 것을 힘들어하며, 차례를 기다리지 못하고 위험한 행동을 하는 경우가 있다. 이런 증상을 가진 학생은 교사를 특히 힘들게 하고 교실의 통제를 방해한다. 그러나 교사라면 이를 긍정적으로 바라보고 문제 행동을 수정하기 위한 노력을 기울여야 한다.

학생이 고쳐야 할 행동의 목록을 함께 작성한 후에 한두 가지씩 실천할 수 있도록 교사와 행동 변화를 관찰하고 강화한다. 이런 유형의 아이들은 에너지가 많으므로 쉬는 시간에는 운동장에 나가서 땀을 흘리고 놀게 하는 것도 효과적이다.

[해결 방안]

• ADHD를 지닌 어린이를 바라보는 관점 바꾸기

　부주의함 → 호기심이 많고 창의성과 아이디어 풍부

　과잉행동 → 적극적, 왕성한 에너지를 지님

　충동성 → 모험과 위험 추구, 감각 추구

※ 참고자료

• 아이들이 좋아하는 선생님

① 학습지도에 최선을 다하는 선생님

"비록 나는 공부를 못 하지만 우리 선생님은 수업 준비를 철저히 해서 딴짓하기가 미안해."

② 사랑이 많은 선생님

"우리 선생님은 정말 우리를 사랑하시고 마음이 따뜻한 분이야. 어려운 일이 있으면 이야기하고 싶어."

③ 멋진 선생님

"우리 선생님은 참 예쁘고 잘생겼어."

④ 공감하는 선생님

"우리 선생님은 우리를 잘 이해해줘. 가수이야기도 함께 하고 가요도 함께 부를 수 있어."

교과지도 영역

@ 면접에 자주 출제되는 사회과 교수·학습 방법

구분	교수·학습 방법	특징
조직 방법	일제 학습	모두가 동일한 학습 목표, 동일한 교재를 사용하여 과제 해결
	분단별 학습	학생들을 일정한 기준에 따라 그룹화하여 학습 진행
	개별화 학습	학생의 흥미, 인지 양식, 학업 수행 능력에 따라 개별 과제 제시
	협동 학습	문제 해결을 위해 모둠끼리 협동하게 하고, 집단 보상 제공
	열린 학습	학습의 형태를 일정하게 규정하지 않고 학습자의 흥미와 요구, 능력에 따라 학생이 스스로 구성
활동 방법	현장 학습	사회 현상이 구체적으로 나타나 있는 현장에서 견학, 면접, 조사·관찰 등의 실제적인 활동을 수행
	극화 학습	역할놀이나 시뮬레이션 등 실제 일어날 수 있는 사회 현상이나 문제를 가상으로 꾸며 체험
	시청각 학습	직접적인 체험이 곤란할 때 시청각 기자재를 활용하여 보고 들을 수 있는 간접 체험의 기회 제공
	토의 학습	특정한 학습 과제에 대하여 학생 상호 간의 의견 교환
	강의 학습	교사의 설명으로 일정한 지식과 내용을 학생에게 전달
사고력 신장	문제 해결 학습	학생의 일상생활 문제를 파악하고 합리적으로 해결
	탐구 학습	문제를 해결하기 위해 가설을 세우고 준거에 따라 평가 및 검증
	의사 결정 학습	사회적 논쟁에 대한 합리적인 의사 결정 과정을 통해 적절한 대안을 제시하고 이를 분석·평가하는 학습

기타	사료 학습	문헌 연구를 통해 당시의 시대적 배경과 역사적 상황을 구체적으로 배울 수 있는 학습
	인물 학습	역사적인 인물에 대한 친밀한 접근과 깊이 있는 탐구를 통해 시대적 배경과 역사적 상황을 구체적으로 배울 수 있는 학습
	지도 학습	지도에 대한 기초적인 이해를 바탕으로 다양한 추론 능력과 상황 및 관계 파악 능력을 배양
	시사 학습	현실적인 공동체 문제에 대한 합리적인 해결을 위하여 다양한 시사 자료를 활용하는 수업
	프로젝트 및 주제 학습	사회 현상에 대한 깊이 있는 주제를 정하고 연구를 진행하면서 보고서를 제출하는 수업 형태
	가치 학습	사회 현상에 잠재되어 있는 수많은 가치를 수용하고, 이를 명료화하여 스스로 선택하도록 하는 학습

◎ 집단면접 준비를 위한 토의·토론 학습법

1) 직소 토의 : 주제별로 헤쳐 모여!

진행 방식이 조각그림 맞추기(jigsaw puzzle) 같다고 해서 붙여진 이름이다. 우선 모집단이 모여서 과제를 분담하고, 특정 과제를 분담받은 전문가들이 따로 모여서 토의·토론을 통한 학습을 한다. 그 후 다시 원래의 모집단으로 돌아가서 전문가로서 자신이 맡은 과제의 해결 결과를 동료들에게 가르치는 방식으로 진행된다. 구조적으로 동료와 토의·토론을 하지 않을 수 없게 만든 모형이다.

• 진행 순서
− 소집단(4~6명)을 구성한다.

－ 교사가 소집단 인원 수 만큼의 과제를 주면, 소집단 안에서 과제를 분담한다.

A과제를 맡은 전문가는 다른 집단의 A과제 전문가와 별도의 소집단을 만든다. 즉 모집단의 모둠원들은 흩어져서 다른 조의 전문가와 만나서 집단 토의·토론이 끝나면 모집단으로 다시 돌아와서 결과를 동료들과 공유한다.

2) 피라미드 토의·토론 : 전체의 의견 모아가기

　어떤 주제에 대하여 먼저 1:1로 상대방과 토의·토론을 거쳐 합의를 이룬 이후에 2:2로 확장시켜 합의를 이루어 나가는 방법으로, 결국에는 전체가 합의를 이루는 방식이다.

• 진행 순서
－ 교사가 주제를 주면서 1인당 대안 3개를 적게 한다.
－ 3개의 대안을 가진 학습자는 짝을 이루어 서로의 대안 6개를 내어놓고, 토의·토론을 통해 3개의 대안으로 줄여나간다.
－ 다음으로 각 2명으로 구성된 집단은 다른 2명의 집단과 모여서 2:2로 토의·토론을 벌인다. 이때도 대안 6개를 내어놓고 토의·토론을 통해 3개로 줄여나간다.
－ 이런 식으로 전체가 두 집단으로 나누어져서 마지막으로 3개 대안을 만들어낸다.

3) pro-con모형 : 역지사지 체험하기

　협동학습 모형을 기초로 또래 집단 간의 토론 과정을 정교화하여 논쟁 문제의 의견을 교환하는 모형이다.

• 진행 순서
- 4명으로 구성된 소집단 모두에게 동일한 과제를 준다. 각 소집단에서는 둘씩 나뉘어 미니 소집단을 만들고 각자 찬성과 반대의 입장을 선택한다. (학생 1, 2, 3, 4는 하나의 소집단이며 학생1, 2와 학생3, 4는 미니 소집단이 되어 활동한다.)
- 미니 소집단은 각자의 입장을 논의하여 정리하고, 찬성과 반대의 근거를 서로에게 발표한다.
- 토론 후에는 두 미니 소집단이 입장을 바꾸어 상대가 주장하지 못했던 근거를 찾아 제시해본다. 서로 다른 입장에 번갈아 서보면서 미처 생각하지 못했던 아이디어를 얻기도 한다.
- 다시 한 번 의견을 모아 정리하여 반 전체에 발표한다.

4) PMI 기법을 활용한 토의 : 다양한 의견 공유하기

　PMI기법이란 창의적 사고 개발 기법 중 하나로 주제에 대해 장점(P), 단점(M), 흥미로운 점(I)을 따져본 후 그 주제를 평가하는 방법이다. 하나의 아이디어를 집중적으로 분석해보고자 할 때 간단하면서도 효과적으로 활용할 수 있다.

　PMI판에 게시된 학습 주제에 대한 의견을 포스트잇에 적어 붙인 후 모둠 친구들의 아이디어를 함께 비교해가며 생각해보고 자신의 입장을

정리하여 토의해볼 수 있다.

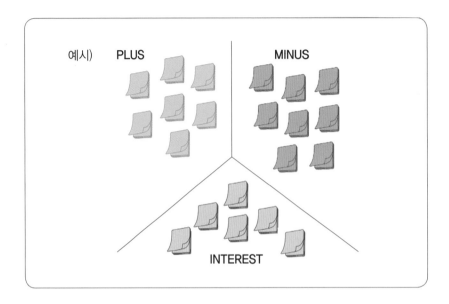

• PMI 의미

– 장점(Plus) : 제시된 아이디어의 좋은 점

– 단점(Minus) : 제시된 아이디어의 나쁜 점

– 흥미로운 점(Interesting) : 제시된 아이디어와 관련되어 흥미롭게 생
  각되는 점, 나의 입장 정하기

[진행 순서]

• **영역별 아이디어 생성하기**

PMI 각 영역에 대한 아이디어를 이끌어낸다. P를 고려할 때는 P에만
집중할 수 있게 M과 I는 마음에 두지 않고 사고하도록 유도한다. 생각
난 아이디어는 색깔별로 포스트잇에 적어 모둠 PMI판에 붙인다.

• 모둠원과 아이디어 나누기

모둠원들이 붙인 포스트잇을 살펴보며 비슷한 의견끼리 묶어 아이디어를 정리한다.

• **PMI** 결과 토의하기

PMI를 바탕으로 자신의 입장을 정한 후 알맞은 근거와 실천 방안을 더해 모둠 친구들과 토론한다.

• **PMI** 결과 발표하기

모둠별 토의 결과를 학급 친구들과 함께 나눈다.

5) 찬반 대립 토론 : 우리 반 100분 토론

반 전체 학생들이 함께 하나의 주제로 토론을 실시하는 방법이다. 하나의 주제에 대해 찬성과 반대 측으로 나뉘어 일정한 규칙에 따라 토론하고, 토론이 끝나면 승패를 결정한다. 사회자, 찬성 측, 반대 측, 판정인단으로 구성하되, 인원과 진행 시간은 학습의 실정에 맞게 정하면 된다. 논제는 일주일 전에 제시하여 찬성 측과 반대 측이 미리 자료를 조사해 올 수 있도록 한다. 토론 참여율이 낮은 아이들은 판정단으로 활동하게 하고, 토론이 끝난 후 자신의 최종 선택에 대한 이유를 발표하게 하면 수업에 자연스럽게 참여시킬 수 있다. 찬반 대립 토론이라는 딱딱한 이름 대신 '우리반 100분 토론', '우리반 끝장 토론' 등 재미있는 이름을 붙이면 더욱 재미있게 토론에 참여하도록 유도할 수 있다.

@ 면접에 자주 출제되는 교과이론⑴ : 협동 학습의 이해, 특징, 장점

1) 협동 학습의 이해

고학년은 교과 학습량이 많고 학교 행사도 많아 진도만 따라가기도 벅차데 꼭 협동 학습까지 해야 할까? 기존의 경쟁적, 개별적 학습 구조와의 비교를 통해 그 답을 알아보자. 경쟁적 구조 속의 학습은 개인이나 집단 간의 경쟁을 통해서 일어나는 것이다. 교사가 발문을 하였을 때 학생들은 서로 먼저 발표를 하기 위해 앞다투어 손을 든다. 이런 구조의 학급은 수업이 활기차고 학습 효과가 높으며 긴장도가 유지되는 장점이 있는 반면, 학습의 부익부 빈익빈 현상이 벌어지거나 학습 수준이 낮은 학생들에 대한 배려가 미흡하여 낙오자가 발생할 수 있다는 단점이 있다. 개별적 학습 구조의 경우 학생들의 수준에 따라 교사가 개별적으로 지도하는데, 개인차를 인정하기 때문에 학생의 흥미를 유발하고 개성과 다양성이 존중되는 반면, 교사들의 교수 부담이 상당하고 적절한 학습 환경이 필요하기에 국내 환경에서 실시하기에는 무리가 있다.

따라서 교사가 학습자 개개인을 살필 수 없는 한계를 학생 간의 협동적인 학습 구조를 활용하여 극복하는 방법이 필요하다. 학년이 올라갈수록 점점 개인주의화 되고, 또래 집단 외의 다른 친구에게 관심이 없어지는 고학년 학생들에게는 특히 협동적 학습 구조가 필요하다. 학생들이 모든 학급 구성원을 만나볼 수 있는 기회를 주고 다양한 친구들과 상호작용하는 가운데 바쁜 교사가 미처 살필 수 없는 부분을 서로 협력해 나가는 효과를 기대한다.

2) 학습 구조별 특징

구분	특징	수업방법	장점	단점	교사의 역할
경쟁적 학습구조	개인이나 집단 간의 경쟁을 통하여 가르침	퀴즈식 수업, 상대평가 활용 수업	수업이 활기참, 학습효과 증대, 수업의 긴장도 유지	학습의 부익부 빈익빈 현상, 학습 수준이 낮은 학생들의 배려 미흡	심판관
개별적 학습구조	교사가 학생들의 수준에 따라 개별적으로 가르침	수준별 수업, 열린교육 수업	학생 흥미 유발, 학생의 학습 개인차 인정, 학생의 개성 중시와 다양성 존중	교사들의 교수 부담, 적절한 학습 환경 필요	정원사
협동적 학습구조	개인이나 집단 간의 협동을 통하여 가르침	협동 학습	학생들 간의 긍정적 상호 의존 및 사회적 기술 발달, 학생 흥미 유발, 학습의 효율성 증대	학생의 잘못된 이해 가능성, 내성적인 학생들의 문제	주도적인 안내자

3) 협동 학습의 특징

① 긍정적 상호의존성

모둠이 함께 목표에 달성해야 성공이므로 서로 도와주고 도움을 받게 된다.

② 개별적 책무성

모둠원 중 누구라도 빈둥거릴 수 없게 과제를 세분화하여 공동의 목표를 위한 의무와 책임을 나누어 맡는다.

③ 대면적 상호작용

서로 얼굴을 맞대고 토의하여 의견을 나누는 의사소통의 경험을 쌓을 수 있다.

④ 과정을 중시

모둠의 목표를 달성하기 위한 과정을 강조하고, 협동하는 과정의 중요함을 깨닫도록 유도해야 한다.

⑤ 모둠목표 = 개인목표

모둠의 목표를 달성함으로써 개인의 목표 달성도 가능해진다.

⑥ 이질적인 모둠구성

성별, 학습능력, 성향이 다양한 학생들 간의 활발한 상호작용 속 차이를 인정하고 배려하는 경험이 가능하다.

⑦ 모둠의 단합을 강조

모둠간의 친교 활동을 통해 서로 협동하고, 목표에 집중하고, 결속력과 협동심을 가진다.

⑧ 성공의 기회균등

학습 능력이 낮은 친구들도 협력과 노력을 통해 성공의 경험이 가능하다. 결과물이나 절대적인 성취도가 아니라 과정과 향상 정도를 평가하는 것이 좋다.

면접에 자주 출제되는 교과이론(2) : 다중지능을 활용한 학습활동

　다중지능을 학습에 활용한다고 하면 언어 지능은 국어시간, 논리−수학 지능은 수학시간에 활용한다고 생각하기 쉽다. 그러나 다중지능을 다양한 교과목에 걸쳐서 폭넓게 활용하면 보다 효과적으로 학습 목표에 도달할 수 있다. 한 차시의 수업을 계획하고 설계하는 과정에서 학생들의 학습 양식에 따라 수업 활동, 수업 자료, 수업 전략 등을 맞춤식으로 개별화하면 최대의 학습 효과를 기대할 수 있겠지만, 실제 수업에서 그렇게 진행하는 것은 불가능하다. 다양한 방법으로 학습하는 어린이들을 위해 학습 양식에 따라 효과적인 방법을 두세 가지씩 활용하면 수업 목표에 더 쉽게 도달할 수 있다.

〈다중지능 학습 양식에 의한 교수 활동, 교수 자료, 수업 전략〉

학습양식	교수 활동(예)	교수 자료(예)	교수 전략
언어적 학습자	강의, 토론, 단어게임, 이야기하기, 일제 낭독, 독후감쓰기	서적, 녹음기, 타자기, 스탬프 세트, 책이 녹화된 테이프	주어진 학습자료 읽기, 쓰기, 말하기, 듣기
논리−수학적 학습자	두뇌 활성화, 문제해결, 과학실험, 암산, 수게임, 비판적 사고	계산기, 수학 조작자료, 과학 실험 도구, 수학게임	주어진 학습자료 수량화하기, 비판적 사고, 논리적 틀에 맞추기, 실험하기
시각/공간적 학습자	시간적 표현, 미술활동, 상상게임, 생각지도, 은유, 시각화	그래프, 지도, 비디오, 레고(LEGO)세트, 미술재료, 투영자료, 카메라, 그림 사전 등	주어진 학습자료 보기, 그리기, 영상화하기, 색칠하기, 생각지도 만들기
음악적 학습자	리듬학습, 가락 짓기, 가르치는 내용을 노래와 연결	녹음기, 녹화자료 모음집, 악기 등	노래하기, 가락 짓기, 듣기

신체/운동적 학습자	조작적 학습, 드라마, 댄스, 가르치는 것을 운동과 연결, 촉각 활동, 긴장 완화 운동	도구 조립, 찰흙, 운동기구, 조작자료, 촉각 학습 재료	조립하기, 만들기, 만져보기, '감정이입' 해보기, 춤추기
대인관계 학습자	조작적 학습, 동료 가르치기, 지역사회 활동, 사교모임, 가상 상황 학습	바둑이나 장기 등 게임, 파티 재료, 역할 활동을 위한 지원자	가르치기, 협동하기, 대상을 존경하며 교류하기
자기 이해 학습자	개별화 수업, 독자 연구, 학습과제의 선택, 자아존중감 쌓기	자기점검 자료, 일지, 프로젝트 자료	개인적인 생활과 연결 짓기, 대상을 존중하며 선택하기, 반성적 사고하기
자연 탐구 학습자	자연학습, 환경 이해, 동물 보호	식물, 동물, 탐구 도구(망원경 등), 정원 도구	생물과 자연 현상에 연결하기

1) 학급을 위한 다중지능 동아리활동

학생들이 다중지능을 활용한 학급 운영에서 가장 흥미를 느끼고 참여할 수 있는 활동이다. 학생들 스스로 타인을 위해 나의 강점 지능을 어떻게 활용할 것인가를 고민하고 전략을 끌어내는 과정에서 남을 도울 수 있을 뿐만 아니라 결국에는 자신의 강점 기능이 더욱 계발되었다는 것을 느낄 수 있다. 이런 활동을 통해 학급은 더욱 생동감이 넘치고 서로 협동하며 적극적으로 참여하는 진정한 학습의 장이 될 수 있다.

[언어 지능 모둠 : 풍부한 어휘력으로 책 친구 활동하기]

① 독서 클럽 만들기

언어 지능이 우수한 아이들을 중심으로 조직하고 학급 게시판이나 홈페이지에 활동을 안내해서 다른 학생들의 참여를 유도할 수 있다. 보통 한 권의 책을 정해서 일정 기간 읽고 정해진 주제에 대해 토의하는 방식으로 운영하는 것이 바람직하나, 처음부터 책을 읽고 느낀 점을 말하라고 하면 학생들이 부담을 느끼게 된다. 따라서 자신이 일정 기간 책을 읽고, 감명을 받은 부분에 밑줄을 긋게 하여 친구들 앞에서 '내가 찾은 책 속의 보물'을 발표하는 시간으로 운영하는 것도 의미가 있다.

– 학급 전체 어린이들과 책 속의 보물찾기를 하고 자신이 찾은 글귀를 적어 보물 상자에 넣는다. 정해진 시간에 뽑기를 해서 글귀를 함께 공유하고 간단한 선물을 주어도 재미있다.

② 좋은 책 추천하기

어떤 학교의 교장선생님이 매달 교사를 위한 추천 도서, 학생을 위한 추천 도서, 학부모를 위한 추천 도서를 안내하고, 학교 홈페이지에 올린 감상문 중 가장 우수한 것을 선정해서 다음 달 추천 도서를 상으로 주는 것을 본 적이 있다. 이것을 응용해서 학급의 언어 지능 모둠이 한 달에 한 번씩 추천 도서를 정하고(가능하면 학교 도서관에 있는 책을 추천) 게시판이나 홈페이지를 통해 안내한다. 학생들이 제출한 감상문 중에 잘 된 것을 선정하고 교사가 다음 달 추천도서를 상으로 주는 활동을 통해 독서를 권장한다.

③ 우리 학급 백일장

어버이날, 여름방학이 가까운 7월, 가을, 빼빼로데이, 첫눈 오는 날 등 특별한 의미가 있는 즈음에 언어 지능 모둠이 미리 토의해서 정해준 주제에 따라 학급 백일장을 개최한다. 학교 행사의 경우 담임교사가 작품을 선정하지만, 학급 백일장은 주제 선정, 공고, 작품 수집, 수상자 선정까지 모든 활동을 언어 지능 모둠을 중심으로 운영하면 학생들이 더욱 재미있게 참여하게 된다.

④ 어휘력 겨루기

어휘력을 향상하기 위해 교과 시간에 국어사전을 활용하여 낱말 뜻을 찾아 정리하는 활동을 꾸준히 한 후에 누가 많은 단어의 뜻을 알고 있는지 골든벨 활동을 운영할 수 있다. 언어 지능 모둠에서 문제 출제, 진행, 결과 처리까지 맡으면 교사의 역할을 최소화할 수 있다.

[논리-수학 지능 모둠 : 논리-수학 지능 계발해주기]

① 도전! 수학왕

수학시간마다 단원의 학습 내용과 관련된 심화문제를 미리 보조 칠판에 한두 개 적어 놓고 학생들이 자율적으로 심화문제를 해결하도록 한다. 미리 문제를 해결해서 제출한 종이를 교실 한쪽에 비치해두면 더욱 효과적이다. 학생들이 풀어서 제출한 답안을 채점하고 오답자에게 문제를 설명하는 것도 모둠에서 담당하게 한다. 좋은 문제를 제출하기 위해서 열심히 공부하게 되는 효과가 있다.

② 학습 수학 경시대회

논리-수학 지능 모둠이 한 학기에 한 번 정도 문제를 출제하여 수학 경시대회를 운영한다. 범위, 문제 출제, 난이도 조정까지 모든 과정을 모둠 학생들이 책임지고 운영하도록 하며, 교사는 마지막에 문제를 결재하는 역할만 한다. 학생들은 이런 활동을 통해 문제를 출제하는 선생님의 고충을 이해하는 폭이 넓어지는 것을 발견하게 된다.

③ 오목대회

논리-수학 모둠에서는 학생들이 쉬는 시간에 쉽게 할 수 있는 다양한 놀이나 보드게임 등을 안내하고 희망자를 대상으로 학급대회를 운영할 수 있다. 오목대회나 체스대회, 바둑대회 등을 실시하여 공고를 하고 대진표를 작성한다. 마지막에 결과를 게시하는 것까지 모둠에서 일련의 과정을 책임지고 운영하도록 하며 담임교사는 공정하게 진행되도록 감시하는 역할을 맡도록 한다.

[공간 지능 모둠 : 공간 지능 계발해주기]

① 교실 환경 꾸미기

뒤 게시판에 학생 작품 게시 및 관리, 학급 알림판 관리, 계절에 맞는 교실 환경 꾸미기 등 공간 지능이 우수한 아이들의 재능을 활용하여 학급을 아름답게 관리할 수 있는 자율권을 준다. 학급의 월별 계획을 미리 알려주면서 계획에 따라 학급을 꾸미고 싶다고 하면 학생들이 아이디어를 모아 활동할 수 있다. 이때 학습 준비물 지원센터나 학급 운영비를 이용해 필요한 재료를 준비할 수 있도록 한다.

② 학급 미술관 만들기

학급 게시판을 활용하여 유명 작가의 작품과 그에 대한 설명을 게시하고 그림에 얽힌 일화를 함께 소개하는 활동을 할 수 있다. 이때 상대적으로 관심이 적은 학생들이 자주 그림을 접할 수 있도록 학급 출입문을 활용하는 것도 좋다. 그동안 소개한 명화를 모아 명화 이름 알아맞히기 대회를 개최하는 것도 좋은 방법이다.

③ 학급 티셔츠 만들기

학급 구성원의 결속력과 단결을 대외적으로 과시하고 공동체 의식을 높일 수 있는 학급 티셔츠 제작을 담당한다. 모둠에서 디자인해서 제작하거나 학급 전체에 디자인을 공모하고 선정하는 작업을 주도할 수 있다.

– 환경을 생각하는 에코 가방도 만들어보자. 학급 티셔츠와 마찬가지로 광목으로 학급 가방을 만들어서 활용하면 재미있다.

[음악 지능 모둠 : 음악 지능 계발해주기]
① 동요 가르쳐주기

고학년 학생들이 좋아할 만한 노래를 모둠이 함께 선정하고 노래를 가르쳐준다. 동요에 관심이 없는 학생들에게 동요에 대한 관심을 갖게 할 수 있으며, 음악적 재능을 발휘할 수 있는 기회를 제공할 수도 있다. 2주일에 한 곡 정도 동요(건전가요, 팝송)를 선정하고 반주를 준비해서 친구들을 지도하고 자투리 시간마다 노래를 불러본다. 유재석이 진행하던 '쟁반노래방'이라는 프로그램을 응용해서 이번 주에 배운 노래를 모둠별로 나와 불러보는 시간을 갖도록 하는 것도 재미있다.

② 음악 감상실

점심시간이나 등교시간 등을 활용하여 친구들에게 좋은 음악을 들려준다. 가요만 즐겨 듣는 어린이들에게 클래식을 감상할 기회를 줄 수 있으며, 신청곡을 받아 틀어주는 학급 DJ의 역할도 할 수 있다. 비 오는 날, 바람이 심하게 부는 날, 화창한 날에 어울리는 음악을 함께 선정해서 틀어주고 음악에 얽힌 이야기를 들려주면 많은 학생이 음악에 흥미를 갖게 된다.

③ 악기 선생님

리코더, 단소, 소금과 같이 음악시간에 함께 배우는 악기 연주에 익숙하지 못한 친구들을 지도해줄 수 있다. 자신이 가진 재능을 통해 남을 도와줄 수 있는 기회를 다양하게 제공하는 것이 좋다.

[신체-운동 지능 모둠 : 즐거운 체육시간 만들기]
① 체육 기구 준비하기

교사에게는 힘들고 귀찮은 일이지만 많은 어린이는 체육기구를 미리 준비하고 정리하는 체육부의 일을 하고 싶어 한다. 신체-운동 지능 모둠원은 체육 시간에 그날 사용할 자료들을 체육 자료실에서 가져다가 미리 준비하고 사용 후에는 다시 가져다 두는 활동을 한다.

② 스포츠 경기 소개하기

월드컵이나 올림픽과 같은 전 국민적인 관심을 끄는 행사가 있을 때 미리 게시판을 통해 학생들에게 경기의 유래, 방법, 대진표 등을 알려주고 매일 아침 경기의 결과를 게시하도록 한다. 국가적으로 중요한 경기가 있을 때는 점수 맞추기 등을 하면 더욱 재미있다. 특히 야구를 좋아하는 남자아이들에게 응원하는 팀을 정하고 경기 결과를 안내하는 게시판을 만들어주면 열광적으로 참여한다.

③ 새로운 놀이 개발하기

모둠에 교사가 가지고 있는 놀이 방법에 대한 책을 주고 그 중 학급 어린이들 모두가 함께 즐길 만한 것을 정하게 한다. 놀이 방법을 미리 익혀서 친구들에게 가르쳐줄 수 있는 시간을 준다. 2주일에 한 번 정도 체육 시간을 신체-운동 지능 모둠에 전적으로 맡기고 새로운 놀이를 찾아내 보급하는 역할을 담당하게 한다.

[자기 이해 지능 모둠 : 자기 이해 지능 계발해주기]
① 존경하는 인물 탐구

인물 탐구는 존경할 만한 인물의 감정 기능을 인물이 한 일, 배울 점 등을 기록하고 존경하는 인물에게 편지를 쓰는 활동이다. 존경하는 인물 탐구는 단순히 위인전을 읽고 목록을 만들어가는 것이 아니라, 진정으로 마음이 가는 인물을 찾아내는 활동으로 누적하여 책을 만들어가면 그 인물을 닮아가려는 마음을 가질 수 있다.

② 생활 반성하기

매월 말에 스스로 자신을 관리하는 시간관리표를 확인하는 활동이다. 한 달간의 실천 결과를 카드로 작성하여 학생들의 실천 정도로 확인하고 자기 관리를 잘 하고 있는 어린이와 지난달에 비해서 향상된 어린이들을 시상한다.

[자연 친화 지능 모둠 : 자연 친화 기능 계발해주기]

① **식물 가꾸기**

학급의 재배물을 관리하고 식물이 자라기 적당한 온도와 습도 등의 조건을 관리한다. 토마토, 상추, 고추 등의 재배물을 키워서 수확하고 친구들과 함께 나누어 먹으면 더 큰 기쁨을 느끼게 된다.

② **식물관찰대회 운영하기**

대학 시절 강의시간마다 똑같이 생긴 나뭇잎을 가지고 들어와서 퀴즈를 내던 교수님이 계셨다. 투덜대며 식물의 이름을 익혔지만 나중에는 그때 배운 지식이 나름대로 도움이 되었다는 것을 깨달았다. 교실에서 키우는 식물이나 학교에서 자라는 나무, 풀 등의 이름을 알아맞히는 간단한 퀴즈에서부터 자연관찰대회까지 스스로 문제를 만들어 채점하고 시상하면서 과학에 대한 흥미를 더욱 높일 수 있다.

③ **학급 동물 키우기**

사슴벌레, 달팽이, 물고기 등 교실에서 쉽게 키울 수 있는 동물의 관리를 맡긴다. 이름 지어주기, 관찰, 기록하기 등 다양한 활동에 주도적으로 참여하면서 자신의 강점 지능을 발휘할 기회를 갖게 된다.

[대인 관계 지능 모둠 : 함께 어울려 살아가는 학급 만들기]

① 칭찬 릴레이

학급 홈페이지의 칭찬 릴레이 게시판을 이용해 한 명의 친구를 칭찬하면 칭찬받은 친구가 이어서 다른 친구를 칭찬하는 글을 올리는 칭찬 릴레이를 주도할 수 있다. 학급에서 칭찬 릴레이를 해보면 처음에는 열심히 글을 올리다가 어느 정도 시간이 지나면 관심이 적어져 결국에는 잊히는 경우가 있는데 대인 관계 지능 모둠이 아침시간이나 학급회의 시간 등을 활용하여 칭찬받은 친구들을 알리면 지속적으로 관심을 유지할 수 있다.

② 친구 도우미

전학을 와서 다른 학생들과 어울리지 못하는 친구들의 도우미가 되는 역할을 수행한다. 다른 친구들을 도와주는 것을 즐기고 사교성이 좋은 학생들과 친구가 되면 다른 친구들과도 자연스럽게 어울릴 수 있다.

③ 생일잔치 열기

생일을 월별로 학생들에게 미리 알려주면 대인 관계 지능 모둠에서 특색 있는 생일잔치를 개최할 수 있다. 보통 매월 셋째 주 토요일(토요휴업일이 실시되면 다른 날로 이동)에 그 달에 생일을 맞이한 친구들을 축하하기 위해 입장, 축하 노래 불러주기, 선물 증정, 생일을 맞이한 친구에 대한 퀴즈 'ㅇㅇ이의 모든 것' 등의 활동을 한다. 생일날에는 우유로 생일을 맞은 친구를 위해 건배를 해주면 즐거워한다.

PART
6

2015 개정 교육과정 이해

교육과정 체계

2015 개정교육과정 소개

가. 교육이념

우리나라의 교육은 홍익인간의 이념 아래 모든 국민으로 하여금 인격을 도야하고, 자주적 생활 능력과 민주 시민으로서 필요한 자질을 갖추게 함으로써 인간다운 삶을 영위하게 하고, 민주 국가의 발전과 인류 공영의 이상을 실현하는 데에 이바지하게 함을 목적으로 하고 있다.

나. 추구하는 인간상

교육 이념과 교육 목적을 바탕으로 2015 개정 교육과정이 추구하는 인간상

(1) 전인적 성장을 바탕으로 자아정체성을 확립하고 자신의 진로와 삶을 개척하는 자주적인 사람

(2) 기초 능력의 바탕 위에 다양한 발상과 도전으로 새로운 것을 창출하는 창의적인 사람

(3) 문화적 소양과 다원적 가치에 대한 이해를 바탕으로 인류 문화를 향유하고 발전시키는 교양 있는 사람

(4) 공동체 의식을 가지고 세계와 소통하는 민주 시민으로서 배려와

나눔을 실천하는 더불어 사는 사람

다. 핵심역량

핵심역량이란? 교육과정이 추구하는 인간상을 구현하기 위해 교과 교육을 포함한 학교 교육 전 과정을 통해 중점적으로 기르고자 하는 역량

(1) 자아정체성과 자신감을 가지고 자신의 삶과 진로에 필요한 기초 능력과 자질을 갖추어 자기 주도적으로 살아갈 수 있는 자기관리 역량

(2) 문제를 합리적으로 해결하기 위하여 다양한 영역의 지식과 정보를 처리하고 활용할 수 있는 지식정보처리 역량

(3) 폭넓은 기초 지식을 바탕으로 다양한 전문 분야의 지식, 기술, 경험을 융합적으로 활용하여 새로운 것을 창출하는 창의적 사고 역량

(4) 인간에 대한 공감적 이해와 문화적 감수성을 바탕으로 삶의 의미와 가치를 발견하고 향유하는 심미적 감성 역량

(5) 다양한 상황에서 자신의 생각과 감정을 효과적으로 표현하고 다른 사람의 의견을 경청하며 존중하는 의사소통 역량

(6) 지역·국가·세계 공동체의 구성원에게 요구되는 가치와 태도를 가지고 공동체 발전에 적극적으로 참여하는 공동체 역량

다. 초등학교 교육 목표

(1) 자신의 소중함을 알고 건강한 생활 습관을 기르며, 풍부한 학습 경험을 통해 자신의 꿈을 키운다.

(2) 학습과 생활에서 문제를 발견하고 해결하는 기초 능력을 기르고, 이를 새롭게 경험할 수 있는 상상력을 키운다.

(3) 다양한 문화 활동을 즐기고 자연과 생활 속에서 아름다움과 행복을 느낄 수 있는 심성을 기른다.

(4) 규칙과 질서를 지키고 협동정신을 바탕으로 서로 돕고 배려하는 태도를 기른다.

* 출처 : 2015 개정 교육과정 총론
** 교육과정 원문 및 시대별 교육과정은 국가교육과정정보센터(NCIC)에서 확인 가능함

ⓐ 2015 개정 교육과정 내용 체계

내용 체계란?

• 교과의 영역별 내용은 하위 범주별 '핵심 개념'과 '일반화된 지식'을 바탕으로 하여 '학년(군)별 내용 요소'로 전개

*핵심 개념 : 교과 영역을 가장 잘 대표하는 기초적인 아이디어

*내용 요소 : 교과에서 습득해야 할 학습 내용을 습득할 수 있도록 도와주는 구체적인 내용 요소

• 이를 통해서 각 영역이 추구하는 통합적 '기능'을 신장하도록 함

• 학년(군)별로 제시한 내용 요소는 해당 학년(군)에서 집중적으로 다루되, 학년(군) 간 연계성을 바탕으로 하여 다른 학년(군)에서도 융통성 있게 다룰 수 있음

1. 국어

가. 영역 : 듣기·말하기/읽기/쓰기/문학

나. 내용 체계

[듣기 · 말하기]

핵심 개념	일반화된 지식	학년(군)별 내용 요소			기능
		초등학교			
		1~2학년	3~4학년	5~6학년	
듣기·말하기의 본질	듣기·말하기는 화자와 청자가 구어로 상호 교섭하며 의미를 공유하는 과정이다.			• 구어 의사 소통	• 맥락 이해·활용 하기 • 청자 분석하기 • 내용 생성하기 • 내용 조직하기 • 자료·매체 활용 하기 • 표현·전달하기 • 내용 확인하기 • 추론하기 • 평가·감상하기 • 경청·공감하기 • 상호 교섭하기 • 점검·조정하기
목적에 따른 담화의 유형 • 정보 전달 • 설득 • 친교·정서 표현 **듣기·말하기와 매체**	의사소통의 목적, 상황, 매체 등에 따라 다양한 담화 유형이 있으며, 유형에 따라 듣기와 말하기의 방법이 다르다.	• 인사말 • 대화 [감정표현]	• 대화[즐거움] • 회의	• 토의 [의견조정] • 토론[절차와 규칙, 근거] • 발표 [매체활용]	
듣기·말하기의 구성 요소 • 화자·청자·맥락 **듣기·말하기의 과정** **듣기·말하기의 전략** • 표현 전략 • 상위 인지 전략	화자와 청자는 의사소통의 목적과 상황, 매체에 따라 적절한 전략과 방법을 사용하여 듣기·말하기 과정에서의 문제를 해결하며 소통한다.	• 일의 순서 • 자신 있게 말하기 • 집중하며 듣기	• 인과 관계 • 표정, 몸짓, 말투 • 요약하며 듣기	• 체계적 내용 구성 • 추론하며 듣기	
듣기·말하기의 태도 • 듣기·말하기의 윤리 • 공감적 소통의 생활화	듣기·말하기의 가치를 인식하고 공감·협력하며 소통할 때 듣기·말하기를 효과적으로 수행할 수 있다.	• 바르고 고운 말 사용	• 예의를 지켜 듣고 말하기	• 공감하며 듣기	

[읽기]

핵심 개념	일반화된 지식	학년(군)별 내용 요소			기능
		초등학교			
		1~2학년	3~4학년	5~6학년	
읽기의 본질	읽기는 읽기 과정에서의 문제를 해결하며 의미를 구성하고 사회적으로 소통하는 행위이다.			• 의미 구성 과정	• 맥락 이해하기 • 몰입하기 • 내용 확인하기 • 추론하기 • 비판하기 • 성찰·공감하기 • 통합·적용하기 • 독서 경험 공유하기 • 점검·조정하기
목적에 따른 글의 유형 • 정보 전달 • 설득 • 친교·정서 표현 **읽기와 매체**	의사소통의 목적, 매체 등에 따라 다양한 글 유형이 있으며, 유형에 따라 읽기의 방법이 다르다.	• 글자, 낱말, 문장, 짧은 글	• 정보 전달, 설득, 친교 및 정서 표현 • 친숙한 화제	• 정보 전달, 설득, 친교 및 정서 표현 • 사회·문화적 화제 • 글과 매체	
읽기의 구성 요소 • 독자·글·맥락 **읽기의 과정** **읽기의 방법** • 사실적 이해 • 추론적 이해 • 비판적 이해 • 창의적 이해 • 읽기 과정의 점검	독자는 배경지식을 활용하며 읽기 목적과 상황, 글 유형에 따라 적절한 읽기 방법을 활용하여 능동적으로 글을 읽는다.	• 소리 내어 읽기 • 띄어 읽기 • 내용 확인 • 인물의 처지 • 마음 짐작하기	• 중심 생각 파악 • 내용 간추리기 • 추론하며 읽기 • 사실과 의견의 구별	• 내용 요약 [글의 구조] • 주장이나 주제 파악 • 내용의 타당성 평가 • 표현의 적절성 평가 • 매체 읽기 방법의 적용	
읽기의 태도 • 읽기 흥미 • 읽기의 생활화	읽기의 가치를 인식하고 자발적 읽기를 생활화할 때 읽기를 효과적으로 수행할 수 있다.	• 읽기에 대한 흥미	• 경험과 느낌 나누기	• 읽기 습관 점검하기	

[쓰기]

| 핵심 개념 | 일반화된 지식 | 학년(군)별 내용 요소 | | | 기능 |
| | | 초등학교 | | | |
		1~2학년	3~4학년	5~6학년	
쓰기의 본질	쓰기는 쓰기 과정에서의 문제를 해결하며 의미를 구성하고 사회적으로 소통하는 행위이다.			• 의미 구성 과정	• 맥락 이해하기 • 독자 분석하기 • 아이디어 생산하기 • 글 구성하기 • 자료·매체 활용하기 • 표현하기 • 고쳐쓰기 • 독자와 교류하기 • 점검·조정하기
목적에 따른 글의 유형 • 정보 전달 • 설득 • 친교·정서 표현 **쓰기와 매체**	의사소통의 목적, 매체 등에 따라 다양한 글 유형이 있으며, 유형에 따라 쓰기의 초점과 방법이 다르다.	• 주변 소재에 대한 글 • 겪은 일을 표현하는 글	• 의견을 표현하는 글 • 마음을 표현하는 글	• 설명하는 글 [목적과 대상, 형식과 자료] • 주장하는 글 [적절한 근거와 표현] • 체험에 대한 감상을 표현한 글	
쓰기의 구성 요소 • 필자·글·맥락 **쓰기의 과정** **쓰기의 전략** • 과정별 전략 • 상위 인지 전략	필자는 다양한 쓰기 맥락에서 쓰기 과정에 따라 적절한 전략을 사용하여 글을 쓴다.	• 글자 쓰기 • 문장 쓰기	• 문단 쓰기 • 시간의 흐름에 따른 조직 • 독자 고려	• 목적·주제를 고려한 내용과 매체 선정	
쓰기의 태도 • 쓰기 흥미 • 쓰기 윤리 • 쓰기의 생활화	쓰기의 가치를 인식하고 쓰기 윤리를 지키며 즐겨 쓸 때 쓰기를 효과적으로 수행할 수 있다.	• 쓰기에 대한 흥미	• 쓰기에 대한 자신감	• 독자의 존중과 배려	

[문법]

핵심 개념	일반화된 지식	학년(군)별 내용 요소			기능
		초등학교			
		1~2학년	3~4학년	5~6학년	
국어의 본질	국어는 사고와 의사소통의 수단이 되는 기호 체계로서, 언어의 보편성을 바탕으로 하여 고유한 국어문화를 형성하며 발전한다.			· 사고와 의사소통의 수단	· 문제 발견하기 · 자료 수집하기 · 비교·분석하기 · 분류·범주화하기 · 종합·설명하기 · 적용·검증하기 · 언어생활 성찰하기
국어 구조의 탐구와 활용 · 음운 · 단어 · 문장 · 담화	국어는 음운, 단어, 문장, 담화로 구성되며 이들에 대한 탐구를 통해 국어 지식을 얻고 이를 언어생활에 활용할 수 있다.		· 낱말의 의미 관계 · 문장의 기본 구조	· 낱말 확장 방법 · 문장 성분과 호응	
국어 규범과 국어생활 · 발음과 표기 · 어휘 사용 · 문장·담화의 사용	발음·표기, 어휘, 문장·담화 등 국어 규범에 대한 이해를 통해 국어 능력을 기르고 바른 국어생활을 할 수 있다.	· 한글 자모의 이름과 소릿값 · 낱말의 소리와 표기 · 문장과 문장 부호	· 낱말 분류와 국어사전 활용 · 높임법과 언어 예절	· 상황에 따른 낱말의 의미 · 관용 표현	
국어에 대한 태도 · 국어 사랑 · 국어 의식	국어의 가치를 인식하고 국어를 바르게 사용할 때 국어 능력이 효과적으로 신장된다.	· 글자·낱말·문장에 대한 흥미	· 한글의 소중함 인식	· 바른 국어 사용	

[문학]

핵심 개념	일반화된 지식	학년(군)별 내용 요소			기능
		초등학교			
		1~2학년	3~4학년	5~6학년	
문학의 본질	문학은 인간의 삶을 언어로 형상화한 작품을 통해 즐거움과 깨달음을 얻고 타자와 소통하는 행위이다.			• 가치 있는 내용의 언어적 표현	• 몰입하기 • 이해·해석하기 • 감상·비평하기 • 성찰·향유하기 • 모방·창작하기 • 공유·소통하기 • 점검·조정하기
문학의 갈래와 역사 • 서정 • 서사 • 극 • 교술 **문학과 매체**	문학은 서정, 서사, 극, 교술의 기본 갈래를 중심으로 하여 언어, 문자, 매체의 변화와 함께 시대에 따라 변화해 왔다.	• 그림책 • 동요, 동시 • 동화	• 동요, 동시 • 동화 • 동극	• 노래, 시 • 이야기, 소설 • 극	
문학의 수용과 생산 • 작품의 내용·형식·표현 • 작품의 맥락 • 작가와 독자	문학은 다양한 맥락을 바탕으로 하여 작가와 독자가 창의적으로 작품을 생산하고 수용하는 활동이다.	• 작품 낭독·감상 • 작품 속 인물의 상상 • 말놀이와 말의 재미 • 일상생활에서 겪은 일의 표현	• 감각적 표현 • 인물, 사건, 배경 • 이어질 내용의 상상 • 작품에 대한 생각과 느낌 표현	• 작품 속 세계와 현실 세계의 비교 • 비유적 표현의 특성과 효과 • 일상 경험의 극화 • 작품의 이해와 소통	
문학에 대한 태도 • 자아 성찰 • 타자의 이해와 소통 • 문학의 생활화	문학의 가치를 인식하고 인간과 세계를 성찰하며 문학을 생활화할 때 문학 능력이 효과적으로 신장된다.	• 문학에 대한 흥미	• 작품을 즐겨 감상하기	• 작품의 가치 내면화하기	

2. 수학

가. 영역 : 수와 연산/도형/측정/규칙성/자료와 가능성

나. 내용 체계

영역	핵심 개념	일반화된 지식	학년(군)별 내용 요소			기능
			1~2학년	3~4학년	5~6학년	
수와 연산	수의 체계	수는 사물의 개수와 양을 나타내기 위해 발생했으며, 자연수, 분수, 소수가 사용된다.	• 네 자리 이하의 수	• 다섯 자리 이상의 수 • 분수 • 소수	• 약수와 배수 • 약분과 통분 • 분수와 소수의 관계	(수) 세기 (수) 읽기 (수) 쓰기 이해하기 비교하기 계산하기 어림하기 설명하기 표현하기 추론하기 토론하기 문제 해결하기 문제 만들기
	수의 연산	자연수에 대한 사칙계산이 정의되고, 이는 분수와 소수의 사칙계산으로 확장된다.	• 두 자리 수 범위의 덧셈과 뺄셈 • 곱셈	• 세 자리 수의 덧셈과 뺄셈 • 자연수의 곱셈과 나눗셈 • 분모가 같은 분수의 덧셈과 뺄셈 • 소수의 덧셈과 뺄셈	• 자연수의 혼합 계산 • 분모가 다른 분수의 덧셈과 뺄셈 • 분수의 곱셈과 나눗셈 • 소수의 곱셈과 나눗셈	
도형	평면 도형	주변의 모양은 여러 가지 평면도형으로 범주화 되고, 각각의 평면도형은 고유한 성질을 갖는다.	• 평면도형의 모양 • 평면도형과 그 구성 요소	• 도형의 기초 • 원의 구성 요소 • 여러 가지 삼각형 • 여러 가지 사각형 • 다각형 • 평면도형의 이동	• 합동 • 대칭	만들기, 꾸미기 그리기, 구별하기 분류하기 활용하기 이름짓기 이해하기 채우기 추론하기 설명하기
	입체 도형	주변의 모양은 여러 가지 입체도형으로 범주화 되고, 각각의 입체도형은 고유한 성질을 갖는다.	• 입체도형의 모양		• 직육면체, 정육면체 • 각기둥, 각뿔 • 원기둥, 원뿔, 구 • 입체도형의 공간 감각	규칙찾기 조작하기 표현하기 추측하기 확인하기 문제 해결하기

측정	양의 측정	생활 주변에는 시간, 길이, 들이, 무게, 각도, 넓이, 부피 등 다양한 속성이 존재하며, 측정은 속성에 따른 단위를 이용하여 양을 수치화하는 것이다.	• 양의 비교 • 시각과 시간 • 길이(cm, m)	• 시간, 길이(mm, km), 들이, 무게, 각도	• 원주율 • 평면도형의 둘레, 넓이 • 입체도형의 겉넓이, 부피	비교하기 구별하기 (시각) 읽기 표현하기 이해하기 계산하기 측정하기 어림하기
	어림하기	어림을 통해 양을 단순화하여 표현한다.			• 수의 범위 • 어림하기(올림, 버림, 반올림)	그리기 추론하기 설명하기 활용하기 문제 해결하기
규칙성	규칙성과 대응	규칙성은 생활 주변의 여러 현상을 탐구하는 데 중요하며 함수 개념의 기초가 된다.	• 규칙 찾기	• 규칙을 수나 식으로 나타내기	• 규칙과 대응 • 비와 비율 • 비례식과 비례배분	배열하기 표현하기 추측하기 규칙찾기 규칙정하기 설명하기 이해하기 확인하기 문제 해결하기
자료와 가능성	자료처리	자료의 수집, 분류, 정리, 해석은 통계의 주요 과정이다.	• 분류하기 • 표 • ○, ×, /를 이용한 그래프	• 간단한 그림 그래프 • 막대그래프 • 꺾은선그래프	• 평균 • 그림그래프 • 띠그래프, 원그래프	분류하기 (개수) 세기 표만들기 그래프 그리기 표현하기 수집하기 정리하기 해석하기 설명하기 이해하기 활용하기 비교하기 문제 해결하기
	가능성	가능성을 수치화하는 경험은 확률의 기초가 된다.			• 가능성	

3. 사회

가. 영역 : 내용 체계표 참고

나. 내용 체계 (편의상 일반사회, 지리, 역사로 나누어 작성)

[일반사회]

영역	핵심 개념	일반화된 지식	내용 요소		기능
			초등학교		
			3-4학년	5-6학년	
정치	민주주의와 국가	현대 민주 국가에서 민주주의는 헌법을 통해 실현되며, 우리 헌법은 국가기관의 구성 및 역할을 규율한다.	민주주의, 지역 사회, 공공 기관, 주민 참여, 지역 문제 해결	민주주의, 국가기관, 시민 참여	조사하기 분석하기 참여하기 토론하기 비평하기 의사 결정하기
	정치과정과 제도	현대 민주 국가는 정치과정을 통해 시민의 정치 참여가 실현되며, 시민은 정치 참여를 통해 다양한 정치 활동을 한다.		생활 속의 민주주의, 민주 정치 제도	
	국제 정치	오늘날 세계화로 인해 다양한 국제기구들이 활동하고 있으며, 한반도의 국제 질서도 복잡해지고 있다.		지구촌 평화, 국가 간 협력, 국제기구, 남북통일	
법	헌법과 우리 생활	헌법은 국민의 기본권을 보장하고, 국가기관의 구성 및 역할을 규정한다.		인권, 헌법, 기본권과 의무, 국가기관의 구성	조사하기 분석하기 구분하기 적용하기 존중하기 참여하기
	개인 생활과 법	민법은 가족 관계를 포함한 개인 간의 법률관계와 재산 관계를 규율한다.		법, 법의 역할	
	사회생활과 법	우리나라는 공동체 질서 유지를 위한 형법과 사회적 약자 보호를 위한 사회법을 통해 정의로운 사회를 구현한다.			

경제	경제생활과 선택	희소성으로 인해 경제 문제가 발생하며, 이를 해결하기 위해서는 비용과 편익을 고려해야 한다.	희소성, 생산, 소비, 시장	가계, 기업, 합리적 선택	조사하기 분석하기 추론하기 적용하기 탐구하기 의사 결정하기
	시장과 자원 배분	경쟁 시장에서는 시장 균형을 통해 자원 배분의 효율성이 이루어지고, 시장 실패에 대해서는 정부가 개입한다.		자유경쟁, 경제 정의	
	국가 경제	경기 변동 과정에서 실업과 인플레이션이 발생하며, 국가는 경제 안정화 방안을 모색한다.		경제 성장, 경제 안정	
	세계 경제	국가 간 비교 우위에 따른 특화와 교역이 발생하며, 외환 시장에서 환율이 결정된다.		국가 간 경쟁, 상호 의존성	
사회 · 문화	연구 방법	사회·문화 현상에 대한 정확하고 올바른 탐구를 위해 다양한 관점과 연구 방법이 활용된다.	자료 수집, 자료 분석, 자료 활용		조사하기 비교하기 존중하기 분석하기 비평하기 참여하기
	개인과 사회	개인은 사회를 통해서 성장하고 사회는 개인의 역할 수행을 통해 유지, 존속된다.	가족 구성원의 역할 변화		
	문화	생활양식으로서의 문화를 이해하고 향유하기 위해서는 다양한 요인에 따라 나타나는 문화 다양성 및 변동 양상에 대한 올바른 인식과 태도가 중요하다.	문화, 편견과 차별, 타문화 존중		
	사회 계층과 불평등	다양한 양상으로 나타나는 사회 불평등과 관련 문제를 해결하기 위해 개인과 사회 차원의 노력이 필요하다.		신분 제도, 평등 사회	
	현대의 사회 변동	사회 변동 양상에 대한 정확한 이해와 대응을 통해 지속가능한 사회가 실현된다.	가족 형태의 변화, 사회 변화, 일상생활의 변화	지속가능한 미래	

[지리]

| 영역 | 핵심 개념 | 일반화된 지식 | 내용 요소 | | 기능 |
| | | | 초등학교 | | |
			3-4학년	5-6학년	
지리 인식	지리적 속성	지표상에 분포하는 모든 사건과 현상은 절대적, 상대적 위치와 다양한 규모의 영역을 차지하며, 위치와 영역은 해당 사건과 현상의 결과이자 주요 요인으로 작용한다.	• 고장의 위치와 범위 인식	• 국토의 위치와 영역, 국토애 • 세계 주요 대륙과 대양의 위치와 범위, 대륙별 국가의 위치와 영토 특징	인식하기 표현하기 지도읽기 수집하기 기록하기 비교하기 활용하기 실행하기 해석하기
	공간 분석	다양한 공간 자료와 도구를 활용한 지리 정보 수집과 지리 정보 시스템의 활용은 지표상의 현상과 사건들을 분석하고 해석하며 추론하는 데에 필수적이다.	• 지도의 기본 요소 (방위, 기호와 범례, 줄인자, 땅의 높낮이 표현)	• 공간 자료와 도구의 활용	
장소와 지역	장소	모든 장소들은 다른 장소와 차별되는 자연적, 인문적 성격을 지니며, 어떤 장소에 대한 장소감은 개인이나 집단에 따라 다양하다.	• 마을(고장) 모습과 장소감		설계하기 수집하기 기록하기 분석하기 평가하기 의사 결정하기 비교하기 구분하기 파악하기 공감하기
	지역	지표 세계는 장소적 성격의 동질성, 기능적 상호 관련성, 지역민의 인지 등의 측면에서 다양하게 구분되며, 이렇게 구분된 지역마다 고유한 지역성이 나타난다.	• 지역 중심지의 위치, 기능, 경관 특성	• 국토의 지역 구분과 지역성 • 우리와 관계 밀접 국가의 지리적 특성 • 우리 인접 국가의 지리 정보 및 상호 의존 관계	
	공간관계	장소와 지역은 인구, 물자, 정보의 이동 및 흐름을 통해 네트워크를 형성하고 상호작용한다.	• 촌락과 도시의 상호 의존 관계	• 우리 인접 국가의 지리 정보 및 상호 의존 관계	

자연 환경과 인간 생활	기후 환경	지표상에는 다양한 기후 특성이 나타나며, 기후 환경은 특정 지역의 생활양식에 중요하게 작용한다.		• 국토의 기후 환경 • 세계의 기후 특성과 인간 생활 간 관계	도출하기 활용하기 구성하기 의사 소통하기 그리기 해석하기 도식화하기 공감하기
	지형 환경	지표상에는 다양한 지형 환경이 나타나며, 지형 환경은 특정 지역의 생활양식에 중요하게 작용한다.		• 국토의 지형 환경	
	자연 – 인간 상호작용	인간 생활은 자연환경과 상호작용하면서 이루어지고, 자연환경은 인간 집단의 활동에 의해 변형된다.	• 고장별 자연환경과 의식주 생활 모습 간의 관계 • 고장의 지리적 특성과 생활 모습 간 관계, 고장의 생산 활동	• 국토의 자연재해와 대책 • 생활 안전 수칙	
인문 환경과 인간 생활	인구의 지리적 특성	인구는 지표상의 특성에 따라 차별적으로 분포하며, 인구 밀도와 인구 이동, 인구 성장 단계는 지역의 특성을 반영하고 동시에 지역의 변화에 영향을 미친다.		• 국토의 인구 특징 및 변화 모습	도출하기 수집하기 기록하기 분석하기 평가하기 의사 결정하기 해석하기 그리기 비교하기 설명하기 구분하기 탐구하기 공감하기
	생활공간의 체계	촌락과 도시는 인간의 생활공간을 이루는 기본 단위이고, 입지, 기능, 공간 구조와 경관 등의 측면에서 다양한 유형이 존재하며, 여러 요인에 의해 변화한다.	• 촌락과 도시의 공통점과 차이점 • 촌락과 도시의 문제점 및 해결 방안	• 국토의 도시 분포 특징 및 변화 모습	
	경제활동의 지역구조	지표상의 자원은 공간적으로 불균등한 분포를 보이고, 인간의 경제활동은 지역에 따라 다양한 구조를 나타내며, 여러 요인에 의해 변화한다.	• 교통수단의 발달과 생활 모습의 변화	• 국토의 산업과 교통 발달의 특징 및 변화 모습	
	문화의 공간적 다양성	인간은 자연환경 및 인문환경에 적응하거나 이를 극복하는 과정에서 장소나 지역에 따라 다양한 문화를 형성하고, 문화는 여러 요인에 의해 변동된다.		• 세계의 생활문화와 자연환경 및 인문환경 간의 관계	

지속 가능한 세계	갈등과 불균등의 세계	자원이나 인간 거주에 유리한 조건은 공간적으로 불균등하게 분포하고, 이에 따라 지역 간 갈등이나 분쟁이 발생한다.		• 지역 갈등의 원인과 해결 방안	수집하기 기록하기 분석하기 평가하기 설명하기 공감하기 탐구하기 의사 결정하기 그리기 해석하기 조사하기
	지속가능한 환경	자연환경과 조화를 이루며 살아가려는 인간의 신념 및 활동은 지구 환경의 지속가능성을 담보한다.		• 지구촌 환경문제 • 지속가능한 발전 • 개발과 보존의 조화	

[역사]

영역	핵심 개념	일반화된 지식	내용 요소		기능
			초등학교		
			3–4학년	5–6학년	
역사 일반	역사의 의미	역사학은 '기록으로서의 역사'와 '해석으로서의 역사'를 모두 다루는 학문으로서 과거의 사실을 바탕으로 현재의 우리를 이해하는 통로가 된다.	• 우리가 알아보는 고장 이야기(고장과 관련된 옛이야기, 고장의 문화유산, 고장의 지명)		역사 용어와 개념 이해하기
정치·문화사	선사시대와 고조선의 등장	한반도에는 구석기시대부터 사람이 살기 시작하였으며, 신석기시대와 청동기시대를 거친 후 최초의 국가인 고조선이 등장하였다.	• 시대마다 다른 생활 모습(옛 사람들의 생활 도구와 주거 형태)		역사적 상황 파악하기 역사적 사실 탐구하기 시대적 배경 이해하기 추론하기
	삼국의 성장과 통일	고구려, 백제, 신라는 중앙 집권화를 거쳐 국가로 발전하였으며, 서로 간의 항쟁을 거쳐 신라가 통일을 이루었다.		• 고대 국가의 등장과 발전 (삼국의 발전, 불국사와 석굴암)	

	통일신라와 발해	통일신라는 전제 왕권을 바탕으로 국가적 통합을 이루고자 하였으며, 옛 고구려 땅에서 등장한 발해는 고구려 계승 의식을 내세우며 문화적으로 발전한 국가를 이루었다.		• 통일신라와 발해
	고려 문벌귀족 사회의 형성과 변화	후삼국을 통일한 고려는 문벌귀족을 중심으로 정치가 발전하였으며, 무신집권기를 거쳐 몽골의 간섭을 받았다.		• 독창적 문화를 발전시킨 고려 (고려청자와 고려 문화, 금속 활자와 그 의의, 팔만대장경)
	조선의 건국과 유교 문화의 성숙	성리학을 정치 이념으로 내세운 조선은 유교 정치를 표방하였으며, 이를 바탕으로 문화를 발전시켰다.		• 민족 문화를 지켜 나간 조선(이성계, 세종, 훈민정음)
	전란과 조선 후기 사회의 변동	임진왜란과 병자호란을 거친 조선은 새로운 사회로 변화되었다.		• 새로운 사회를 향한 움직임 (영·정조의 정치)
	개항과 개화파	개항 이후 개화파의 등장으로 근대 개혁이 이루어졌으나 일제의 침략으로 좌절되었다.		• 새로운 사회를 향한 움직임 (근대 개혁)
	일제 식민 지배와 광복을 위한 노력	일제의 지배에 맞서 나라를 되찾기 위한 노력을 하였다.		• 일제의 침략과 광복을 위한 노력
	대한민국의 발전	광복 후 대한민국이 수립되었으며, 6.25전쟁을 거쳐 민주화와 산업화를 이룩하였다.		• 대한민국의 수립과 6.25 전쟁 • 자유민주주의 발전과 시민 참여
	대한민국의 미래	우리나라는 남북통일과 주변국과의 역사 갈등 해소를 통해 평화롭고 번영하는 미래를 추구해 나가야 한다.		• 통일을 위한 노력 • 역사 갈등 해소를 위한 노력과 독도

사회 · 경제사	신분제의 변화	전근대 시대 신분제는 정치 변동과 함께 변화하다가 근대에 이르러 사라졌다.		• 인권 개선을 위한 노력	역사적 상황 파악하기 역사적 사실 탐구하기 시대적 배경 이해하기 추론하기
	경제적 변동	전근대 시기 농업 중심의 경제는 현대에 들어서 상공업 중심 경제로 변화하였다.		• 경제생활의 변화와 우리나라 경제의 성장	
	가족 제도	우리나라의 가족 제도는 시대 변화에 따라 다양하게 변하였다.	• 가족의 모습과 역할 변화		
	전통문화	우리나라의 전통문화는 시대 변화에 따라 변화 발전되어왔다.	• 세시 풍속의 변화상		

4. 과학

가. 영역 : 내용 체계표 참고

나. 내용 체계 (편의상 물리, 화학, 생물, 지학으로 나누어 작성)

[물리]

영역	핵심 개념	일반화된 지식	내용 요소		기능
			초등학교		
			3~4학년	5~6학년	
힘과 운동	시공간과 운동	물체의 운동 변화는 뉴턴 운동 법칙으로 설명된다.		• 속력 • 속력과 안전	
	힘	물체 사이에는 여러 가지 힘이 작용한다.	• 무게 • 수평 잡기 • 용수철저울의 원리		

전기와 자기	전기	전기 회로에서는 기전력에 의해 전류가 형성된다.		• 전기 회로 • 전기 절약 • 전기 안전	• 문제 인식 • 탐구 설계와 수행 • 자료의 수집·분석 및 해석 • 수학적 사고와 컴퓨터 활용 • 모형의 개발과 사용 • 증거에 기초한 토론과 논증 • 결론 도출 및 평가 • 의사소통
	자기	전류는 자기장을 형성한다.		• 전자석	
		물질은 자기적 성질에 따라 자성체와 비자성체로 구분된다.	• 자기력 • 자석의 성질		
열과 에너지	열평형	온도가 다른 물체가 접촉하면 온도가 같아진다.		• 온도 • 전도, 대류 • 단열	
파동	파동의 종류	음파는 매질을 통해 전달되는 파동이다.	• 소리의 발생 • 소리의 세기 • 소리의 높낮이 • 소리의 전달		
		빛을 비롯한 전자기파는 전자기 진동이 공간으로 퍼져나가는 파동이다.	• 빛의 직진 • 그림자		
	파동의 성질	파동은 반사, 굴절, 간섭, 회절의 성질을 가진다.	• 평면거울 • 빛의 반사	• 프리즘 • 빛의 굴절 • 볼록 렌즈	

[화학]

영역	핵심 개념	일반화된 지식	내용 요소		기능
			초등학교		
			3~4학년	5~6학년	
물질의 성질	물리적 성질과 화학적 성질	물질은 고유한 성질을 가지고 있다.	· 물체와 물질 · 물질의 성질 · 물체의 기능 · 물질의 변화	· 용해 · 용액 · 용질의 종류 · 용질의 녹는 양 · 용액의 진하기 · 용액의 성질 · 용액의 분류 · 지시약 · 산성 용액 · 염기성 용액	· 문제 인식 · 탐구 설계와 수행 · 자료의 수집·분석 및 해석 · 수학적 사고와 컴퓨터 활용 · 모형의 개발과 사용 · 증거에 기초한 토론과 논증 · 결론 도출 및 평가 · 의사소통
		혼합물은 여러 가지 순물질로 구성되어 있다.	· 혼합물	· 공기	
		물질의 고유한 성질을 이용하여 혼합물을 분리할 수 있다.	· 혼합물의 분리 · 거름 · 증발		
	물질의 상태	물질은 여러 가지 상태로 존재한다.	· 고체, 액체, 기체 · 기체의 무게	· 산소 · 이산화 탄소	
		물질은 상태에 따라 물리적 성질이 달라진다.		· 온도에 따른 기체 부피 · 압력에 따른 기체 부피	
물질의 변화	물질의 상태 변화	물질은 온도와 압력에 따라 상태가 변화한다.	· 물의 상태 변화 · 증발 · 끓음 · 응결		
	화학 반응	물질은 화학 반응을 통해 다른 물질로 변한다.		· 연소 현상 · 연소 조건 · 연소 생성물 · 소화 방법	

| | 화학 반응 | 화학과 우리 생활이 밀접한 관련이 있다. | | • 화재 시 안전 대책 | |

[생물]

영역	핵심 개념	일반화된 지식	내용 요소		기능
			초등학교		
			3~4학년	5~6학년	
생명 과학과 인간의 생활	생명 공학 기술	생명공학 기술은 질병 치료, 식량 생산 등 인간의 삶에 기여한다.	• 생활 속 동·식물 모방 사례	• 균류, 원생생물, 세균의 이용 • 첨단 생명과학과 우리 생활	• 문제 인식 • 탐구 설계와 수행 • 자료의 수집·분석 및 해석 • 수학적 사고와 컴퓨터 활용 • 모형의 개발과 사용 • 증거에 기초한 토론과 논증 • 결론 도출 및 평가 • 의사소통
생물의 구조와 에너지	생명의 구성 단위 생명의 구성 단위	생명체는 세포로 구성되어 있다.		• 현미경 사용법 • 세포	
		세포는 세포막으로 둘러싸여 있고 세포 소기관을 가진다.		• 핵 • 세포막 • 세포벽	
	동물의 구조와 기능	뼈와 근육은 몸을 지탱하거나 움직이는 기능을 한다.		• 뼈와 근육의 구조와 기능	
		소화 기관을 통해 영양소를 흡수하고 배설 기관을 통해 노폐물을 배출한다.		• 소화·순환·호흡·배설 기관의 구조와 기능	
		호흡 기관과 순환 기관을 통해 산소와 이산화 탄소를 교환한다.			
	식물의 구조와 기능	식물은 뿌리, 줄기, 잎으로 구성되어 있다.		• 뿌리, 줄기, 잎의 기능	
		뿌리에서 흡수된 물은 줄기를 통해 잎으로 이동한다.		• 증산 작용	
	광합성과 호흡	광합성을 통해 빛에너지가 화학 에너지로 전환된다.		• 광합성	

항상성과 몸의 조절	자극과 반응	감각 기관과 신경계의 작용으로 다양한 자극에 반응한다.		• 감각 기관의 종류와 역할 • 자극 전달 과정	
생명의 연속성	생식	생물은 유성 생식 또는 무성 생식을 통해 종족을 유지한다.	• 동물의 한살이 • 완전·불완전 탈바꿈 • 식물의 한살이 • 씨가 싹트는 조건	• 씨가 퍼지는 방법	
		다세포 생물은 배우자를 생성하고 수정과 발생 과정을 거쳐 개체를 만든다.	• 동물의 암·수 • 동물의 암·수 역할		
	진화와 다양성	생물은 환경 변화에 적응하여 진화한다.	• 다양한 환경에 사는 동물과 식물 • 동물과 식물의 생김새	• 균류, 원생생물, 세균의 특징과 사는 곳	
		다양한 생물은 분류 체계에 따라 분류한다.	• 특징에 따른 동물 분류 • 특징에 따른 식물 분류		
환경과 생태계	생태계와 상호 작용	생태계의 구성 요소는 서로 밀접한 관계를 맺고 있으며 서로 영향을 주고받는다.		• 생물 요소와 비생물 요소 • 환경 요인이 생물에 미치는 영향	
		생태계 내에서 물질은 순환하고, 에너지는 흐른다.		• 생태계의 구조와 기능 • 환경 오염이 생물에 미치는 영향 • 생태계 보전을 위한 노력 • 먹이 사슬과 먹이 그물 • 생태계 평형	

[지학]

영역	핵심 개념	일반화된 지식	내용 요소		기능
			초등학교		
			3~4학년	5~6학년	
고체 지구	지구계와 역장	지구계는 지권, 수권, 기권, 생물권, 외권으로 구성되고, 각 권은 상호 작용한다.	• 지구의 환경		• 문제 인식 • 탐구 설계와 수행 • 자료의 수집·분석 및 해석 • 수학적 사고와 컴퓨터 활용 • 모형의 개발과 사용 • 증거에 기초한 토론과 논증 • 결론 도출 및 평가 • 의사소통
	판구조론	지구의 표면은 여러 개의 판으로 구성되어 있고 판의 경계에서 화산과 지진 등 다양한 지각 변동이 발생한다.	• 화산 활동 • 지진 • 지진 대처 방법		
	지구 구성 물질	지각은 다양한 광물과 암석으로 구성되어 있고, 이 중 일부는 자원으로 활용된다.	• 흙의 생성과 보존 • 풍화와 침식 • 화강암과 현무암 • 퇴적암		
	지구의 역사	지구의 역사는 지층의 기록을 통해 연구한다.	• 지층의 형성과 특성		
		지질 시대를 통해 지구의 환경과 생물은 끊임없이 변해왔다.	• 화석의 생성 • 과거 생물과 환경		
대기와 해양	해수의 성질과 순환	수권은 해수와 담수로 구성되며, 수온과 염분 등에 따라 해수의 성질이 달라진다.	• 바다의 특징 • 물의 순환		
	대기의 운동과 순환	대기의 온도, 습도, 기압 차 등에 의해 다양한 기상 현상이 나타난다.		• 습도 • 이슬과 구름 • 저기압과 고기압 • 계절별 날씨	
우주	태양계의 구성과 운동	태양계는 태양, 행성, 위성 등 다양한 천체로 구성되어 있다.	• 지구와 달의 모양 • 지구의 대기 • 달의 환경	• 태양 • 태양계 행성 • 행성의 크기와 거리	

영역	핵심개념	일반화된 지식	내용 요소	기능
우주	태양계의 구성과 운동	태양계 천체들의 운동으로 인해 다양한 현상이 나타난다.	• 낮과 밤 • 계절별 별자리 • 달의 위상 • 태양 고도의 일변화	
	별의 특성과 진화	우주에는 수많은 별이 존재하며, 표면온도, 밝기 등과 같은 물리량에 따라 분류된다.	• 별의 정의 • 북쪽 하늘 별자리	

5. 영어

가. 영역 : 듣기 / 말하기 / 읽기 / 쓰기

나. 내용 체계

영역	핵심개념	일반화된 지식	내용 요소		기능
			3~4학년	5~6학년	
듣기	소리	소리, 강세, 리듬, 억양을 식별한다.	• 알파벳, 낱말의 우주소리 • 강세, 리듬, 억양	• 알파벳, 낱말의 우주소리 • 강세, 리듬, 억양	식별하기
	어휘 및 문장	낱말, 어구, 문장을 이해한다.	• 낱말, 어구, 문장	• 낱말, 어구, 문장	파악하기
	세부 정보	말이나 대화의 세부 정보를 이해한다.	• 주변의 사람, 사물	• 주변의 사람, 사물 • 일상생활 관련 주제 • 그림, 도표	파악하기
	중심 내용	말이나 대화의 중심 내용을 이해한다.		• 줄거리 • 목적	파악하기 추론하기
	맥락	말이나 대화의 흐름을 이해한다.		• 일의 순서	파악하기 추론하기
말하기	소리	소리를 따라 말한다.	• 알파벳, 낱말 • 강세, 리듬, 억양	• 알파벳, 낱말 • 강세, 리듬, 억양	모방하기

	어휘 및 문장	낱말이나 문장을 말한다.	• 낱말, 어구, 문장	• 낱말, 어구, 문장	모방하기 표현하기 적용하기
말하기	담화	의미를 전달한다.	• 자기소개 • 지시, 설명	• 자기소개 • 지시, 설명 • 주변 사람, 사물 • 주변 위치, 장소	설명하기 표현하기
		의미를 교환한다.	• 인사 • 일상생활 관련 주제	• 인사 • 일상생활 관련 주제 • 그림, 도표 • 경험, 계획	설명하기 표현하기
읽기	철자	소리와 철자 관계를 이해한다.	• 알파벳 대소문자 • 낱말의 소리, 철자	• 알파벳 대소문자 • 낱말의 소리, 철자 • 강세, 리듬, 억양	식별하기 적용하기
	어휘 및 문장	낱말이나 문장을 이해한다.	• 낱말, 어구, 문장	• 낱말, 어구, 문장	파악하기
	세부 정보	글의 세부 정보를 이해한다.		• 그림, 도표 • 일상생활 관련 주제	파악하기
	중심 내용	글의 중심 내용을 이해한다.		• 줄거리, 목적	파악하기 추론하기
쓰기	철자	알파벳을 쓴다.	• 알파벳 대소문자	• 알파벳 대소문자	구별하기 적용하기
	어휘 및 어구	낱말이나 어구를 쓴다.	• 구두로 익힌 낱말, 어구 • 실물, 그림	• 구두로 익힌 낱말, 어구 • 실물, 그림	모방하기 적용하기
	문장	문장을 쓴다.		• 문장부호 • 구두로 익힌 문장	표현하기 적용하기
	작문	상황과 목적에 맞는 글을 쓴다.		• 초대, 감사, 축하 글	표현하기 설명하기

◉ 교육청 교육정책과 온라인수업 진행방법

교육청 교육정책

가. 자주적인 사람 : 자기존중, 자기관리, 자기주도, 진로, 습관화

　1) 보건 교육

　가) 응급처치 교육, 심폐소생술 교육

　나) 약물 오.남용 예방 교육, 흡연 예방 교육, 감염병 예방 교육, 성교육 등

　2) 생활체육교육

　가) 건강 체력 향상을 위한 신체활동 활성화 및 가정 연계 실천

　나) 학교 스포츠클럽

　3) 도전의지 함양교육

　가) 체육체험학습장 체육체험 프로그램 운영

　나) 수련과정, 진로리더십캠프, 안전캠프 등 운영

　4) 자기주도 체험교육

　가) 지역사회 연계 체험 및 창의체험 프로그램 확충

　나) 학생 동아리활동 운영

5) 진로 교육

가) 미래형 직업교육 지원

나. 창의적인 사람 : 창의융합(STEAM), 미래인재, 소프트웨어, 메이커, 4차 산업
혁명

1) 소프트웨어 교육

가) SW교육 창의적체험활동, 학생 아카데미, 체험교실 운영

나) SW융합 해커톤 축제(해커톤 : 해킹(Hacking)과 마라톤(Marathon)의 합성어)

다) SW융합 메이커톤 캠프(메이커톤 : 메이킹(Making)과 마라톤(Marathon)의
합성어)

2) 메이커 교육

가) 아이디어 나눔 메이커축제 개최

나) 발명교육센터 운영

3) 창의융합 교육

가) 교육과정 재구성을 통한 STEAM 수업 활성화

나) 에듀테크 활용 수업 활성화

다) 인공지능(AI) 교수·학습 지원 시스템 활성화

다. 교양 있는 사람 : 인문학, 독서, 인성, 예술

1) 인성 교육

가) 예절체험교육 운영

나) 인성교육 중심 교육과정 편성·운영

다) 따뜻한 삶을 함께 하는 감사하기 실천

라) 인성교육 실천 3운동 전개 : 미소친절, 먼저양보, 사랑나눔

2) 관계 존중 교육

가) 학교폭력 예방교육

나) 친한친구교실, 어울림 프로그램,대안교실(60교), 어깨동무활동 운영

다) 학생 집단상담 프로그램 운영

라) 감정조절 프로그램

마) 사제관계 존중교육

바) 가족관계 공감교육 – 세대통합 효행교육

부록

교육대학교에 따른 활동가이드

주요 교대의 대학 프로그램과 교수진의 연구 분야를 살펴본다. 이는 교육 변화의 트렌드를 읽어내고 각 교대가 가진 특성을 살펴보면서, 자신의 활동영역을 넓혀 나가야 하기 때문이다.

서울교대와 경인교대의 중점으로 살펴보고 이를 통해 교육 트렌드를 파악해 보자.

@ 서울교대 논문 주제 살펴보기

윤리교육과

• 한국과 일본의 학교 안전교육 비교연구 : 학교 안전교육의 비경 및 목표와 구조를 중심으로
• 한국과 일본의 도덕 교과서 비교연구

국어교육과

• 다문화 배경 이중언어 가사의 역할과 핵심 역량에 대한 연구
• 한국형 이중언어강사 제도의 현황과 과제 – 이중언어강사의 인식을 중심으로

사회교육과

- 초등학교의 역사교육을 위한 세계사 하기
- 세계 만들기를 위한 역사교육의 도전 : 트랜스내셔널과의 시론적 접근

수학교육과

- 문제 해결 과정에서 나타나는 초등학생들의 협력적 발화 특성 분석
- 함수적 상황에 대한 초등학생들의 공변추론 사례연구
- 사례 분석을 통한 게임 기반 학습의 평가 모델 연구

과학교육과

- 뇌기반 진화적 과학 교수학습(ABC-DEF)모형의 확장 방안 탐색
- 과학 현장 학습이 초등학교 영재 학생들의 과학 관련 태도에 미치는 영향

체육교육과

- 뇌기반 운동 프로그램 참여가 초등학생의 융합인재 소양에 미치는 영향
- 인성교육을 위한 초등학교 체육수업의 일상적 전개 구조 탐색

음악교육과

- 음악 영재성 구체화를 위한 다면적 탐색 : 신체적 적합성 탐색을 중심으로
- 음악교육의 융합교육 접근을 위한 융합 개념 논의

미술교육과

- 역할놀이를 활용한 미술 감상 수업이 공감능력 신장에 미치는 영향
- 미술영재교육에 관한 초등미술영재 지도교사의 인식 및 요구도 조사
  연구

생활과학교육과

- 사례기반학습을 활용한 초등 환경안전교육 방안연구 – 환경재난 사
  례를 중심으로
- 자연미술 작품을 활용한 초등 환경미술교육 지도 방안

초등교육과

- 사회 자아개념 및 학업 자아개념과 진로성숙도의 종단적 관계 분석
- 초등학생의 영어능력 수준별 부호화 전략 분석

영어교육과

- 상호질문기법을 활용한 초등영어 수업에서 모둠 구성 유형이 학습자
  상호작용에 미치는 영향
- 교육영문법을 위한 문법용어의 고찰

컴퓨터교육과

- 공유경제에서의 프라이버시 이슈와 개선방안연구
- 각국의 인공지능교육 현황 분석 연구

유아특수교육과

- 초등학교 장애학생들의 작업기억 특성에 관한 고찰
- 통합학급 교사의 정서지능이 교사효능감에 미치는 영향
- 읽기 곤란 및 난독증 선별 척도의 측정학적 적합성 연구

서울교대 주요행사

- 옴니버스 특강 현장체험학습 탈북어린이들과의 만남
- 영어수업실연 경연대회
- 재학생들을 위한 SW교육 실습형 특강
- 대만 대중교육대학교 교환학생 선발안내
- 미국 노던콜라라도 대학교 교환학생 선발안내
- 미국 미네소타대학교 교환학생 선발안내
- 독일 자매대학교 교환학생 선발안내 – 독일 칼스루헤대학교
- 사향학술문학상 현상공모
- 자기혁신프로젝트 '디지털 교과서 활용' 신청공고

경인교대 논문 주제 살펴보기

윤리교육과

- 도덕과 토론수업 모형의 분석과 활용
- 정보화시대의 빅 데이터 활용에 대한 윤리적 논의

국어교육과

- 팀 기반 수업 활동을 통한 예비유아교사 교육자의 지도경험
- 청소년의 수업대화 참여 요인에 대한 혼합 연구 – 개인, 교사, 부모, 또래요인을 중심으로

사회교육과

- 금융교육에 대한 학생들의 경험과 희망
- 측정 도구 BFT로 분석한 한국 초등학생의 금융이해력
- 초등학생의 의사결정을 통해 본 매몰비용 오류

수학교육과

- 우리나라 초등학교 수학 교과서에 나타난 최적화 문제 유형 분석
- 초등학교 영재학급 학생들이 도구의 사용 횟수를 최소화한 정다각형 작도 방법 유형 분석

과학교육과

- 온라인 과학기사를 활용한 과학 자유말하기 활동이 초등학생의 과학적 의사소통능력과 과학태도에 미치는 영향
- 과학탐구과정 학습을 준비하는 초등학교 2학년 학생의 관찰능력 수준의 이해
- 동기유발을 위한 과학사 활용이 초등학생의 정의적 특성 및 학업성취도에 미치는 효과

체육교육과

• 테니스 서브 동작 시 견관절 손상 경험에 따른 신장성, 단축성, 등속성 근력과 전통적, 기능적 근력비율의 비교
• 초등학생이 지각한 교사의 체육수업 지도유형과 체육수업 만족도간의 관계

음악교육과

• 사회적 배려대상 음악영재의 음악성 발현을 위한 프로그램 개발
• 음악교사 전문성 신장을 위한 음악교사 기준 고찰

미술교육과

• 지역사회와 함께하는 대학 미술 전시에서 도슨트의 역할과 교육적 의미고찰 – '프롬 더 비기닝'전을 중심으로
• 미술교육을 통한 진로교육의 내신화 방안

생활과학교육과

• 초등예비교사의 EPL 프로그래밍교육 관심도 분석
• 관심기반 채택모형(CBAM)에 기반한 초등교사의 코딩교육 관심도 분석

초등교육과

• 두 가지 지식과 두 가지 교육 : 플라톤과 소크라테스
• 인문주의의 형성과 전개 : 고전적 맥락을 중심으로

영어교육과

- 초등학교 저학년 영어교육에 관한 학생과 학부모의 인식연구
- 영어동화 함께 읽기가 초등학생 영어 어휘력과 읽기 능력 및 정의적 영역에 미치는 영향

컴퓨터교육과

- 블루투스 v4.0기반 비콘을 활용한 융합 콘텐츠 앱 개발
- 효율적인 미래 교육을 위한 가속학습이론 기반의 PALY교수학습모형 개발

유아교육과

- 3−5세 누리과정 교사용 지도서에 수록된 인권 그림책 분석
- 만 5세 산들반 교사의 자연친화교육 경험에 관한 자문화기술지 연구
- 협동적 동극활동이 만5세 유아의 셀프 리더십과 조망 수용능력에 미치는 영향

특수(통합)교육과

- 국내학술논문을 통해 살펴 본 연극의 교육성 관련 연구 동향
- 유치원의 유·초등 연계교육 운영 현황과 교사들이 인식한 어려움
- 예비유아교사를 위한 정서역량 증진 프로그램 개발 및 적용

@ 경인교대 주요행사

- 몽골 글로벌 코티칭 해외교육봉사 참가자 모집
- 일본 효고교대 단기교류 프로그램 참가자 모집
- 동계 라오스 해외교육실습 참가자 모집 안내
- 인터넷 윤리 교수학습지도안 공모전 안내
- 멘토와 함께 독서토론 프로그램 참가자 모집
- 지누지움 전시 '환경을 향한 시선들 : 상상과 공감' 안내
- 예체능 교육봉사 프로그램 참가 멘토선발 안내
- 군포 한얼초등학교 교육봉사 참여자 모집
- 세계시민교육 특강 및 참여신청
- 문화예술교육 입문과정 특강 참여자 모집 안내
- 인도네시아 예술문화 장학생 선발 공고
- 독서기행 참가자 모집
- 채드윅 송도 국제학교 교육실습 프로그램 참가자 모집

　이러한 자료들을 살펴보면서 교대 진학 후 선택하게 되는 세부전공에서 배우는 내용과 학교 프로그램을 보면서 자매결연 대학이나 고교, 주요하게 다루는 프로그램을 살펴보자. 예를 들어 서울교대에서는 독일과도 자매결연을 맺어 연구를 진행하고, 경인교대의 경우에는 송도 국제학교에 실습을 나갈 수 있는 기회를 제공하고 있다.

@ 2020학년도 교대 학부 수시 전형결과

서울교대 학부 수시전형 결과

전형명	모집 인원	지원 인원	경쟁률	교과성적 평균	교과성적 70% 컷	교과성적 80% 컷	비고
학교생활기록부교과 (학교장추천전형)	60	92	1.53	1.34	1.13	1.17	최종 등록자 기준
학교생활기록부종합(교직인성우수자전형)	100	555	5.55	1.48	1.56	1.60	
학교생활기록부종합 (사향인재추천전형)	30	198	6.60	1.23	1.29	1.33	

서울교대 학부 정시전형 결과

전형명	모집 인원	지원 인원	경쟁률	수능평균	수능 70%컷	수능 80%컷	비고
수능위주 (일반전형)	198	346	1.75	664.5027	661.7494	658.4157	최종등록자 기준

경인교대 학교생활기록부종합(교직적성전형)

교과 평균등급	지원자		최종 등록자	
	해당인원	비율	해당인원	비율
1.0~1.49	422	28.8	189	59.1
1.5~1.99	682	46.6	18	40.0
2.0~2.49	223	15.2	0	0.0
2.5~2.99	63	4.3	2	0.6
3.0~3.49	23	1.6	1	0.3
3.5~3.99	16	1.1	0	0.0
4.0~4.49	11	0.8	0	0.0
4.50이상	24	1.6	0	0.0
합계	1,464	100.0	320	100.0

302